韓國 古代 木簡

김창호 지음

韓國 古代 木簡

저 자 김창호
발행인 최병식
발행처 주류성출판사
    서울 서초구 강남대로 435
    www.juluesung.co.kr
    juluesung@daum.net
발행일 2020년 8월 12일
가 격 20,000원
ISBN 978-89-6246-423-8 93910

韓國 古代 木簡

김창호 지음

주류성

목   차

책머리에   6

제1장 왕경의 목간

제1절 월성해자 목간 新1호의 제작 시기   10

제2절 경주 월성해자 출토 목간 몇 예   31

제2장 지방 관아 목간의 기초적 검토

제1절 함안 성산산성 목간의 신고찰   46

제2절 함안 성산산성 출토 목간(1)   77

제3절 함안 성산산성 출토 목간(2)   106

제4절 함안 성산산성 목간의 성촌명   127

제3장 지방 관아 목간의 성격

제1절 함안 성산산성의 城下麥 목간   150

제2절 함안 성산산성 목간의 성격   167

제3절 함안 성산산성 목간으로 본

　　　　　　　신라의 지방 통치 체제   181

제4절 이성산성 출토 목간의 작성 연대   205

제5절 성산산성 목간의

　　　　　　本波·阿那·末那 등에 대하여   223

제4장 백제 목간, 통일 신라 목간

제1절 부여 궁남지 출토 315호 목간   242

제2절 월지 출토 목간 몇 예   257

제3절 월지 출토 185호 목간의 해석   276

제4절 경주 황남동 376번지

         출토 목간의 재검토   284

보론 : 신라 둔전문서의 작성 연대와

         그 성격   296

책을 마치며   308

책머리에

목간은 주로 종이가 없던 시대인 삼국시대, 통일신라시대, 고려시대에 20cm 정도 크기의 막대기를 다듬어서 단면, 전후 2면 또는 4면에 붓으로 글자를 쓴 것이다. 2면 목간에는 대개 인명 표기가 기재되나 4면 목간은 행정 문서가 기재되고 있다. 그래서 학계에서는 4면 목간의 출토를 늘 기대하고 있다. 목간은 발굴을 담당하는 고고학자가 발굴하고 이를 적외선사진 등을 통해 문헌사학자가 협력하여 연구하고 있다.

목간의 주축은 인명 표기이다. 인명 표기는 지극히 간단명료하다. 고구려와 백제의 인명 표기는 직명+출신부명+관등명+인명의 순서로 기재되고, 신라는 직명+출신지명+인명+관등명의 순서로 기재된다. 이것은 금석문을 통한 결론이나 목간에도 적용된다. 함안 성산산성 목간은 일부 4면 목간(문서목간)을 제외하고 거의 전부가 인명 표기라 할 수 있다. 그래서 보다 쉽게 접근이 가능하였다. 그렇다고 전후로 된 2면 목간이 전부 인명 표기로 이루어진 것만은 아니다. 문서 목간도 있다.

고신라 목간은 월성해자 목간을 비롯한 왕경 목간이 있다. 왜 월성해자에서는 통일 신라의 목간은 없고, 고신라의 목간만 나오는지 궁금하다. 왕경의 유구에서 나오는 목간치고는 빈약하기 그지없고, 별로 다룰 주제도 없었다. 월성이나 월성에서 첨성대까지의 유구에서 신라의 왕궁을 따로 지적할 수가 없었다.

이에 비해 북쪽의 전랑지는 단일 건물로는 경주 분지에서 가장 크다. 이는 전랑지가 주작대로의 북쪽 끝에 위치하고 있어서 왕궁일 가능성도 있다. 곧 통일신라의 월성이 왕궁이었던 후삼국시대를 제외하고 전랑지가 정궁일 가능성이 있다. 더욱이 고신라의 왕궁인 월성해자에서는 경위와 외위가 나와서 더욱 그러하다. 월지에서는 그 많은 洗宅의 출토에도 불구하고 관등이 있는 인명표기는 나오지 않고 있다. 이는 월지 출토 목간으로 골품제의 완충지대를 추정해 볼 수 있다.

고신라의 지방 관아 목간으로 주목되는 것은 함안 성산산성 목간이다. 이 목간은 3면 또는 4면의 문서 목간도 있으나 인명표기가 주류를 이루는 단면 또는 2면 목간이 있다. 그 묵서만 해도 270점 가량이나 된다. 그래서 한국 고대 목간 연구에서 성산산성 목간을 간과할 수가 없다. 그래서 함안 성산산성의 목간에 대한 논문도 가장 많이 나와 있다.

목간 연구는 중국이나 일본에 비해 숫자도 적고, 그 연구 수준도 미흡하다. 그래서 한국목간학회에서는 중국이나 일본의 전문가를 초청해 국제학술대회를 열고 있다. 해마다 열리는 국제학술대회에서 얼마나 한국의 연구에 도움이 되는 성과가 나오는지는 별개의 문제이다. 목간 연구는 먼저 우리 손으로 우리의 목간을 연구하고 나서 중국이나 일본의 성과와 비교해야 된다. 한국의 목간은 중국이나 일본의 목간과는 사뭇 다르기 때문이다.

한국 고대 목간은 백제의 사비성시대, 고신라, 통일신라 목간만 있고, 고구려의 목간은 없다. 고구려도 목간을 사용했을 터인데 1점도 발견되지 않고 있다. 금석문 자료로 보면 고구려는 그 양이 많고, 문장이 세련되어 있어서 고구려 목간이 출토될 가능성은 믿어 의심치 않는다. 고구려 목간의 양은 국토의 면적이나 국력으로 볼 때, 많고 세련되었을 것이다. 행정 문서인 목간은 나라의 넓이나 군사력에 비례되기 때문이다. 고구려 목간의 화려한 출토를 기대해 본다.

목간으로 생활사의 전부를 복원할 수는 없지만 함안 성산산성 목간에서 及伐尺이란 경위명이 나온 것은 큰 수확이었다. 인명도 성산산성과 6세기 금석문 사이에는 차이가 있다. 해석이 분분한 本波·未那·阿那 등의 땅을 나타내는 용어도 금석문에는 나오지 않고 있다. 함안 성산산성의 지명인 仇利伐 등을 비롯한 많은 지명도 『삼국사기』 지리지나 다른 금석문에는 없는 것이다. 이를 보면 성산산성 목간 등의 연구는 문헌이나 금석문과의 비교가 아닌 자체만으로 연구되어야 할 것이다.

목간 연구는 대개 문헌사학자의 전유물이었다. 앞으로는 발굴을 담당한 고고학자도 이를 연구해야 될 것이다. 고고학자는 발굴 조사 당시에 가장 좋은 출토 상태에서 목간의 글씨를 볼 수가 있다. 발굴 당시의 기록은 고고학자밖에 할 수가 없다. 그래서 고고학자 중에서 목간을 전공하는 사람이 많이 나오기를 기대해 본다. 문헌사학자는 시간이 지나서 적외선 사진으로 겨우 볼 수 있을 뿐이다.

학문 자세를 가르쳐주시는 영원한 롤 모델이신 허흥식 선생님께 먼저 감사의 말씀을 전하고 싶다. 따뜻한 말씀으로 용기를 갖도록 해주신 문경현 선생님께 감사한다. 모르는 것을 해박한 지식으로 가르쳐주신 이기동 교수님께도 감사한다. 서울의 큰 학회에의 모습을 전해준 채상식 교수님에게 감사한다. 한기문 교수, 이수훈 교수, 이영호 교수, 이경섭 교수에게도 공부하는데 필요한 것을 준 데 대해 감사한다. 일본의 노가미 죠스케 선생님의 학은에 감사하고, 다나카 도시아키 교수에게도 감사하고, 고정룡 교수와 다케다니 도시오 교수와 하시모토 시게루 박사에게도 감사의 말을 전하고 싶다. 아내와 아들딸과 사위에게도 고마운 말을 전하고 싶다. 끝으로 수익성이 없는 책인 데에도 불구하고 출판해준 주류성출판사 최병식 회장님께도 감사의 말씀을 전하고 싶다. 이준 이사님을 비롯하여 실무 전반을 담당해 주신 관계 직원에게도 감사의 말씀을 전하고자 한다.

伊西古國 옛터에서

2020. 7. 김창호

제1장

왕경의 목간

제1절 월성해자 목간 新1호의 제작 시기

○ 머리말

　신라 목간은 경주 월지, 경주 전인용사지, 국립경주박물관 부지내 유적, 김해 봉황동 유적, 울산 반구동 유적,[1] 인천 계양산성 유적, 함안 성산산성 유적, 경주 월성해자 유적, 경주 황남동376번지 유적, 창녕 화왕산성 유적, 하남 이성산성 유적, 미륵사지 유적 등에서 출토되고 있다. 경주 월성해자 유적, 함안 성산산성 유적, 하남 이성산성 유적을 제외하고 대개 통일 신라 시대의 것이다.

　고신라의 목간은 함안 성산산성 유적이라는 목간의 보고에 힘입어 이를 주축으로 국내에서만 2권의 단행본이 간행되었다.[2] 목간의 연구는 대단히 활발하다. 그럼에도 불구하고 함안 성산산성 목간의 넘버링이 불명확한 점은 한국 목간 연구의 일단을 보여주는 것으로 판단된다. 국사편찬위원회 한국사데이터베이스에서는[3] 지금까지 출토된 성산산성 목간의 번호를 붙여서 연구의 실마리를 제공하고 있으나 잘 이용되지 않고 있다.

　신라 왕경의 월성해자 목간은 고신라의 것만 발견되고 있으며, 통일 신라의 것은 발견되지 않고 있다. 동궁·월지의 유적에서는 통일 신라

---

1) 국사편찬위원회 한국사데이터베이스의 해설에는 고려시대로 되어 있다. 목간의 李나 金이 姓이라면 고려시대로 보인다.
2) 이용현, 『한국목간기초연구』, 경인문화사, 2007.
　이경섭, 『신라 목간의 세계』, 신서원, 2013.
　외국에서는 다음과 같은 단행본이 나와 있다.
　橋本 繁, 『韓國古代木簡の研究』, 2014, 吉川弘文館.
3) 김창호, 「함안 성산산성 목간의 신고찰」 『문화사학』 49, 한국문화사학회, 2018 참조.

의 것이 대부분인 점은 무엇인가를 암시하고 있는 듯하다. 월성이나 그 주변에서는 전랑지만큼 규모가 큰 단일 건물지가 없다. 첨성대와 월성 사이에서도 전랑지만큼 큰 건물지가 1개도 없다. 이러한 점은 월성해자 목간이 고신라라는 점과 관련할 때 재미난 결론에 도달할 수가 있다. 7세기부터 9세기 말까지의 신라 왕궁이 전랑지일 가능성이 있다. 월성과 월성해자에서만 발견되는 在城명 기와는 후삼국기와로 보이기 때문에 후삼국 시대에는 신라의 정궁일 가능성이 커서 더욱 그러하다.4)

여기에서는 먼저 판독과 기왕의 해석을 소개하겠으며, 다음으로 월성해자 신1호 목간의 干支가 경위일 때를 검토하고, 그 다음으로 外位로서의 干支를 신1호 목간을 살펴보겠으며, 마지막으로 월성해자 신1호 목간의 제작 연대를 검토하고 목간의 전문을 해석해 보고자 한다.

Ⅰ. 판독과 기왕의 해석

최근 새롭게 발견된 월성해자 7점의 목간에 대해서는 이미 국립경주문화재연구소측에서 보도자료 형식으로 발표하였다. 이 목간의 발표 자료를 토대로 관계 전문가의 검토가 있었다.5) 판독 등에 상당히 의견이 접근되어 있어서 다른 견해가 없으나 우선 신1호 목간의 판독문을 제시하면 다음과 같다.6)

---

4) 김창호, 『한국 고대 불교고고학의 연구』, 서경문화사, 2007, 158쪽.
5) 주보돈, 「월성 해자 출토 목간의 의미」 『동아시아 고대 도성의 축조의례와 월성해자 목간』, 국립경주문화재연구소·한국목간학회, 2017.
   윤선태, 「월성해자목간의 연구 성과와 신출토목간의 판독」 『동아시아 고대 도성의 축조의례와 월성해자 목간』, 국립경주문화재연구소·한국목간학회, 2017.
6) 탈고 후에 윤선태, 「월성 해자 목간의 연구 성과와 신 출토 목간의 판독」 『목간과 문자』 20, 2018을 보게 되었다. 신1호 목간에 대한 판독문이 나와 있다. 이를 본문에 제시하였다.

앞면 ① △△△~

② 古拏村(行)兮(豕)~書

③ △~

뒷면 ① 功以受汳荷四煞功卄二以八十四人越蒜山走入蔥 (艾)(파손)

② 受一伐戊戌年往留丙午年干支受

③ 留二

앞면은 묵흔이 많이 사라져 읽기 어렵지만 뒷면의 묵흔이 잘 남아 있어서 목간의 용도 추정에 도움이 된다. 앞면에는 古拏村이 기록되어 있고, 뒷면의 중요한 기록은 受+人數의 서식과 受一伐代成(→戊戌)年往留丙午年干支과 受+留二의 내용으로 적혀 있다. 뒷면 제②행은 당초 代成이라고 읽고 있으나 戊戌로 읽고 있다.[7] 이 목간을 대체로 해석하면 古拏村에 국가적 책무가 할당되었고, 이를 완수하기 위해 戊戌年에 一伐(외위 소지자)가 머물렀고, 丙午年에는 干支(외위 소지자)가 (와서) 留二의 국가적 책무(受)를 하였다로 추론할 수 있겠다.[8]

외위로 干支 표기가 보인다는 점에서 기존의 자료들과 비교 연관 지으면, 551년 이전의 표기가 되어 戊戌年은 518년(법흥왕5년)이고, 丙午年은 526년(법흥왕13년)으로 파악할 수 있다. 그러나 이 번 월성 해자 신목간1호의 내용은 법흥왕대라기 보다는 무술명오작비(578년)과 남산신성비(591년)와 유사하다는 점에서 목간 신1호의 戊戌年은 578년이고, 丙午年은 586년으로 볼 여지가 충분하다. 이제 목간신1호로 인해 561년 이후에도 干支외위가 干으로일괄하여 엄격하게 사용하지 않았다고 주장하면서 壬子年으로[9] 잘못 판독한 2016-W155 王子寧△(改)大村△刀只(앞면) 米一石(뒷면)를 예로[10] 들었다.[11]

---

7) 윤선태, 앞의 논문, 2017, 75쪽.

8) 윤선태, 앞의 논문, 2017, 75쪽.

9) 이는 王子寧(△)로 판독되며, 郡名이거나 그 일부이다.

10) 잘못된 가설인 592(또는 532년)년설을 추정하였다. 532년이면 금관가야 멸망 때에 아라가야가 멸망되었으므로 금관가야처럼 그 멸망시기가 사서에 나와야

뒷면 제②행에 나오는 干支는 경위 一伐干支, 伊干支, 迊干支, 波珎干支, 大阿干支, 阿干支, 一吉干支, 沙干支, 及干支와 외위 嶽干支, 述干支, 高干支, 貴干支, 撰干支, 上干支, 下干支와 관계가 없이 경위명과 외위명에 모두 나오는 관등명이다.12) 이렇게 되면 목간에서 경위명과 외위명이 공존한 예가 있는지가 문제가 된다.

성산산성 목간Ⅳ-597 正月中比思(伐)古尸次阿尺夷喙(앞면)
羅兮落及伐尺幷作前瓷酒四斗瓮(뒷면)

위 목간은 正月에 比思(伐)의 古尸次 阿尺의 夷(동료, 무리)와 喙(部)의 羅兮落 及伐尺(경위)이 아울러 前瓷酒 四斗瓮을 지었다로 해석되며, 경위를 가진 자와 외위를 가진 자가 공존하고 있다. 그것도 阿尺의 동료(또는 무리)와 及伐尺(경위)가 함께 나오는데, 一伐가 경위든 외위든 훨씬 높은 干支보다 앞에 나오고 있다. 간지를 외위로 볼 때와 경위로 볼 때로 나누어 살펴야 함으로 다음 장에서 각각 살펴보기로 하자.

되고, 592년이면 그 시기가 너무 늦다. 거듭 이야기하지만 壬子年이란 판독은 잘못된 것이다. 王子寧(△)으로 읽어서 郡名으로 보아야 한다. 270점 전후의 함안 성산산성 목간에서 연간지가 나온 예가 전무하다. 4면으로 된 문서 목간에서는 연간지가 앞으로 나올 가능성이 있다.

11) 윤선태, 앞의 논문, 2017, 75쪽.

12) 합천매안리대가야비에서 辛亥年△月五日而△村四十干支란 명문이 나왔다. 40명의 간지는 대가야의 왕경인과 지방민이 공존하는 예로 보이며, 辛亥年은 471년으로 짐작된다. 辛亥年은 아무리 늦게 잡아도 531년이다. 四十을 卌으로 쓰는 것은 광개토태왕비(414년) 1예, 백제 쌍북리 구구단 목간에서 5예, 695년의 신라 둔전문서에서 卌의 2예, 영천청제비 정원14년비(798년) 1예과 함께 10예가 있다. 卌을 四十으로 표기한 예는 없다. 이는 卌의 용례로 볼 때 辛亥年△月五日而△村四干支로 판독될 수밖에 없다.

Ⅱ. 干支가 경위일 때

이 월성해자 신1호목간은 경위일 가능성이 있다. 그렇다고 외위일 가능성이 없는 것도 아니다. 이를 증명할 수 있는 자료가 목간에서는 발견할 수가 없다. 금석문 자료를 실증적인 측면에서 치밀하게 따져야 알 수가 있다. 그럼 먼저 441년 포항중성리신라비의 인명 분석표부터 살펴보기 위해 관계 자료부터 제시하면 다음의 〈표 1〉과 같다.

〈표 1〉중성리비의 인명 분석표

직 명	출신지명	인 명	관 등 명
	(喙部)	折盧(智)	王
	喙部	習智	阿干支
	沙喙	斯德智	阿干支
	沙喙	尒抽智	奈麻
	喙部	牟智	奈麻
夲牟子	喙	沙利	
위와 같음	위와 같음	夷斯利	
白爭人	喙	評公斯弥	
위와 같음	沙喙	夷須	
위와 같음	위와 같음	牟旦伐	
위와 같음	喙	斯利	壹伐
위와 같음	위와 같음	皮末智	
위와 같음	夲波	喙柴	干支
위와 같음	위와 같음	弗乃	壹伐
위와 같음	위와 같음	金評△	干支
使人		祭智	壹伐
奈蘇毒只道使	喙	念牟智	
	沙喙	鄒須智	

	위와 같음	世令	
	위와 같음	干居伐	
	위와 같음	壹斯利	
	蘇豆古利村	仇鄒列支	干支
	위와 같음	沸竹休	
	위와 같음	壹金知	
	那音支村	卜步	干支
	위와 같음	走斤壹金知	
	위와 같음	珎伐壹昔	
		豆智	沙干支
		日夫智	
	(沙喙)	牟旦伐	
	喙	作民	沙干支
使人		卑西牟利	
典書		與牟豆	
	沙喙	心刀哩	

중성리비에는 모르는 관등명이 두 가지가 나온다. 壹伐과 干支가 그 것이다. 喙 斯利나 使人 祭智은 모두 壹伐이란 관등명을 가지고 있다. 모두가 경위나 그 정확한 실체는 모르고 있다. 牟波 喙柴나 牟波 金 評△는 모두 왕경인으로 경위를 가져야 되나 干支만을 가지고 있어서 어느 경위와 일치하는 지도 알 수 없다. 蘇豆古利村 仇鄒列支나 那音支 村 卜步는 모두 干支를 가지고 있으나 어느 외위와 동일한지는 알 수 가 없다.

다음에는 443년에 건립된 포항냉수리신라비의 인명 표기에 대해 알 아보기 위해 인명을 분석해 제시하면 다음의 〈표 2〉와 같다.

직 명	출신지명	인 명	관 등 명	비 교
	喙	斯夫智	王	實聖王
	위와 같음	乃智	王	訥祇王
	珎而麻村	節居利		비의 주인공
	沙喙	至到盧	葛文王	
	위와 같음	斯德智	阿干支	
	위와 같음	子宿智	居伐干支	
	喙	尒夫智	壹干支	
	위와 같음	只心智	居伐干支	
	本彼	頭腹智	干支	
	위와 같음	斯彼暮斯智	干支	
		兒斯奴		
		末鄒		
		斯申支		
典事人	沙喙	壹夫智	奈麻	
위와 같음	위와 같음	到盧弗		
위와 같음	위와 같음	須仇你		
위와 같음	喙	心訾公		耽須道使
위와 같음	喙	沙夫那		
위와 같음	위와 같음	斯利		
위와 같음	沙喙	蘇那支		
村主		臾支	干支	
		須支壹今智		

---

13) 斯夫智, 斯德智, 斯彼暮斯智(뒤의 글자), 斯申支, 斯利의 斯자는 모두 신라 조자이다. 인명인 兒斯奴의 경우는 신라 조자가 아닌 斯자로 적고 있다.

냉수리비에서 斯彼暮斯智가 本彼 頭腹智와 함께 本彼 頭腹智干支의 干支와 本彼 斯彼暮斯智干支의 干支란 그 정체를 알 수 없는 경위명을 가지고 있다. 그래서 어느 경위와 일치하는 지도 알 수 없다. 村主 與支도 干支란 경위와 꼭 같은 모습의 외위명을 가지고 있다. 중성리비와 냉수리비는 진골과 4두품에 해당되는 관등명이 없고, 그 주인공이 각각 牟旦伐과 節居利로 뚜렷하다.[14] 이제 524년에 작성된 울진봉평 신라비의 인명 표기를 제시할 차례가 되었다. 봉평비의 인명 분석표를 제시하면 다음의 〈표 3〉과 같다.

〈표 3〉봉평비의 인명 분석표

직 명	출신지 명	인 명	관 등 명	비 고
	喙部	牟卽智	寐錦王	法興王
	沙喙部	徙夫智	葛文王	沙喙部의 長
	夲波部	△夫智	△△(干支)	夲波部의 長
干支岑	喙部	美昕智	干支	
위와 같음	沙喙部	而粘智	太阿干支(경 5)	
위와 같음	위와 같음	吉先智	阿干支(경 6)	
위와 같음	위와 같음	一毒夫智	一吉干支(경 7)	
위와 같음	喙(部)	勿力智	一吉干支(경 7)	
위와 같음	위와 같음	愼宍智	居伐干支(경 9)	
위와 같음	위와 같음	一夫智	太奈麻(경 10)	
위와 같음	위와 같음	一尒智	太奈麻(경 10)	
위와 같음	위와 같음	牟心智	奈麻(경 11)	
위와 같음	沙喙部	十斯智	奈麻(경 11)	
위와 같음	위와 같음	悉尒智	奈麻(경 11)	

---

14) 5세기 금석문인 중성리비와 냉수리비에서는 도사가 나올 뿐, 군주는 나오지 않는다. 6세기 금석문에서는 군주가 반드시 나온다.

事大人	喙部	內沙智	奈麻(경 11)	
위와 같음	沙喙部	一登智	奈麻(경 11)	
위와 같음	위와 같음	具次	邪足智(경 17)	
위와 같음	喙部	比須婁	邪足智(경 17)	
居伐牟羅道使		卒次	小舍帝智(경13)	
悉支道使		烏婁次	小舍帝智(경13)	
	居伐牟羅	尼牟利	一伐(외 8)	
	위와 같음	弥宜智	波旦(외 10)	彼日로 보임
	위와 같음	組只斯利		
	위와 같음	一全智		
阿大兮村使人		奈尒利		杖六十의 杖刑
葛尸條村使人		奈尒利	阿尺(외 11)	
男弥只村使人		翼糸		杖百의 杖刑
위와 같음		於卽斤利		杖百의 杖刑
悉支軍主	喙部	尒夫智	奈麻(경 11)	
書人		牟珍斯利公	吉之智(경 14)	
위와 같음	沙喙部	善文	吉之智(경 14)	
新人	喙部	述刀	小烏帝智(경16)	
위와 같음	沙喙部	牟利智	小烏帝智(경16)	
	居伐牟羅	異知巴	下干支(외 7)	
	위와 같음	辛日智	一尺(외 9)	

봉평비에서는 진골과 4두품에 해당되는 관등이 나타나고, 비의 주인 공도 없고, 5세기 금석문에서 나오지 않던 軍主도 나온다. 阿大兮村使人 奈尒利의 杖六十의 杖刑, 男弥只村使人 翼糸 杖百의 杖刑, 男弥只村 使人 於卽斤利 杖百의 杖刑의 실체는[15] 비의 건립 목적과 관련이 있을

---

15) 杖刑을 받은 3명에게는 외위가 없어도 削奪官職을 당한 것으로 볼 수는 없다.

듯하나 풀리지 않은 수수께끼이다. 〈표 3〉에서는 확실한 干支를 갖고 있는 왕경인으로 喙部 美昕智 干支가 있다. 그밖에 本波部 △夫智 (干支)도 그 가능성이 있다. 봉평비에서는 진골에 해당되는 경위명과 4두품에 해당되는 경위명이 나오고, 외위에 해당되는 干支는 없다.

Ⅲ. 外位로서의 干支

앞에서 살펴보았던 蘇豆古利村 仇鄒列支나 那音支村 卜步는 모두 중성리비에서 干支를 가지고 있으나 어느 외위와 동일한지는 알 수가 없다. 냉수리비에서는 村主 臾支 干支의 예가 있으나 어느 외위와 동일한지를 알 수가 없다.

외위가 나오는 확실한 예로 영천청제비병진명(536년)을 들 수가 있다. 우선 인명 분석표를 제시하면 다음의〈표 4〉와 같다.

〈표 4〉영천청제비병진명의 인명 분석표

職 名	出 身 地 名	人 名	官 等 名
使人	喙	△尺利智	大舍苐
위와 같음	위와 같음	尺次鄒	小舍苐
위와 같음	위와 같음	述利	大烏苐
위와 같음	위와 같음	尺支	小烏
위와 같음	위와 같음	未苐	小烏
一支△人		次弥尒利	
위와 같음		乃利	
위와 같음		內丁兮	
위와 같음		使伊尺	
위와 같음		只伊巴	

왜냐하면 ~使人의 직명은 가지고 있기 때문이다.

위와 같음		伊卽刀	
위와 같음		衆礼利	
위와 같음		只尸△利	干支
위와 같음		徙尒利	

영천청제비 병진명에서 외위를 가진 것은 一支△人 只尸△利 干支의 예가 있다. 영천 청제비는 두 번 나오는 小烏에 524년의 봉평비에 나오는 小烏帝智처럼 帝智 또는 苐 또는 之가 없어서 476년이라 아니라 536년이 옳다.16) 외위로서 干支가 나오는 최후의 예는 월지 출토비이다. 이는 536년을 상한으로 한다. 영천청제비 병진명(536년)에서는 길이를 나타내는 하나치가 淂으로 나오는데 대해 월지 출토비에서는 步로 나와서 월지 출토비는 536년을 소급할 수가 없다.

월지 출토비의 비편을 제시하면 다음과 같다.

④	③	②	①	
一	一	干	村	1
伐	尺	支	道	2
徒	豆	大	使	3
十	婁	工	喙	4
四	知	尺	部	5
步	干	佷		6
	支	兮		7
		之		8

豆婁知干支가 외위에 간지만 있는 금석문에서 최후의 예이다. 이는 외위에서 경위와 구분이 되지 않는 干支란 외위의 최후의 시기이다.

---

16) 필자는 김창호, 『고신라 금석문의 연구』, 서경문화사, 2007, 109쪽에서 476년으로 보았으나 이는 잘못된 것으로 536년으로 바로 잡는다.

그 구체적 시기는 알 수 없으나 536년을 상한으로 한다. 하한은 성산산성 목간에 근거할 때 540년경이다. 제③행의 豆婁知 干支가 그 외위에서 마지막으로 나오는 확실한 예이다.

IV. 6세기 전반 금석문의 관등명 변화

봉평비에 나오는 관등명을 경위 17관등과 외위 11관등과 비교해 도시하면 다음의 〈표 5〉와 같다.

〈 표 5 〉 봉평비의 관등명

봉평비	京位名	外位名	봉평비
	1.伊伐湌		
	2.伊湌		
	3.迊湌		
	4.波珍湌		
太阿干支	5.大阿湌		
阿干支	6.阿湌		
一吉干支	7.一吉湌	1.嶽干	
	8.沙湌	2.述干	
居伐干支	9.級伐湌	3.高干	
太奈麻	10.大奈麻	4.貴干	
奈麻	11.奈麻	5.撰干	
	12.大舍	6.上干	
小舍帝智	13.舍知	7. 干	下干支
吉之智	14.吉士	8.一伐	一伐
	15.大烏	9.一尺	一尺
小烏帝智	16.小烏	10.彼日	波旦(彼日)

邪足智	17.造位	11.阿尺	阿尺

경위가 대부분 완성된 봉평비에는 경위에 외위와 미분화된 干支가 나온다. 干支가 봉평비보다 늦은 금석문 자료에서 외위로 나온다. 영천청제비 병진명(536년)에 외위가 一支△人 只尸△利 干支의 인명 표기로 나오고, 536년을 상한으로 하는[17] 월지 출토비에 豆婁知 干支로 나온다.[18] 월지 출토비의 연대를 536~545년으로[19] 볼 수가 있다. 545년 직전에 세워진 적성비에서는 경위로 伊干支(2관등), 波珍干支(4관등), 大阿干支(5관등), 阿干支(6관등), 及干支(9관등), 大舍(12관등), 大鳥之(15관등)이 나오고, 외위로 撰干支(5관등), 下干支(7관등), 阿尺(11관등)이 각각 나온다. 적성비에서는 경위나 외위가 미분화된 것으로 보이는 干支가 나오지 않는다. 적성비 단계에서는 경위와 외위가 모두 완성되었음을 의미한다.

신라 경위 성립에 중요한 자료가 성산산성 목간에서 최근에 두 자료가 나왔다.

먼저 Ⅳ-597번 목간으로 正月中比思(伐)古尸次阿尺夷喙(앞면) 羅兮落 及伐尺幷作前瓷酒四斗瓮(뒷면)을 해석하면, 正月에 比思(伐)의 古尸次 阿尺(외위)의 夷(무리, 동료)와 喙(部)의 羅兮落 及伐尺이 함께 만든 前瓷酒의 四斗瓮이다가 된다.

다음으로 2017년 1월 4일자. 『연합뉴스』, 인터넷 판에 목간 내용이 판독되어 실려 있다.[20] 이는 뒤에 2006-W150으로 명명되었다.

제1면 三月中眞乃滅村主 憹怖白之

제2면 △城在弥卽尒智大舍下智前去白

---

17) 영천청제비 병진명에는 길이를 나타내는 하나치로 신라 고유의 淂이 사용되고 있으나, 안압지 출토비에서는 步가 사용되고 있기 때문이다.
18) 김창호, 앞의 책(고신라 금석문의 연구), 2007, 183쪽.
19) 정확히 이야기하면 536~540년경까지이다.
20) 제2면과 제4면은 서로 바꾸었다.

22   韓國 古代 木簡

제3면 卽白先節六十日代法稚然
제4면 伊毛羅及伐尺寀言△法卅代告今卅日食去白之

이를 中, 白, 食去, 稚然 등의 이두에 주목하여 해석하면 다음과 같다.21)

3월에 眞乃滅村主인 憹怖白이 △城(此城으로 성산산성을 의미?)에 있는 弥卽尒智 大舍下智(경위 12관등)의 앞에 가서 아뢰었습니다. 먼저 때에 六十日代法이 덜 되었다고 해서 伊毛羅 及伐尺에게 寀(祿俸)에 말하기를 △法 30代를 告하여 30일을 먹고 갔다고 아뢰었습니다.

여기에서 大舍下智란 경위명은 524년의 봉평비 小舍帝智, 525년의 울주 천전리서석 원명에 나오는 大舍帝智와 함께 오래된 관등명이다. Ⅳ-597번 목간과 사면으로 된 문서 목간에 나오는 及伐尺은 금석문이나 목간에서 처음으로 나오는 경위명이다.22) 이 경위명을 통설대로 성산산성 목간 연대를 560년으로 보면 신라에 있어서 경위가 외위보다 늦게 완성된 것이 된다. 及伐尺은 안라국의 멸망 시기와 궤를 같이한다. 안라국의 멸망을 금관가야의 멸망 시기인 532년을 소급할 수가 없다. 『三國史記』 권34, 잡지3, 지리1, 康州 咸安조에 咸安郡 法興王以大兵 滅阿尸良國 一云阿那加耶 以其地爲郡가23) 중요한 근거이다. 阿那加耶(안라국)은 고령에 있던 대가야와 함께 후기 가야의 대표적인 나라이다. 그런 안라국에24) 대한 신라의 관심은 지대했을 것이다. 성

21) 이 목간의 현재까지 연구 성과에 대해서는 이수훈, 「함안 성산산성 출토 4면 목간의 '代'-17차 발굴조사 출토 23번 목간을 중심으로-」『역사와 경계』 105, 부산경남사학회, 2017 참조.
22) 及伐尺이란 경위명이 목간에나 금석문에 나오면, 그 시기는 540년경이다.
23) 조선 초에 편찬된 편년체 사서인 『東國通鑑』에서는 安羅國(阿尸良國)의 신라 통합 시기를 구체적으로 법흥왕26년(539년)이라고 하였다. 이는 고뇌에 찬 결론으로 판단된다. 법흥왕의 제삿날은 음력으로 539년 7월 3일이다.
24) 414년에 세워진 광개토태왕비의 永樂9年己亥(399년)조에도 任那加羅(金官伽倻)와 같이 安羅人戍兵이라고 나온다. 安羅人戍兵의 安羅는 함안에 있었던 安羅國(阿羅加耶)을 가리킨다.

산산성은 539년 안라국(아나가야)가 멸망되자 말자 신라인에 의해 석성으로 다시 축조되었다. 신라의 기단보축이란 방법에25) 의한 성산산성의 석성 축조는 540년경으로 볼 수가 있다.26) 성산산성 목간의 연대도 540년경으로 볼 수가 있다. 그래야 신라에 있어서 경위의 완성을 적성비의 건립 연대인 545년이나 그 직전인 것과 대비시켜서 540년경으로 볼 수가 있다. 그렇지 않고 목간의 연대를 통설처럼 560년으로 보면 신라 경위의 완성을 560년으로 보아야 되고, 540년경에 완성되는 외위보다 늦게 경위가 완성되게 된다. 따라서 성산산성의 목간의 제작 시기는 늦어도 540년경으로 볼 수가 있고, 경위의 완성 시기도 540년경으로 볼 수가 있다.

540년대 국가 차원의 금석문이 발견되지 않아서 단정할 수는 없지만 540년경에 경위가 완성되었고, 536년 이후 545년 이전에 외위도 경위와 거의 동시에 외위가 완성되었을 것이다. 봉평비(524년)에서 경위 17관등인 邪足智(17관등) 비롯한 小鳥帝智(16관등), 吉之智(14관등), 小舍帝智(13관등), 奈麻(11관등), 太奈麻(10관등), 居伐干支(9관등), 一吉干支(7관등), 阿干支(6관등), 太阿干支(5관등)이 나와 대부분의 경위가 완성되었다. 경위로 干支가 나와 전부 완성되지는 못했다. 외위는 536년을 상한으로 하는 월지 출토비에서 干支가 나와27) 536년 이후에 가

---

25) 석성 축조에 있어서 基壇補築은 外壁補强構造物, 補築壁, 補助石築, 城外壁補築 등으로도 불리며, 신라에서 유행한 석성 축조 방식이다. 경주의 명활산성, 보은의 삼년산성, 충주산성, 양주 대모산성, 대전 계족산성, 서울 아차산성, 창녕 목마산성 등 신라 석성의 예가 있다.

26) 성산산성 출토된 목제 유물의 방사선탄소연대 측정 결과는 박종익, 「咸安 城山山城 發掘調查와 木簡」『韓國古代史研究』19, 한국고대사학회, 2000, 10쪽에서 방사선탄소연대 측정 결과를 1992년에는 270~540년으로, 1994년에는 440~640년으로 각각 나왔다. 이경섭, 「함안 성산산성 목간의 연구형황과 과제」『신라문화』23, 동국대학교 신라문화연구소, 2004, 216쪽에 따르면, 270~540년, 440~640년이라고 한다.

27) 월지 출토비에 豆婁知干支란 인명 표기가 나온다. 이는 월지 출토비의 축성의 수작 거리를 步로 표현한데 대해, 536의 영천청제비 병진명에서는 거리 단위를 신라 고유의 하나치인 淂을 사용하고 있어서 월지 출토비는 536년을 소급

서야 외위가 완성된 것으로 볼 수밖에 없다. 京位와 外位가 거의 동시에 완성으로 볼 수가 있다. 520년의 율령 공포와 관등제인 경위와 외위의 완성과는 전혀 관련이 없다.[28] 그 단적인 예가 524년 작성의 봉평비에 干支란 경위가 남아 있고, 536년을 상한으로 하는 월지 출토비에 경위와 외위가 아직까지 미분화한 干支가 나오는 점이다.[29] 따라서 540년경에 경위와 외위가 거의 동시에 완성되었다고 볼 수가 있다. 이를 증명하는 것이 545년이나 그 직전에 만들어진 적성비이므로, 적성비에 나오는 관등명을 표로써 제시하면 다음의 〈표 6〉과 같다.

할 수 없다. 536년 이후까지도 干支란 경위와 미분화된 외위를 사용하고 있어서 외위제의 완성에 걸림돌이 된다. 干支가 551년의 명활산성비에서는 下干支가 나와서 소멸된 것으로 판단된다. 현재까지 540년경의 금석문 자료가 없지만 신라 금석문에서 외위인 干支의 소멸을 540년경으로 보고 싶다. 또 주보돈, 「雁鴨池 出土 碑片에 대한 一考察」『大丘史學』 27, 대구사학회, 1985에서는 월지 출토비를 명활산성비로 보았으나, 이 비는 명활산성비보다는 시기상으로 앞선 비석이다. 551년의 명활산성비가 古陁門 근처를 수리한 비(김창호, 「명활산성작성비의 재검토」『金宅圭博士華甲紀念文化人類學論叢』, 金宅圭博士華甲紀念文化人類學論叢編纂委員會, 1989)로 분석되어(그래서 명활산성작성비라 부르지 않고, 명활산성비라 부른다) 본래의 명활산성을 축조할 때의 비석인지도 알 수 없다.

28) 其俗呼城曰健牟羅, 其邑在內曰啄評, 在外曰邑勒, 亦中國之言郡縣也. 國有六啄評, 五十二邑勒. 土地肥美, 宜植五穀. 多桑麻, 作縑布. 服牛乘馬, 男女有別. 其官名, 有子賁旱支, 齊旱支, 謁旱支, 壹告支, 奇貝旱支. 其冠曰遺子禮, 襦曰尉解, 袴曰柯半, 靴曰洗. 其拜及行與高驪相類. 無文字, 刻木為信. 語言待百濟而後通焉(『梁書』, 신라전).
여기에서는 "子賁旱支, 齊旱支, 謁旱支, 壹告支, 奇貝旱支."라는 관등이 검출되는데, 이것은 각각 伊伐湌(1관등), 迊湌(3), 阿湌(6), 一吉湌(7), 級伐湌(9)에 비정되며, 또 521년의 신라 상황을 나타낸다. 521년 당시에 4두품의 관등인 大舍, 舍知, 吉士, 大鳥, 小鳥, 造位가 없었다고 단정할 수 없고, 5두품에 해당되는 奈麻는 5세기부터 있었고, 524의 봉평비에서는 奈麻와 함께 太奈麻가 나오고 있어서 문제가 된다.

29) 외위로 연대를 추정하는 것은 干支만 나오면 5세기에서부터 540년까지로 판단되고, 외위의 ~干支에서 支가 551년의 명활산성비의 下干支를 마지막으로 종언을 고하게 된다. ~干支로 외위가 나오면 6세기 초반에서부터 551년까지이다. 一伐, 一尺, 彼日, 阿尺이 나오면 6세기 전반에서 674년까지이다.

<표 6> 적성비의 관등명

적성비	京位名	外位名	적성비
	1. 伊伐飡		
伊干支	2. 伊飡		
	3. 迊飡		
波珎干支	4. 波珍飡		
大阿干支	5. 大阿飡		
阿干支	6. 阿飡		
	7. 一吉飡	1. 嶽干	
	8. 沙飡	2. 述干	
及干支	9. 級伐飡	3. 高干	
	10. 大奈麻	4. 貴干	
	11. 奈麻	5. 撰干	撰干支
大舍	12. 大舍	6. 上干	
	13. 舍知	7. 干	下干支
	14. 吉士	8. 一伐	
大烏之30)	15. 大烏	9. 一尺	
	16. 小烏	10. 彼日	
	17. 造位	11. 阿尺	阿尺

봉평비에서와 마찬가지로 적성비에서는 진골과 4두품에 해당되는 관등이 있다. 적성비에서는 경위와 외위가 모두 완성된 것으로 판단된다. 앞에서 경위와 외위가 540년경에 거의 동시에 완성되었다고 본 것은 타당하다고 보인다.

---

30) 之자는 적성비의 맨 마지막에 나오므로 종결사로 판단된다. 大舍도 관등명에 之자를 동반하지 않았는데, 大烏가 之자를 동반할 수 없다. 아마도 공간이 넓어서 之자를 써넣은 종결사로 판단된다.

V. 월성해자 신1호목간의 제작 연대

월성해자의 신1호목간의 제작 시기는 干支가 중요하다. 一伐은 591 년의 남산신성비에 나오고 있으므로 그 하한은 591년 전후이다. 干支 는 京位일 때 441년에서 524년까지이고, 外位는 440년경에서 536년 을 상한으로 하는 월지 출토비가 있다. 그렇다고 一伐 때문에 干支의 연대를 5세기로 볼 수는 없다. 一伐이 524년의 봉평비에는 나오고, 중성리비와 냉수리비의 5세기 금석문에서는 나오지 않는다. 干支가 京 位와 外位에 동시에 나오는 정체불명의 관등명이 아니라 貴干支 등과 같은 것으로 볼 수는 없다. 곧 貴干 등과 같은 것으로 보아서 戊戌年 을 578년, 丙午年을 586년으로 단정했으나 그렇게 볼 수는 없다. 그 렇게 되면 월성해자 신1호 목간을 6세기 후반으로 보아야 된다. 干支 가 京位와 外位가 구분이 없이 나오는 자료는 외위의 경우 536년을 근처를 상한으로 하고 하한은 540년경이고, 京位는 524년이 하한이 다.

신라에서 관등제의 어미에 붙는 支·帝智·第 등의 소멸의 열쇠는 함 안 성산산성 목간이 쥐고 있다. 왜냐하면 524년의 봉평비, 545년이나 그 직전인 적성비, 561년의 창녕비가 있어서 이들 관등에 붙는 어미 인 支 ·帝智·第 등의 소멸은 524년에서 545년 사이로 짐작된다. 이 사이로 보이는 支·帝智·第의 소멸에 대해 알아보기 위해 함안 성산산 성 목간의 관등명에 대해 살펴보기로 하자. 우선 관등명이 나오는 예 부터 제시하면 다음과 같다.

4. 仇利伐/仇失了一伐/尒利△一伐
5. 仇利伐 △德知一伐奴人 塩 (負)
14. 大村伊息知一伐
23. ~△知上干支
29. 古阤新村智利知一尺那△(앞면) 豆兮利智稗石(뒷면)
72. ~△一伐稗

2007-8. ~△一伐奴人毛利支　負

2007-21. ~豆留只(一伐)

2007-31. 仇利伐 仇阤知一伐奴人 毛利支　負

Ⅳ-597. 正月中比思(伐)古尸次阿尺夷喙(앞면) 羅兮落及伐尺 作前瓷
　　　　酒四斗瓮(뒷면)

Ⅴ-166. 古阤伊未𣥠上干一大兮伐(앞면) 豆幼去(뒷면)

2016-W89. 丘利伐/卜今智上干支 奴/△△巴支　負

2016-W150. 三月中眞乃滅村主憹怖白(제1면)
　　　　　　△城在弥卽尒智大舍下智前去白之(제2면)
　　　　　　卽白先節六十日代法稚然(제3면)
　　　　　　伊毛罹及伐尺寀言△法卅代告今卅日食去白之(제4면)

　위의 자료들은 지금까지 경위와 외위가 나오는 목간의 전부이다. 대
개 一伐(4번, 5번, 14번, 72번, 2007-8번, 2007-21, 2007- 31), 上干支
(23번), 一尺(29번), 阿尺(Ⅳ-597), 上干(Ⅴ-166)은 外位이고, 及伐尺(Ⅳ
-597, 2016-W150)과 大舍下智(2016-W150)가 京位이다. 그 가운데
上干, 一伐, 一尺, 阿尺은 연대 설정에 도움이 되지 않는다. 왜냐하면
이들 외위명에서는 존칭의 뜻이 붙는 접미사가 없었기 때문이다. 또
이 가운데에서 弥卽尒智大舍下智는 弥卽尒智大舍와 下智인지[31] 弥卽
尒智大舍下智인지가[32] 문제가 된다. 眞乃滅村主憹怖白이 아뢰는 대상
이 弥卽尒智大舍와 下智가 되면 경위도 없는 下智에게도 아뢰는 문제
가 생겨서 大舍下智로 합쳐서 경위명으로 본다. 이렇게 보면 大舍下智
는 545년이나 그 직전인 적성비의 大舍보다 앞선다. 이는 성산산성에
서만 나오는 유일한 예이다. 그 소멸 시기가 문제이다. 이는 경위 及
伐尺과 함께 없어지는 시기가 문제이다.

　23번 목간의 △知上干支은 干支로 끝나는 외위명이 나와서 그 시

---

31) 이수훈, 앞의 논문, 2017, 170쪽.
32) 김창호, 『고신라 금석문과 목간』, 주류성출판사, 2018, 217쪽.

기는 551년의 명활산성비에서 나온 下干支에 근거할 때, 551년이 하한이다. 종래 오작비(578년) 제③행의 大工尺仇利支村壹利力兮貴干支△上△壹△利干를[33] 大工尺인 仇利支村의 壹利力兮貴干支와 △上△壹△利干으로 분석해 왔으나 大工尺인 仇利支村의 壹利力兮貴干과 支△上(干)과 壹△利干으로 본 견해가 나왔다.[34] 이렇게 보는 쪽이 오히려 타당할 것 같다. 그러면 금석문에서 관등명의 끝에 붙는 干支의 支자가 소멸하는 시기를 명활산성비의 작성 시기인 551년으로 볼 수가 있다. 따라서 上干支로 보면 성산산성의 목간의 하한은 551년이다.

또 만약에 종래의 통설처럼 성산산성의 목간 제작 시기를 560년으로 보면 신라 관등제의 완성도 560년으로 보아야 된다. 지금까지 금석문 자료로 볼 때, 신라 금석문에서 관등제의 완성은 적성비 작성 이전으로 볼 수가 있다. 그렇다면 언제까지 올라갈 수가 있을까? 아무래도 아라가야 멸망 시기인 539년 곧 540년경을 하한으로 볼 수가 있다. 월성해자 신1호 목간의 제작 시기는 524년경에서 540년경까지로 한정할 수 있다. 구체적으로는 戊戌年은 518년, 丙午年은 526년으로 볼 수가 있다. 월성해자 신1호 목간의 戊戌年을 578년으로, 丙午年을 586년으로 볼 경우에는 신라의 17관등제의 완성을 586년 이후로 보아야하기 때문에 문제가 노정된다. 신라의 관등제 완성은 아무리 늦게 잡아도 545년이나 그 직전인 적성비보다 늦을 수는 없다. 결론적으로 戊戌年은 518년, 丙午年은 526년으로 보아야 한다. 목간의 작성 시기는 결국 526년이 된다.[35]

이제 월성해자 신1호목간을 해석할 때가 되었다. 이는 ~古拿村을 行했다. ~功으로 汳荷四煞을 받은 것으로 하였고, 功 22으로 84인이

---

33) 판독은 한국고대사회연구소, 『역주 한국고대금석문』 II(신라I, 가야편), 1992, 98쪽에 따랐다.
34) 전덕재, 「함안 성산산성 목간의 연구 현황과 쟁점」 『한국목간학회 학술대회자료집』, 2007, 한국목간학회, 69쪽.
35) 아니면 戊戌이 아니라 作成이 옳은 지도 알 수 없다. 왜냐하면 목간에서 戊戌年과 丙午年 8년의 시차가 있기 때문이다.

越蒜(마늘의 종류)과 山走入蔥(파의 종류)과 艾(쑥)을 ~했고, 받기를 一伐이 무술년에 하였고(作成일 때:一伐이 작성하여 해마다), 가서 머물러 丙午年에 留二를 干支가 받았다가 된다.

○ 맺음말

  먼저 월성해자 목간 新1호를 소개하였고, 그 가운데 戊戌年을 578년, 丙午年을 586년으로 본 가설을 소개하였다.

  다음으로 경위로서의 干支를 조사하였다. 441년의 중성리비, 443년의 냉수리비, 524년의 봉평비에 경위로서의 干支가 나오고 있어서 新1호 목간의 干支를 524년을 하한으로 볼 수가 있다.

  그 다음으로 外位로서의 干支를 조사하였다. 441년의 중성리비, 443년의 냉수리비, 536년의 영천청제비 병진명, 536년을 상한으로 하는 월지 출토비 등이 있다. 그렇다면 외위로서의 干支의 연대는 536년을 상한으로 하므로, 외위의 완성 시기는 적성비의 건립 시기인 늦어도 545년이나 그 직전으로 편년되는 545년경으로 볼 수가 있다.

  마지막으로 월성해자 목간 新1호 목간의 연대는 함안 성산산성 목간의 연대와 관련이 있다. 성산산성 목간에는 一伐, 一尺, 阿尺 등과 함께 上干支도 나와서 그 시기를 551년을 하한으로 한다. 또 及伐尺(京位), 大舍下智(京位:12등급)가 나오고 있다. 대사하지는 오래된 관등으로 545년에는 이미 소멸된 것이고, 干支와 급벌척은 신라의 관등명에는 없다. 그 소멸시기를 540년으로 추정하였다. 그래서 戊戌年은 518년으로 丙午年은 526년으로 각각 보고, 신1호 목간의 전문을 해석하였다. 목간의 작성 시기는 결국 526년으로 보았다.

제2절 慶州 月城垓字 출토 목간의 몇 예

ㅇ머리말

　왕경의 정궁이었던 월성 해자에서는 많은 목간이 나왔으나 지방 관아인 함안 성산산성에 비해서도 그 중요성이나 그 출토 양에서도 뒤지는 듯하다. 곧 함안 성산산성 목간에 비해 왕경의 궁궐 목간인 데에도 불구하고 그 중요성은 떨어지고 그 양은 비교도 안될 정도로 적은 것 같다. 왕경 목간에서 중요한 것은 목간9호가 있어서 신라의 坊里制 연구에 중요한 자료가 되고 있으나 그 단서조차 잡기 힘들고, 牟喙(部)가 나와서[1] 신라의 6부 가운데 牟梁部는 岑喙部이라고 나오지 않고, 牟喙部라고[2] 나옴을 알게 되었다. 앞으로 고신라 금석문에서 牟梁部는 牟喙部라고 나올 것이다. 그 외에 눈에 띄는 목간은 목간2호, 목간12호와 신목간3호, 新목간1호가[3] 그것이다. 이들 목간은 관계 전문가에 의해 충분히 검토된 바 있다.[4] 그럼에도 불구하고 목간 자체의 분석이 아니라 『삼국사기』와 『삼국유사』에 의한 상황 판단으로 목간을 분석한 부분이 있는 듯하다.

　그래서 월성해자 목간 가운데 가장 중요한 목간2호, 목간12호와 신

---

1) 신9호목간에서 나왔다.
2) 남산신성비 제2비에서도 牟梁部가 牟喙部로 나온 바 있다.
3) 이에 대해서는 「월성 해자 목간 新1호 목간의 제작 시기」란 제목으로 따로 살펴보고자 한다.
4) 윤선태, 「월성 해자 목간의 연구 성과와 신출토목간의 판독」 『동아시아 고대 도성의 축조의례와 월성해자목간』, 2017.
　박성현, 「월성 해자 목간으로 본 신라의 왕경과 지방」 『동아시아 고대 도성의 축조의례와 월성해자목간』, 2017.

목간3호를 검토해 보고자 한다.

Ⅰ. 목간2호

　목간2호는 四角 형태의 다면목간으로 4면 전체에 먹으로 쓴 36자 정도의 글씨가 남아 있다. 다른 목간들에 비교해 볼 때, 상태가 양호하여 『한국의 고대목간』에 게재된 사진만으로도 글자를 판독할 수 있기 때문에 대부분의 연구자들은 판독문을 제시하고 있다.[5]

　그런데 목간의 판독을 살펴보기에 앞서서 목간면의 순서에 대한 논란을 살펴볼 필요가 있다. 처음 이 목간의 판독을 제시하던 연구에서 4-3-2-1면의 순서로[6] 또는 3-2-1-4면의 순서로[7] 보는 가설이 제기되었기 때문이다. 김해 봉황동 출토 논어 목간을 근거로 오른쪽에서 왼쪽으로 한자를 쓰는 점과 2호 목간의 해석을 통해서 목간의 제1면이 확정되었다.[8] 목간의 읽는 순서는 1-2-3-4면으로 보는 것이 타당하다.[9] 주요 판독 결과를 제시하면 다음과 같다.[10]

	글자	연 구 자	비 고
① 면2	烏	이성시, 深津行德, 三上喜孝, 이용현, 市大樹, 이경섭	
	鳥	윤선태, 김영욱, 정재영	

---

5) 판독한 여러 가설에 대해서는 이경섭, 「신라월성해자에서 출토된 2호 목간에 대 하여」 『한국 고대사 연구의 현단계-석문 이기동교수정년기념논총-』, 2009 참조.
6) 이성시, 「한국목간연구현황과 함안성산산성 출토의 목간」 『한국고대사연구』 19, 2000.
7) 이성시, 「朝鮮の文書行政-六世紀の新羅-」 『文字と日本古代』 2, 2005.
　　三上喜孝, 「文書樣式牒の受容をめぐる一考察」 『山形大學　歷史·地理人類學論叢』　7, 2006.
8) 윤선태, 월성해자 출토 신라 문서목간」 『역사와 현실』 56, 2005, 134~135쪽.
9) 이경섭, 앞의 논문, 2009.
10) 이경섭, 앞의 논문, 2009에서 전제하였다.

①면8	拜	윤선태, 정재영, 市大樹, 이경섭	
	引	이성시, 深津行德, 三上喜孝, 이용현, 김영욱	
①면10	之	정재영(口訣字 'ㅣ'의 原字로 봄), 윤선태, 이경섭	
	了	이성시, 深津行德, 三上喜孝, (이용현 未詳)	
	ㅣ	김영욱	釋讀 口訣
	夕	市大樹	踊字[11]
② 면9	躧	윤선태, 김영욱, 정재영, 이경섭	
	雖	이성시, 三上喜孝, 이용현, 市大樹	
②면13	斤	이성시, 三上喜孝, 이용현, 市大樹	
	个	윤선태, 김영욱, 정재영(혹은 亇)	
	斗	深津行德	
④ 면2	內	이성시, 윤선태, 三上喜孝, 김영욱, 정재영, 市大樹, 이경섭	
	官	深津行德, (이용현 未詳)	

선학들의 판독을 두루 참조하여 판독 결과를 제시하면 다음과 같다. 월성 해자 2호 목간에 다음과 같은 명문이 있다.

제1면 大鳥知郎足下万拜白之
제2면 經中入用思買白不躧紙一二斤
제3면 牒垂賜敎在之 後事者命盡
제4면 使內

이를 해석하면 다음과 같다.

---

11) 만약에 위와 동일한 글자의 표시라면 〻로 표기해야 된다. 夕는 일본식이다.

'大鳥知郎足下께 万拜가 아룁니다. 經에 넣어 쓰려고 구매하는 白
不踓紙 한두 근을 샀습니다. 牒을 내리신 명령이었습니다. 뒤의 일은
명한 대로 다 시키어 내었습니다.'

이 명문의 연대를 6세기 중엽으로 보아 왔다.[12] 그런데 大鳥란 관
등명 뒤에 知郞이란 것이 붙어 있다. 大鳥知郞足下[13]가운데 大鳥知郞
이[14] 관등명이다. 이는 영천청제비 병진명에서 ~弟로 나오고 있다.
이를 제시하면 다음과 같다.

직명	출신부명	인명	관등명
使人	喙	△尺利知	大舍弟
위와 같음	위와 같음	尺次鄒	小舍弟
위와 같음	위와 같음	述利	大鳥弟
위와 같음	위와 같음	尺父	小鳥
위와 같음	위와 같음	未弟	小鳥

536년 당시의 경위에서 大舍弟, 小舍弟, 大鳥弟는 弟자가 관등명에
붙고 있으나 두 명의 小鳥는 관등명에 붙지 않고 있다. 大鳥弟와 같이
大鳥다음에 존칭이 붙는 예로는 545년이나 그 직전에 세워진 단양적성
비의 大鳥之가 있다. 大鳥의 관등명에 536년 이전에는 나온 예가 없으
나 524년 봉평비 小舍帝智나 525년 울주 천전리서석 원명의 大舍帝智
와 540년경의 함안 성산산성 목간의 大舍下智의 예와[15] 같았을 것이

---

12) 이경섭, 앞의 논문, 2009, 408쪽에서 월성해자2호 목간의 연대를 561년 전후로
   보고 있다.
13) 이도학, 「제천 점말동굴 花郞 石刻에 대한 考察」 『충북문화재연구』 2, 2009, 5 4쪽
   에서는 大鳥知郞을 인명으로 보아서 鳥郞과 동일한 화랑으로 보고 있다.
14) 이경섭, 『신라 목간의 세계』, 2013에서는 大鳥와 大鳥知를 같은 것으로 본 『삼
   국사기』의 기사에 따라서 郞만이 경위인 大鳥에 붙는 것으로 보았다. 적성비
   의 大鳥之에 의거할 때, 따르기 어렵다.
15) 김창호, 『고신라 금석문과 목간』, 2018, 195~200쪽.

다. 그렇다면 大鳥知郎의 연대는 524년을 상한으로 하고, 540년경을 하한으로 한다. 월성 해자 목간 新1호가 526년임도 참고가 될 것이다.

II. 목간12호와 목간신3호

기존에 월성 해자 출토 목간12호에 典大等이 있었는데 신발견 목간 신3호에서는 典中大等이 나왔다. 두 목간의 전문을 제시하면 다음과 같다.

四月一日典大等教事
勺舌白故爲△教事△△
△△△△△△△△(월성 해자 출토 목간12호)

이를 해석하면 4월 1일에 典大等이 教事했다. 勺舌하여 아뢴 까닭으로 教事했다.

典中大等赴告沙喙及伐漸典前
阿尺山△舟△至△愼白△△
急煙爲在之
　文人周公智吉士・(월성 해자 출토 목간신3호)

阿尺을 외위로 보고 있으나16) 文人周公智吉士에 따를 때, 文人(직명), 周公智(인명), 吉士(관등명)이 되어서 외위는 아니다. 특히 文人(직명)은 직명인 文作人(대구무술명오작비), 書尺(남산신성비 제1・2비), 文尺(남산신성비 제4비)와 같이 출신지명이 생략되는 전형적인 고신라

---

16) 윤선태, 「월성 해자 목간의 연구 성과와 신출토목간의 판독」 『동아시아 고대 도성의 축조의례와 월성해자 목간』-한국목간학회 창립 10주년 기념 국제학술회의-, 2017, 76쪽.

(6세기 후반)의 인명 표기이다. 이를 해석하면 '典中大等이 사탁(부) 급 벌점전의 앞에 赴告했다. 阿尺山△에 배가 이르러 삼가 아룁니다. △△ 를 급히 연기로 하셨다. 文人(직명)周公智(인명)吉士(외위명)가 썼다'가 된다.

목간 12호의 전대등과 목간신3호의 전중대등은 동일하다고 판단된 다. 551년의 명활산성비의 郡中上人과 591년의 남산신성비 제9비의 郡上人은 동일하기 때문이다. 남산신성비 제2비의 郡中(上人)과도 郡上 人은 동일하다. 따라서 典大等과 典中大等은 동일하다. 월성 해자 출토 목간12호의 典大等은 敎事를 하고 있는 바 敎事가 나오는 금석문은 울 진봉평비와 단양적성비밖에 없다.[17] 그 전문을 각각 제시하면 다음과 같다.

울진봉평비

⑩	⑨	⑧	⑦	⑥	⑤	④	③	②	①	
	麻	奈	使	新	者	別	愼	干	甲	1
立	節	尒	卒	羅	一	教	•	支	辰	2
石	書	利	次	六	行	今	宋	岑	季	3
碑	人	杖	小	部	△	居	智	喙	正	4
人	牟	六	舍	煞	之	伐	居	部	月	5
喙	珎	十	帝	斑	人	牟	伐	美	十	6
部	斯	葛	智	牛	備	羅	干	昕	五	7
博	利	尸	悉	△	土	男	支	智	日	8
士	公	條	支	△	鹽	弥	一	干	喙	9
于	吉	村	道	麥	王	只	夫	支	部	10
時	之	使	使	事	大	李	智	沙	牟	11
教	智	人	烏	大	奴	是	太	喙	卽	12

17) 남산신성비들에서도 敎事가 나오나 용례가 다르다.

之	沙	奈	婁	人	村	奴	奈	部	智	13
若	喙	尒	次	喙	負	人	麻	而	寐	14
此	部	利	小	部	共	雖	一	•	•	15
省	善	阿	舍	內	值	•	尒	粘	錦	16
獲	文	•	帝	沙	五	是	智	智	王	17
罪	吉	尺	智	智	其	奴	太	太	沙	18
於	之	男	居	奈	餘	人	奈	阿	喙	19
天	智	弥	伐	麻	事	前	麻	干	部	20
•	新	只	牟	沙	種	時	牟	支	徙	21
•	人	村	羅	喙	種	王	心	吉	夫	22
•	喙	使	尼	部	奴	大	智	先	智	23
居	部	人	牟	一	人	教	奈	智	葛	24
伐	述	翼	利	登	法	法	麻	阿	文	25
牟	刀	昃	一	智		道	沙	干	王	26
羅	小	杖	伐	奈		俠	喙	支	本	27
異	烏	百	弥	麻		阼	部	一	波	28
知	帝	於	宜	莫		隘	十	毒	部	29
巴	智	卽	智	次		禾	斯	夫	△	30
下	沙	斤	波	邪		耶	智	智	夫	31
干	喙	利	旦	足		界	奈	一	智	32
支	部	杖	組	智		城	麻	吉	△	33
辛	牟	百	只	喙		失	悉	干	△	34
日	利	悉	斯	部		火	尒	支		35
智	智	支	利	比		遠	智	喙		36
一	小	軍	一	須		城	奈	勿		37
尺	烏	主	全	婁		我	麻	力		38
世	帝	喙	智	邪		大	等	智		39
中	智	部	阿	足		軍	所	一		40

△		介	大	智		起	教	吉		41
三		夫	兮	居		若	事	干		42
百		智	村	伐		有		支		43
九		奈	使	牟						44
十			人	羅						45
八				道						46

　울진봉평비에서는 甲辰年正月十五日에 喙部牟卽智寐錦王, 沙喙部徙夫智葛文王, 李波部△夫智△△로 탁부, 사탁부, 본피부의 각각에 해당되는 장으로서 敎事를 내린 主體이다. 경주 월성해자 목간 12번 제1면에 四月一日典大等敎事란 구절이 나와 국왕만이 敎事한 것이 아니다. 냉수리비 전면 제⑦행에 此七王等共論敎用이라고 되어 있어서 沙喙部至都盧葛文王을 비롯한 6명의 경위를 가진 자가 함께 교를 쓰고 있다. 봉평비의 제③행의 끝부분에 ~悉尒智奈麻等所敎事란 구절이 나오는데, 이는 11명의 干支岺이 喙部牟卽智寐錦王, 沙喙部徙夫智葛文王, 李波部△夫智△△로부터 敎事를 받은 바란 뜻이다.

　제2단락을 해석할 차례가 되었다.

　干支岺인 喙部 美昕智 干支와 沙喙部 而粘智 太阿干支와 吉先智 阿干支와 一毒夫智 一吉干支와 喙(部) 勿力智 一吉干支와 愼宍智 居伐干支와 一夫智 太奈麻와 一尒智 太奈麻와 牟心智 奈麻와 沙喙部 十斯智 奈麻와 悉尒智 奈麻 등이 敎事를 (喙部牟卽智寐錦王, 沙喙部徙夫智葛文王, 李波部△夫智△△으로부터) 받았다란 뜻이다.

단양적성비

㉒	㉑	⑳	⑲	⑱	⑰	⑯	⑮	⑭	⑬	⑫	⑪	⑩	⑨	⑧	⑦	⑥	⑤	④	③	②	①	
△	△	△	村	△	△	△	△	△	△	△	△	△	△	△	△	城	阿	城	支	支	△	1
△	△	△	△	△	△	△	△	△	△	△	△	△	△	△	△	幢	干	在	居	沙	△	2

△	△	△	△	△	△	△	△	△	△	△	△	△	△	△	△	主	支	軍	枤	喙	年	3
△	△	△	△	△	△	△	△	△	△	△	△	△	△	△	△	喙	鄒	主	夫	部	△	4
△	△	△	△	△	△	△	△	△	△	△	△	△	△	△	中	部	文	等	智	豆	月	5
△	△	△	△	△	△	△	△	合	弗	△	△	△	△	△	作	助	村	喙	大	弥	中	6
△	△	△	△	△	懷	五	兮	△	△	△	△	△	△	△	善	黑	幢	部	阿	智	王	7
△	△	△	△	兄	勳	人	女	△	△	△	△	△	△	△	△	夫	主	比	干	波	教	8
△	△	△	喙	苐	力	之	道	使	△	△	前	△	△	△	懷	智	沙	次	支	珎	事	9
大	人	人	勿	部	耶	使	別	豆	法	子	異	者	公	△	勳	及	喙	夫	内	干	大	10
烏	石	勿	思	奈	如	人	教	只	赤	刀	葉	更	兄	△	力	干	部	智	礼	支	衆	11
之	書	伐	弗	此	事	自	又	城	只	耶	赤	鄒	許	使	支	導	阿	夫	喙		等	12
	立	次	城	耽	白	若	此	悅	佃	小	國	城	文	利	死	節	設	干	智	部	喙	13
	人	阿	幢	郝	者	後	利	舍	法	烟	村	之	人	教	智	支	大	西	部			14
比	尺	城	主	失	大	生	國	巴	法	烏	中	法	巴	四	是	事	及	沙	阿	夫	伊	15
	今	書	使	利	人	如	子	小	爲	礼	分	使	珎	年	以	赤	干	喙	干	叱	史	16
	皆	人	人	大	耶	女	如	子	之	兮	与	之	妻	小	後	城	支	部	支	智	夫	17
	里	喙	那	舍	小	子	也	刀	別	撰	雖	後	女	其	也	勿	武	高	大	智		18
	村	部	利	鄒	人	年	尒	羅	官	干	師	妻	尒	思	力	頭	阿	伊				19
		村	村	耶	少	次	兮	賜	伊	公	支	文	三	次	伐	智	林	干	干			20

단양적성비에서는 教事가 두 번이나 나온다. 한번은 제①행의 王教事이고 다른 하나는 제⑥행의 節教事이다. 王教事는 제①행부터 제⑥행까지의 인명(大衆等과 幢主)에 대한 것이고, 節教事는 제⑥행부터 제⑬행까지의 지방민 六家 등이 이에 해당된다. 그러면 여기에서 진흥왕이 적성 경영에 참여했는지 여부를 조사해 보자. 주지하는 바와 같이 진흥왕 즉위 나이에 대해서는 『삼국사기』에는 15세설, 『삼국유사』에는 7세설이 각각 적혀 있다. 그래서 진흥왕은 551년 開國이란 연호를 사용하면서 친정을 시작하는 것으로 보아서 7세설이 옳다고 보았다.18)

진흥왕의 540년이므로 7세설로 볼 때, 551년에 진흥왕의 나이가 18세가 되어 성인이 되는지 의문이 생긴다. 반면에 진흥왕의 즉위 시 나이를[19] 15세로 보면 545년이나 그 직전에 세워진 그의 나이는 20세가 되어 진흥왕이 직접 적성 경영에 참가하게 된다. 따라서 진흥왕의 즉위 시 나이는 7세가 아닌 15세로 보아야 한다. 또 王教事를 내린 주체도 지소태후가 아닌 眞興王으로 보인다.

典大等으로 추정되는 것으로 창녕비의 △大等이 있다.[20] 이를 알기 쉽게 적기하면 다음과 같다.

직 명	부 명	인 명	관등명
△大等	喙	居七夫智	一尺干
위와 같음	喙	△未智	一尺干
위와 같음	沙喙	吉力智	△△干
△大等	喙	未淂智	(一)尺干
위와 같음	沙喙	乇聰智	及尺干

△大等은 大等과 四方軍主 사이에서 두 번씩이나 나온다. 이들 가운데 하나는 典大等으로 판단된다. 두 개의 직명 가운데 어느 것이 典大等인지는 단정할 수는 없다.

월성해자 목간신3호의 及伐漸典과 유사한 예가 마운령비와 황초령비에 나오는 바, 마운령비의 인명 표기를 제시하면 다음과 같다.

---

18) 이병도, 『한국고대사연구』, 1976, 669쪽.
　　村上四男, 『조선고대사연구』, 1978, 86쪽.
　　이기백, 『신라시대의 불교와 유교』, 1978, 669쪽 등.
19) 진흥왕은 울주 천전리서석 추명에 근거할 때 539년 7월에 즉위했다.
20) 이 밖에도 울주 천전리서석 계사명(574년)에 菫衆大等도 있다.

〈표 1〉마운령비 인명 분석표

직명	출신부명	인명	관등명
沙門道人		法藏	
위와 같음		慧忍	
太等	喙部	居柒夫智	伊干
위와 같음	위와 같음	內夫智	伊干
위와 같음	沙喙部	另力智	匝干
위와 같음	喙部	服冬智	大阿干
위와 같음	위와 같음	比知夫知	及干
위와 같음	위와 같음	未知	大奈末
위와 같음	위와 같음	及珎夫知	奈末
執駕人	喙部	万兮	大舍
위와 같음	沙喙部	另知	大舍
哀內從人	喙部	沒兮次	大舍
위와 같음	沙喙部	非尸知	大舍
△人[21]	沙喙部	△忠知	大舍
占人	喙部	与難	大舍
藥師	(沙喙部)	篤支次	小舍
奈夫通典	本彼部	加良知	小舍
△△	本彼部	莫沙知	吉之
及伐斬典	喙部	夫法知	吉之
哀內△(△)	(△)喙部	△未名	(吉之)
堂來客	五十		
哀內客			
外客	五十		
△△(軍主)	(喙部)	悲智	沙干
助人	沙喙部	舜知	奈末

마운령비와 황초령비에 나오는 及伐斬典은 신목간3호의 及伐漸典과 동일하다.[22] 신목간3호의 연대는 마운령비와 황초령비의 건립 연대인 568년경으로 보이고, 12호목간의 제작 시기는 敎事로[23] 볼 때 524년에 545년이나 그 직전으로 보인다. 창녕비의 두 번이나 나오는 △大等 가운데 하나와 동일하다면 561년경으로 볼 수가 있다.

또 敎事는 남산신성비에도 나온다. 곧 남산신성비의 서두에 어느 비에서나 꼭 같이 나오고 있다. 그 구절을 인용해 보자.

辛亥年二月廾六日南山新城作節如法以作後三年崩破者罪敎事爲聞敎令誓事之

이는 '신해년 2월26일 남산신성을 지을 적에 법대로 지은지 3년 안에 붕파되면 罪를 다스릴 것이라는 사실을 듣게 해 서약케 했다.'

여기의 敎事는 적성비 등의 교사와는 차이가 있다.

○ 맺음말

목간2호의 분석에는 그 시기를 561년으로 보아 왔으나 大烏知郎이란 관등명이 나와서 536년 영천청제비 병진명의 大烏第, 545년이나 그 직전의 단양적성비에 나오는 大烏之가 나와서 그 시기를 536년 이전으로 보고, 524년 봉평비의 大舍帝智, 540년경의 함안 성산산성 목간의 大舍下智가 나오는 점을 근거로 그 연대를 524년에서 540년경 사이로 보았다.

목간12호에 나오는 典大等이 나오는 敎事가 봉평비와 적성비에 나와서 그 시기가 524년에서 545년이나 그 직전으로 보인다. 창녕비에

---

21) △人의 △부분은 馬+弱으로 되어 있으나 조판의 어려움 때문에 모르는 글자로 보았다.
22) 남산신성비 제2비에서 阿大兮村을 阿旦兮村이라고 해서 大와 旦이 같다. 及伐漸典과 及伐斬典은 같은 직명이다.
23) 남산신성비의 서두에 敎事가 나오나 이는 王敎事가 아니다.

도 典大等이 복원되어 典大等이 561년에도 있었다고 보인다. 목간 신 3호 목간의 典大等과 똑같은 것인 典中大等은 及伐漸典(及伐斬典)이 마운령비와 황초령비에 나와서 그 시기를 568년경으로 보았다.

제2장

지방 관아 목간의
기초적 검토

제1절 함안 성산산성 목간의 신고찰

ㅇ 머리말

한국의 고대 목간은 종이가 없던 시대에 종이 대신에 나무를 깎아서 긴 사각형에 가깝게 만든 데에 붓으로 한자를 쓴 것이다. 1면에만 글씨가 있는 것이 있고, 앞면과 뒷면의 양면으로 된 것이 있고, 드물게는 4면으로 된 문서목간이 있다. 고구려의 예는 없고, 백제 사비성시대의 왕경과 지방 목간, 고신라의 왕경과 지방 목간, 통일신라의 왕경과 지방 목간 등이 있다. 목간의 대부분은 인명표기가 주류를 이루고 있다. 인명표기는 신라의 경우는 직명+출신지명+인명+관등명이고, 백제의 경우는 직명+부명+관등명+인명의 순서이다. 그래서 금석문과 목간을 연구하는 데에 있어서 인명표기의 중요성은 아무리 강조해도 지나치지 않다.

먼저 함안 성산산성 목간의 판독문과 해석문을 제시하였다. 성산산성 전체 목간을 대상으로 하였다. 다음으로 구리벌 목간의 負가 나오는 이유를 검토하였다. 負는 다른 지역의 목간에서는 나오지 않고 구리벌에서만 나오고 있다. 아마도 수송체계가 다름을 암시하고 있는 듯하다. 그 다음으로 함안 성산산성 목간의 지명 비정에 대해 검토하였다. 함안 성산산성의 지명을 찾는 것은 어렵지만 문헌에서 가능한 한 찾으려고 노력했다.

그 다음으로 2016-W150목간의 代 의미를 2016-W150목간 내에서 찾았다. 代의 의미에 대해서는 다양한 가설이 나와 있으나 그 의미를 목간 자체에서 찾는 가설은 없다. 그 다음으로 함안 성산산성 목간 가운데 외위를 가진 목간을 살펴보았다. 마지막으로 仇利伐郡의 구조에 대해 조사하였다. 仇利伐목간은 負가 붙는 것, 奴人이 나오는 것, 本波·阿那·末那·末那·前那 등을 수반하지 않는 것, 稗·麥·米 등의 곡물 표시가 없는 것, 상당수가 割書로 쓰이는 것 등의 특징을 가지고 있다. 이러한 특징들 가운데에서 가장 주목되는 것은 奴人의 존재이다. 奴人이 붙이는 자가 외위를 가지고 있어서 더욱 그러하다.

여기에서는 먼저 함안 성산산성의 목간을 국사편찬위원회 한국사데이터베이스에 따라 제시하고, 이를 가능한 한 해석하였고, 다음으로 仇利伐 목간에서 나오는 負에 살펴보고, 그 다음으로 함안 성산산성 목간의 지명 비정에 대해 살펴보고, 그 다음으로 2016-W150목간의 代에 대해 살펴보고, 그 다음으로 外位를 가진 목간에 대해 살펴보고, 마지막으로 仇利伐의 郡의 구조에 대해 살펴보았다.

Ⅰ. 자료의 제시

국사편찬위원회 한국사데이트베이스에 실린 번호에 따라 판독할 수 있는 자료부터 제시하고 이를 해석하여 제시하면 다음과 같다.

1(232).仇利伐/上彡者村(앞면) 乞利(뒷면) '仇利伐 上彡者村의 乞利가 낸 뭐이다.'

2(236).甘文城下麥甘文本波王村(앞면) 文利村(知)利兮負(뒷면) '甘文城 下의 麥을 甘文의 本波(本原)인[1] 王村文利村의 (知)利兮負가 (낸 것이다.)'

3(222).仇利伐/上彡者村波婁 '仇利伐 上彡者村의 波婁가 낸 것이다.'

ᵛ 223. ~(村)尒△利

---

1) 이수훈, 「성산산성 목간의 本波와 末那·阿那」『역사와 세계』 38, 2010에서 本波·末那·阿那를 지명으로 보는 것을 반대하는 가설이 있다.

4.仇利伐/仇失了一伐/尒利△一伐 ‘仇利伐의 仇失了 一伐과 尒利△ 一伐이 낸 것이다.’

ᵛ243.仇利伐/仇阤尒一伐/尒利△負 ‘仇利伐의 仇阤尒 一伐의 짐을 짐꾼인 尒利△이 졌다.’

5(244).仇利伐 △德知一伐奴人 塩 (負) ‘仇利伐의 △德知 一伐이며 奴人이 낸 소금[塩]의 負이다.’

6(226).王松鳥多伊伐支乞負支 ‘王松鳥多 伊伐支의 乞負支가 낸 무엇이다.’

7(229).仇伐干好律村卑尸稗石 ‘仇伐 干好律村의 卑尸가 낸 稗 1石이다.’

8(230).及伐城秀乃巴稗 ‘及伐城의 秀乃巴가 낸 稗이다.’

ᵛ231.목흔만

9(233).竹尸弥牟ㄴ于支稗一 ‘竹尸弥于牟支가 낸 稗 一(石)이다.’ 또는 ‘竹尸弥와 于牟支가 낸 稗 一(石)이다’가 된다.

10(225).甘文夲波居村旦利村伊竹伊 ‘甘文의 夲波(本原)인 居村旦利村의 伊竹伊가 낸 뭐이다.’

11(227).鳥欣弥村卜兮稗石 ‘鳥欣弥村의 卜兮가 낸 稗 1石이다.’

12(228).上莫村居利支稗 ‘上莫村의 居利支가 낸 稗이다.’

13(238).陳城巴兮支稗 ‘陳城의 巴兮支가 낸 稗이다.’

14(242).大村伊息智一伐 ‘大村의 伊息智 一伐이 낸 뭐이다.’

15(241).~家村△毛△ ‘家村의 △毛△가 (낸 뭐이다.)’

16(237).言貯只一石 해석불능

17(234).~前谷村阿足只(負) ‘~ 前谷村의 阿足只가 (낸 負이다.)’

ᵛ235 목흔만

18.△△△△支稗 ‘△△△의 △△支가 낸 稗이다.’

20(239).古阤伊骨利村△(앞면) 仇仍支稗麥²⁾(뒷면) ‘古阤 伊骨利

_____

2) 稗麥은 稗發로 읽어서 發을 소·말의 짐을 가리키는 ‘바리’로 풀고 있으나, 稗發이 나오는 5점의 목간은 전부 古阤에 소속되어 있다. 고타는 현재의 안동 지

村의 △仇仍支가 낸 稗와 麥이다.'

21(245).屈仇△△村~(앞면) 稗石(뒷면)'屈仇△△村의 ~가 낸 稗
1石이다.'

22(240).夷津支斯尒利知[3])'夷津支의 斯尒利知가 낸 뭐이다.'

23(224).~△知上干支'~△知 上干支가 (낸 뭐이다.)'

　24.△了△利'△了△利가 (낸 뭐이다.)'

28(001).古阤伊骨利村阿那(衆)智卜利古支(앞면) 稗麥(뒷면)'古阤 伊
骨利村의 阿那(어떤 방향이나 위치의 지역을 표시하는 땅 또는 들)
의 (衆)智卜利古支가 낸 稗와 麥이다.'

29(002).古阤新村智利知一尺那△(앞면) 豆于利智稗石(뒷면)'古
阤 新村의 智利知 一尺과 那△豆于利智가 낸 稗 1石이다.'

30(003).夷津支阿那古刀羅只豆支(앞면) 稗(뒷면)'夷津支의 阿那
(어떤 방향이나 위치의 지역을 표시하는 땅 또는 들)의 古刀羅
只豆支가 낸 稗이다.'

31(004).古阤一古利村末那(앞면) 毛羅次尸智稗石(뒷면)'古阤 一
古利村의 末那(어떤 방향이나 위치의 지역을 표시하는 땅 또는
들)의 毛羅次尸智가 낸 稗 1石이다.'

32(005).上弗乃你村(앞면) 加古波(孕)稗石(뒷면) '上弗乃你村의
加古波(孕)이 낸 稗 1石이다.'

33(006).仇利伐/彤谷村/仇礼支 負'仇利伐 彤谷村의 仇礼支가
낸 負이다.'

34(007).仇利伐/上彡者村 波婁'仇利伐 上彡者村의 波婁가 (낸
뭐이다.)'

35(008).內恩知 奴人 居助支 負'內恩知가 奴人이고, 짐꾼인 居
助支의 負이다.'

역이므로 안동에서 함안까지 소·말로는 올 수가 없고, 낙동강을 이용한 조운을
해야 하므로 稗麥으로 읽는다.
3) 斯자는 성산산성 목간에서 대개 所자로 되어 있으나 그 음이 무엇인지는 모르
고 있다.

36(009).仇利伐/只卽智奴/於△支 負 '仇利伐 只卽智가 奴이고, 그의 짐꾼인 於△支가 짐을 담당했다.'

37(010).~內只次奴 湏礼支負 '~內只次가 奴이고, 그의 짐꾼인 湏礼支의 負이다.'

38(011).~比△湏奴/尒先利支 負 '比△湏가 奴이고, 그의 짐꾼인 尒先利支의 負이다.'

39(012).鄒文比尸河村尒利牟利 '鄒文 比尸河村의 尒利牟利가 (낸 뭐이다.)'

40(013).~阿卜智村尒礼負 '~阿上智村 尒礼의 짐이다.'

41(014).陳城巴兮支稗 '陳城의 巴兮支가 낸 稗이다.'

42(015).及伐城立(龍)稗石 '及伐城의 立龍이 낸 稗 1石이다.'

43(016).陽村文尸只 '陽村의 文尸只가 (낸 뭐이다.)'

44(017).土莫村居利支稗 '土莫村의 居利支가 낸 稗이다.'

45(018).夷津阿那休智稗 '夷津 阿那(어떤 방향이나 위치의 지역을 표시하는 땅 또는 들)의 休智가 낸 稗이다.'

46(019).(乃)日城鄒(選)△△支 '乃日城의 鄒選△△支가 낸 뭐이다.'

47(020).可物智△湏麥石 '可物智△湏의 麥 1石이다.' 또는 '可初智와 △湏麥石이 낸 뭐이다.'

48(021).殂鐵十之

ᐯ022 목흔만

50(023).㫆盖陽村末稗石 '㫆盖의 陽村의 末이 낸 稗 1石이다.'

52(024).仇伐阿那舌只稗石 '仇伐의 阿那(어떤 방향이나 위치의 지역을 표시하는 땅 또는 들)의 舌只가 낸 稗 1石이다.'

53(025).大村主舡麥 '大村의 主舡이 麥이 (얼마이다.)'

54(026).鄒文△△村△李石 '鄒文 △△村의 △李石이 (낸 뭐이다.)'

55(027) 목흔만

56(028) △蓋△△△△(稗)

57(029).~弘帝沒利 負 '~弘帝沒利가 낸 負이다.'

59(030).石蜜日智私(앞면) 勿利乃(亢)花文稗(뒷면) '石蜜智私勿
利와 乃(亢)花文이 낸 稗이다.'4)

60(031).巴珎兮城下(麥)~(앞면) 巴珎兮村~(뒷면)'巴珎兮城 下의
麥을 巴珎兮村의 누구가 (몇 石)낸 뭐이다.'

61(032).△節△家(城)夫鄒只△(앞면) 城稗石(뒷면) '△節△家(城)
의 夫鄒只△城이 낸 稗1石이다.'

62(033).△△△支村(앞면) △△△奚稗石'△△△支村의 △△△奚
가 낸 稗 1石이다.'

63(034).~△菽△尸支(앞면) 鄒△(뒷면) 해석 불능

64(035).小伊伐支△△(앞면) ~石(뒷면) '小伊伐支의 △△~石이
낸 뭐이다.'

65(036).甘文城下~(앞면) 河波△(뒷면)'甘文城下의 (麥을) 河波
△가 (낸 얼마이다.)'

67(037).~加礼~(앞면) ~刀稗(뒷면)'~加礼~의 ~刀가 낸 稗이다.'

68(038).居珎只ℷ支~'居珎只ℷ支~가 낸 뭐이다.'

69(039).千竹利'千竹利가 (낸 뭐이다.)'

70(040).千竹利'千竹利가 (낸 뭐이다.)'

71(041).~利次稗石'~利次가 낸 稗 1石이다.'

72(042).~△一伐稗'~△ 一伐이 낸 稗이다.'

73(043).~伐稗石'~伐이 낸 稗 1石이다.'

74(044).及伐城只智稗石'及伐城의 只智가 낸 稗 1石이다.'

  75.家△夫△'家△夫△가 (낸 뭐이다.)'

76(045).~伐 夫知居兮~'~伐의 末知居兮~가 (낸 뭐이다.)'

77(046).湏伐㐊波居湏智'湏伐 㐊波(本原)의 居湏智가 (낸 뭐이
다.)'

78(047)~△村 伐生尒支'~△村의 伐生尒支가 (낸 뭐이다.)'

---

4) 이는 60(031)과 뒷면이 바뀌어 있다. 이렇게 짝이 잘못 바뀌어 있는 예는 63 (034)와
  64(035), 2016-W28(201)과 2016-W30(202) 등 모두 6예가 있다.

79(048).伊伐支△△波稗一 '伊伐支의 △△波가 낸 稗 一(石)이다.'

80(049).及伐城△△ 稗石 '及伐城의 △△가 낸 稗 1石이다.'

81(050).~伊智支石 '~伊智과 支石가 (낸 뭐이다.)'

82(051).~智支

83(052) 목흔만

84(053).~蒜尸支 '~의 蒜尸支이 (낸 뭐이다.)'

85(054).伊失兮村~ '伊失兮村이 (낸 뭐이다.)'

86(055).~密鄒加尒支石 '~의 密鄒加와 尒支石이 낸 뭐이다.'

88(056).~八~(앞면) ~(뒷면)

ㄴ 057 艾△△毛珎支伐 해석불능

88-1.[5)]제첨축(利豆(村))으로 판독됨.

89(058).~于利沙△ '~의 于利沙△가 (낸 뭐이다.)'

90(059).목흔만 있음

92(060).~△知支

ㄴ (061)~△一~

ㄴ (062)~△~

ㄴ (063)~石(앞면) ~△(뒷면)

2006-1(064).甘文城下麥本波大村毛利只(앞면) 一石(뒷면) '甘文城 下의 麥을 本波(本原)인 大村의 毛利只가 낸 一石이다.'

ㄴ (065)목흔만(앞면) 阿竹只△△△(뒷면)

2006-3.阿利只村(阿)那△△(앞면) 古十△△刀△△(門)(뒷면) '阿利只村의 (阿)那(어떤 방향이나 위치의 지역을 표시하는 땅 또는 들)의 △△古十△의 △刀△△(門)가 (낸 뭐이다.)'

---

5) 이경섭, 『신라 목간의 세계』, 2013, 180쪽에 제첨축 목간을 88번이라 했으나 국사편찬위원회 한국사데이터베이스에는 88번이 다른 목간으로 되어 있고, 이용현, 『한국목간기초연구』, 2007, 375쪽에는 목간도록에는 88호 목간을 58호로 되어 있다고 하였다. 58번 제첨축 목간은 그 당시 서사 자료가 종이임을 입증하는 중요한 자료이다. 이경섭, 앞의 책, 2013에서는 제첨축을 88번·89번·90번·91번·92번·93번·94번·2006-13번을 소개하고 있으나 국사편찬위원회 한국사데이터베이스에는 없다.

2006-4(066).夷津夆波只那公末△稗 '夷津의 夆波(本原)이며, 只那公末△가 낸 稗이다.'

ⅴ 067 ~支介~

ⅴ 068 ~器△一石

ⅴ 069 仇利伐~

2006-6(070).陽村文尸只 稗 '陽村의 文尸只가 낸 稗이다.'

2006-7(071).買谷村古光斯珎于(앞면) 稗石(뒷면) '買谷村의 古光과 斯珎于가 낸 稗 1石이다.'

2006-8(072).勿利村倦益尒利(앞면) 稗石(뒷면) '勿利村의 倦益尒利가 낸 稗 1石이다.'

2006-9(073).次ㅊ支村知你留(앞면) 稗石(뒷면) '次ㅊ支村의 知你留가 낸 稗 1石이다.'

2006-10.仇利伐△△奴△△支 負 '仇利伐의 △△ 奴이고, 짐꾼인 △△支의 負이다.'

2006-12(074).好△△六入 해석 불능

ⅴ 076 목흔만

ⅴ 077 哥△△△△利稗 '哥△의 △△△利가 낸 稗이다.'

2006-17(078).鄒文村內旦利(魚) '鄒文村의 內旦利가 낸 (魚)이다.'

2006-19(079).△荊白汝△~(앞면) △月△(뒷면) 해석 불능

2006-24(080).仇利伐/ 比多智 奴 先能支 負 '仇利伐의 比多智가 奴이고, 그의 짐꾼인 先能支의 負이다.'

2006-25(081).王松鳥多伊伐支卜烋 '王松鳥多 伊伐支의 卜烋가 (낸 뭐이다.)'

ⅴ 082. ~大△△△~

2006-27(083).末甘村/ 借刀利(支) 負 '末甘村의 借刀利(支)가 낸 負이다.'

ⅴ 084 목흔만(앞면) ~(뒷면)

ⅴ 085 支(負)(앞면) △△△~(뒷면)

ᵛ086 판독 불능

ᵛ087 ~△△△麥石

ᵛ088 목흔만(앞면) 목흔만(뒷면)

2006-30(089).古阤伊骨村阿那(앞면) 仇利稿支稗麥(뒷면)‘古阤
伊骨村의 阿那(어떤 방향이나 위치의 지역을 표시하는 땅 또는
들)의 仇利稿支가 낸 稗와 麥이다.'

2006-31(090) (仇利伐)~(앞면) 一古西支 負(뒷면)‘(仇利伐)의 ~의
一古西支의 負이다.'

2006-32(091).丈△利村△△△△△‘丈△利村의 △△△가 낸 무
엇이 얼마이다.'

  2006-35.~支鳥(앞면) ~(沙利)(뒷면) 해석 불능

  2006-37.~△村△△麥石‘~△村의 △△가 낸 麥 1石이다.'

2006-40(075).(亍)卄二益丁四 村~(제1면)

△二△丁十一 村~(제2면) 해석 불능

2007-1(092).~竹烋弥支稗石‘~竹烋弥支가 낸 稗 1石이다.'

  2007-2.제첨축

  2007-3.제첨축

2007-4(093).㝹盖次尒利△尒稗‘㝹盖 次尒利△尒가 낸 稗이다.'

2007-5(094).~△皮(芥)支石 해석 불능

2007-6(095).仇伐 末那沙刀(礼)奴(앞면) 弥次(分)稗石(뒷면)‘仇
伐 末那(어떤 방향이나 위치의 지역을 표시하는 땅 또는 들)의
沙刀(礼)奴와 弥次(分)이 낸 稗 1石이다.'

2007-7(096).丘伐稗‘丘伐에서 낸 稗이다.'

2007-8(097).~△一伐奴人毛利支 負‘(仇利伐의 누구가) 一伐이
고, 奴人이고, 그의 짐꾼인 毛利支의 負이다.'

2007-9(098).~夲(波)跛智(福)△古△~(앞면) ~支云稗石(뒷면) ‘~
夲(波)(本原)의 跛智(福)△古와 △~支云이 낸 稗 1石이다.'

2007-10(099).古阤新村㝹(斤)△利(앞면) 沙礼(뒷면) ‘古阤 新村

의 듥(斤)△利와 沙礼가 (낸 뭐이다.)'

2007-11(100).古阤一古利村末那(앞면) 殆利夫稗(石)(뒷면)'古阤의 一古利村 末那(어떤 방향이나 위치의 지역을 표시하는 땅 또는 들)의 殆利夫가 낸 稗 1(石)이다.'

2007-12(101).伊伐支鳥利礼稗石'伊伐支의 鳥利礼가 낸 稗 1石이다.'

2007-13(102).眞尒密奴那智石 해석불능

2007-14(103).古阤一古利村末那仇△~(앞면) 稗石(뒷면)'古阤의 一古利村 末那(어떤 방향이나 위치의 지역을 표시하는 땅 또는 들)의 仇△~가 낸 稗 1石이다.'

2007-15(104).勿思伐 豆只稗一石'勿思伐의 豆只가 낸 稗 一石이다.'

2007-16(105).듥盖尒欲弥支稗'듥盖의 尒欲弥支가 낸 稗이다.'

2007-17(106).古阤一古利村△~(앞면) 乃兮支稗石(뒷면)'古阤의 一古利村의 △~乃兮支가 낸 稗 1石이다.'

2007-18(107).(仇利)伐/△△只△/△伐支 負'(仇利)伐의 △△只△의 △伐支가 낸 負이다.'

2007-19(108).赤城△△△羅石'赤城의 △△△羅石이 (낸 뭐이다.)'

2007-20(109).仇利伐/~智'仇利伐의 ~智가 낸 뭐이다.'

2007-21(110).~豆留只(一伐)'~의 豆留只(一伐)이 낸 뭐이다.'

2007-22(111).듥盖奈夷(利)稗'듥盖의 奈夷(利)가 낸 稗이다.'

2007-23(112).及伐城文尸伊稗石'及伐城의 文尸伊가 낸 稗 1石이다.'

2007-24(113).及伐城文尸伊急伐尺稗石'及伐城의 文尸伊와 急伐尺이 낸 稗 1石이다.'

2007-25(114).古阤一古利村阿那弥伊△久(앞면) 稗石(뒷면)'古阤의 一古利村 阿那(어떤 방향이나 위치의 지역을 표시하는 땅 또는 들)의 弥伊△久가 낸 稗 1石이다.'

2007-26(115).~古心△村~稗石 '~의 古心△村 ~가 낸 稗 1石이다.'

2007-27(116).仇利伐/郝豆智奴人/△支 負 '仇利伐의 郝豆智가 奴人이고, 그의 짐꾼인 △支의 負이다.'

2007-28(117).巾夫支城夫酒只(앞면) 稗一石(뒷면) '巾夫支城의 夫酒只가 낸 稗 一石이다.'

2007-29(118).波阤密村沙毛(앞면) 稗石(뒷면) '波阤密村의 沙毛가 낸 稗 1石이다.'

2007-30(119).夷(津)支士斯石村末△△然(앞면) 麥(뒷면) '夷(津)支의 士斯石村 末△△然가 낸 麥이다.'

2007-31(120).仇利伐 仇阤知一伐奴人 毛利支 負 '仇利伐의 仇阤知 一伐이고, 奴人이고, 그의 짐꾼인 毛利支의 負이다.'

ㄴ 121 伊(勿)△~(앞면) ~(뒷면)

2007-33(122).古阤一古利村末那沙見(앞면) 日糸利稗石(뒷면) '古阤의 一古利村 末那(어떤 방향이나 위치의 지역을 표시하는 땅 또는 들)의 沙見日糸利가 낸 稗 1石이다.'

2007-34(123).伊大兮村稗石 '伊大兮村이 낸 稗 1石이다.'

2007-35(124).(礼)彡利村(앞면) 湏△只稗石(뒷면) '(礼)彡利村의 湏△只가 낸 稗 1石이다.'

2007-36(125).栗村稗石 '栗村에서 낸 稗 1石이다.'

2007-37(126).仇伐阿那內欣買子(앞면) 一万買 稗石(뒷면) '仇伐阿那(어떤 방향이나 위치의 지역을 표시하는 땅 또는 들)의 內欣買子와 一万買가 낸 稗 1石이다.'

2007-38(127).古阤△利村△~(앞면) 稗石(뒷면) '古阤 △利村의 △~가 낸 稗 1石이다.'

2007-39(128).眞村△△△△ '眞村의 △△△가 낸 뭐이다.'

2007-40(129).巾夫支城△郎支稗一 '巾夫支城의 △郎支가 낸 稗 一(石)이다.'

2007-41(130).居利負~ 해석 불능

2007-42(131).及伐城登奴稗石 '及伐城의 登奴가 낸 稗 1石이다.'

2007-43(132).伊伐支村△只稗石 '伊伐支村의 △只가 낸 稗 1石
이다.'

2007-44(133).夷津支城下麥王△巴弥兮村(앞면)　弥次二石(뒷면)
'夷津支城 下의 麥은 王△巴珎兮村의 弥次가 낸 二石이다.'

2007-45(134).甘文城下(麥)米十一(斗)石(喙)大村卜只次持(去)
'甘文城 下의 (麥)과 米 十一(斗)는 石(喙)大村의 卜只次持(去)가
낸 것이다.'

2007-46(135).小伊伐支村能毛礼(앞면)　稗石(뒷면) '小伊伐支村
의 能毛礼가 낸 稗 1石이다.'

2007-47(136).珎淂智△　仇以稗石 '珎淂智△와 仇以가 낸 稗 1
石이다.'

2007-48(137).丘伐稗石 '丘伐에서 낸 稗 1石이다.'

ᴸ 138. ~△尒利稗 '~의 △尒利가 낸 稗이다.'

ᴸ 139. 목흔만(앞면) 목흔만(뒷면)

2007-49.~伐△稗 '~伐△가 낸 稗이다.'

2007-50.一△△刀村△文△二△(앞면)　仇△△(뒷면) '一△△刀村
의 △文△二와 △仇△△가 (낸 뭐이다.)'

2007-51(140).~前△谷支 '~의 前△谷支가 (낸 뭐이다.)'

2007-52(141).鄒文(前)那牟只村(앞면)　伊△(習)(뒷면) '鄒文 (前)
那(어떤 방향이나 위치의 지역을 표시하는 땅 또는 들)의 牟只
村의 伊△(習)가 (낸 뭐이다.)'

2007-53(142).仇利伐/習彤村/牟利之　負 '仇利伐 習彤村의 牟
利之의 負이다.'

2007-54(143).赤伐支哥村助吏支稗 '赤伐支哥村의　助吏支가 낸
稗이다.'

2007-55(144).仇利伐今尒次負 '仇利伐의 今尒次의 負이다.'

2007-56(145).屈斯旦(利)今部牟者足△ '屈斯旦利와　今(部)牟者

足△가 낸 뭐(△)이다.'

2007-57(146).古阤夲波豆物烈智△(앞면) 勿大兮(뒷면)'古阤 夲波(本原)이고, 豆物烈智△와 勿大兮가 (낸 뭐이다.)'

2007-58(147).伊智支村彗△利(앞면) 稗(뒷면)'伊智支村의 彗△利가 낸 稗이다.'

  2007-60.제첨축

2007-61(157).買谷村物礼利(앞면) 斯珎于稗石(뒷면)'買谷村의 物礼利와 斯珎于가 낸 稗 1石이다.'

ᵛ158 묵흔만

2007-64(159).上弗刀你村(앞면) (敬麻)古稗石 '上弗刀你村의 (敬麻)古가 낸 稗 1石이다.'

ᵛ160 △△△村△△△

ᵛ161 △△△△△稗石

ᵛ162 甘文△宍大只伐△原石

2007-304(163).夷津支城下麥烏列支負(앞면) △△△石(뒷면)'夷津支城 下의 麥을 烏列支負△가 (낸 몇)石이다.'

2007-370(164).卒史△於勞尸兮'卒史△의 於勞尸兮가 (낸 뭐이다.)'

2007-A(148) 蘇智密村晏~(앞면) 稗(뒷면)'蘇智密村의 晏~가 낸 稗이다.'

2007-B(149) ~稗石

2007-C(150) 목흔만

2007-D(151) 伊竹支△△△稗'伊竹支△의 △△가 낸 稗이다.'

2007-E(152) ~△支負稗'~의 ~△支負가 낸 稗이다.'

2007-F(153) ~△△△△△~(앞면) 稗(뒷면)

2008-G(154) ~△牟知~(앞면) △(뒷면)'~의 △牟知~가 낸 稗이다.'

2007-H(155) ~伊△△~

2007-I(156) ~△△稗石

Ⅳ-485.(前)站△歆△利 稗'(前)站△와 歆△利가 낸 稗이다.'

Ⅳ-491.△△(河)'△△(河)가 (낸 뭐이다.)'

Ⅳ-492.△(記)△△△ 해석 불능

Ⅳ-495.仇利伐谷△△ (負)'仇利伐의 谷△△의 (負)이다.'

Ⅳ-501.大△△△'大△△△가 낸 뭐이다.'

Ⅳ-573.△△△△△稗石'△△ △△△가 낸 稗 1石이다.'

Ⅳ-574.甘文(非)△大只伐支原石'甘文의 (非)△大只와 伐支原石이 (낸 뭐이다.)'

Ⅳ-575.△△伐村△'△△伐村이 (낸 뭐이다.)'

Ⅳ-578(165).~之毛羅稗'~의 ~之毛羅가 낸 稗이다.'

Ⅳ-579(166).麻旦△利(앞면) 麻古稗石(뒷면)'麻旦△利와 麻古가 낸 稗 1石이다.'

↳ 167 仇△△稗石'仇△△가 낸 稗 1石이다.'

　Ⅳ-580.△△△世~(제1면) ~(제2면) 해석 불능

Ⅳ-581(168).仇賓村甘斯(앞면) ~(뒷면)'仇賓村의 甘斯~가 낸 뭐이다.'

Ⅳ-582(169).仇利伐 記夲礼支 負'仇利伐의 記夲礼支의 負이다.'

Ⅳ-583(170).仇△伐~

Ⅳ-586(171).~△(負) 해석 불능

↳ 172 豆支村~

Ⅳ-587(173).仇利伐(앞면) △伐彡△村 伊面於支 負(뒷면)'仇利伐 △伐彡△村의 伊面於支의 負이다.'

Ⅳ-588(174).~智△△(앞면) 稗石(뒷면)'~의 ~智△△가 낸 稗 1石이다.'

Ⅳ-589(175).~(제1면) ~(제2면) 해석 불능

Ⅳ-590(176).及伐城日沙利稗石'及伐城의 日沙利가 낸 稗 1石이다.'

↳ 177 목흔만(앞면) 목흔만(뒷면)

↳ 178 전면 목흔

ᐯ 179 及伐城文尸△稗石 '及伐城의 文尸△가 낸 稗 1石이다.'

Ⅳ-591.仇(利伐) △△智(奴)人 △△△ 負 '仇(利伐)의 △△智가 (奴)人이고, 그의 짐꾼인 △△△의 負이다.'

Ⅳ-594(180).㝹盖奈△~ '㝹盖의 奈△~가 (낸 뭐이다.)'

Ⅳ-595(181).古阤一古利村本波(앞면) 阤ᶻ支稗麥(뒷면) '古阤 一古利村의 本波(本原)이며, 阤ᶻ支가 낸 稗와 麥이다.'

182 목흔만

Ⅳ-597(183).正月中比思(伐)古尸次阿尺夷喙(앞면) 羅兮落及伐尺幷作前瓷酒四斗瓮(뒷면) '正月에 比思(伐)의 古尸次 阿尺의 夷(무리)와 喙(部) 羅兮落 及伐尺(경위명)이 아울러 前瓷酒 四斗瓮을 만들었다.'

Ⅳ-598(184).△皀(冠)村(앞면) 此負刀寧負盜人有(뒷면) '~△皀(冠)村에 이 負는 刀寧의 負이다. 盜人이 있었다.'

Ⅳ-599(185).帶支村烏多支米一石 '帶支村의 烏多支가 낸 米 一石이다.'

Ⅳ-600(186).六月中△多馮城△△村主敬白之 烏△△成行之(제1면)
△△智一伐大△△也 攻六△大城從人士卒日(제2면)
△去(走)石日(率此)△△更△荷(秀)△(제3면)
卒日治之人(此)人烏(馮)城置不行遣之白(제4면) 해석 불능

ᐯ 187 목흔만

Ⅳ-602(188).十一月△△定六十月一卄月十一△五叉(제1면)
△奇(旅)△△△△△久△△拏及△△△(제2면) 해석 불능

Ⅳ-603.豆△村 '豆△村에서 (낸 뭐이다.)'

Ⅴ-163(189).古阤一古利村本波(앞면) 阤ᶻ只稗麥(뒷면) '古阤 一古利村의 本波(本原)이며, 阤ᶻ只가 낸 稗와 麥이다.'

Ⅴ-164(190).三月中鐵山下麥十五斗(앞면) 左旅△河礼村波利足(뒷면) '三月에 鐵山 下의 麥 十五斗를 左旅△河礼村의 波利足가 낸 것이다.'

V-165(191).甘文下麥十五石甘文(앞면)   夲波加本斯(稗)一石之
(뒷면)'甘文(城) 下의 麥 十五石을 甘文의 夲波(本原)인 加本斯
와 (稗)石之이 낸 것이다.'또는'甘文의 下麥 十五石을 甘文
夲波(本原)의 加本斯(稗)一石之가 낸 것이다.'

V-166(192).古陁伊未矷上干一大兮伐(앞면)   豆幼去(뒷면)'古陁
의 伊未矷 上干과 一大伐豆幼去가 낸 (뭐이다.)'

ⱽ193 ~△尸力△尒兮(앞면) 목흔만(뒷면)

ⱽ194 앞뒤면 묵흔만

V-167.~村△△(智上)(앞면) △△△(뒷면)'~村의 △△(智)와 (上)
△△△가 (낸 뭐이다.)'

V-170(195).~△稗十五斗(앞면) ~(뒷면)'~△가 낸 稗△十五斗이다.'

V-171(196).盖山鄒勿負稗'盖山의 鄒勿負가 낸 稗이다.'

V-172(197).~村虎弥稗石'~村의 虎弥가 낸 稗 1石이다.'

V-173(198).~吾礼△只公'~의 吾礼△只公이 낸 뭐이다.'

V-174(199).敢師智~'敢師智가 낸 뭐이다.'

V-175(200).~△那只㢺米'~△의 那只가 㢺米를6) 낸 것이다.'

2016-W28(201).~史村△~(앞면)   ~利夫稗石(뒷면)'~史村의 △~
利夫가 낸 稗1石이다.'

2016-W30(202).~△西毛礼~'~△西毛礼가 (낸 뭐이다.)'

   2016-W33.~△△△古△△△ 해석 불능

2016-W34(203).今(卒)巴漱(宿)介財利支稗 '今(卒)巴漱(宿)과 介
財利支가 낸 稗이다.'

ⱽ204 판독 불능(앞면) ~稗石(뒷면)

2016-W35(205).盖村仇之毛羅稗'盖村의 仇之毛羅가 낸 稗이다.'

ⱽ206 목흔만(앞면) 목흔만(뒷면)

2016-W40.~△△只△△△(앞면) ~△稗石(뒷면)'~△△只△의 △
△~△가 낸 稗 1石이다.'

---

6)『呂氏春秋』에 㢺米而不香이라고 나온다.

2016-W44.△陀一△△△(앞면) ~△△△(뒷면) 해석 불능

2016-W62(209).仇利伐/上彡者村△△△△ '仇利伐 上彡者村의 △△△△가 (낸 뭐이다.)'

└ 210 목흔만

2016-W66(207).丘伐未那早尸智居伐尺奴(앞면) (能)利智稗石(뒷면) '丘伐 未那(어떤 방향이나 위치의 지역을 표시하는 땅 또는 들)의 早尸智와 居伐尺과 奴(能)利智가 낸 稗 1石이다.'

2016-W67(208).~△身礼豆智 '~△의 身礼豆智가 (낸 뭐이다.)'

2016-W72.上△~(앞면) ~利~(뒷면) '上△~의 ~利가 낸 ~이다.'

2016-W73(211).巾夫支城 仇智支稗~(앞면) ~(뒷면) '巾夫支城의 仇智支가 낸 稗~이다.'

2016-W89(212).丘利伐/卜今智上干支 奴/△△巴支 負 '丘利伐의 卜今智 上干支이며, 奴이고, 그의 짐꾼인 △△巴支가 짐을 진다.'

2016-W92(213).仇利伐/夫及知一伐 奴人/宍巴礼 負 '仇利伐의 夫及知이 一伐이고, 奴人이고, 그의 짐꾼인 宍巴礼가 짐을 진다.'

2016-W94(215).甘文城下麥十五石甘文本波(앞면) 伊次只去之(뒷면) '甘文城 下의 麥 十五石을 甘文 本波(本原)인, 伊次只去之가 낸 것이다.'

2016-W104(214).沙喙部負 '沙喙部가 낸 負이다.'

2016-W116(216).小南兮城麥十五斗石大村~ '小南兮城의 麥 十五斗를 石大村의 ~가 낸 것이다.'

└ 217 목흔만

2016-W150(218).三月中 眞乃滅村主 憹怖白(제1면)
△(城)在弥卽尒智大舍下智(前)去白之(제2면)
卽白先節六十日代法稚然(제3면)
伊毛罹及伐尺寀言△法卅代告今卅日食去白之(제4면)
'三月에 眞乃滅村主인 憹怖白이 △城(성산산성?)에 있는 弥卽尒智 大舍下智의 앞에 가서 아뢰었습니다. 곧 아뢴 앞선 때에 六十

日代法은 稚然하였습니다. 伊毛羅 及伐尺의 案(祿俸)에 말하기를
△法 卅代를 고하여 이제 卅日食을 먹고 갔다고 아뢰었습니다.'
2016-W155(219).王子寧△改大村△刀只(앞면) 米一石(뒷면) '王
子寧△의 改大村의 △刀只가 낸 米 一石이다.' 또는 '王子寧
(郡)의 改大村의 △刀只가 낸 米 一石이다.'

  2016-W164.△△利△一負(앞면) 六石△△△(뒷면) 해석 불능
ᐱ 220 皮牛利㳒鳥(앞면) 六△△△△(뒷면) 해석 불능
2016-W167(221).此麥△德石莫杖之 '이 보리는 △德石에게 의
지하지 않았다.'

번호 앞에 ᐱ표시를 한 것은 『한국 고대의 목간Ⅱ』에만 나오는 것
으로 그 예는 40여 개나 되고, 국사편찬위원회 한국사데이터베이스에
서만 나오는 것은 번호가 단수로 붙어 있는데 그 수는 20여 예이다.
결과적으로 목간 번호 붙이기는 국사편찬위원회 한국사데이터베이스가
정확하여 이를 취한다. 판독은 『한국 고대의 목간Ⅱ』가 정확하다.

Ⅱ. 仇利伐 목간의 負

  仇利伐 목간의 가장 큰 특징은 할서가 있다는 것, 奴(人)이 존재하는
것, 負가 있는 점,[7] 稗石 등 패류가 없는 점 등이다. 仇利伐 목간의
특징을 알기 쉽게 仇利伐 목간의 2017년까지의 자료를 제시하면 다음
과 같다.[8]

---

7) 負는 仇利伐 목간에서만 나오는데, 단 하나의 외예로 2016-W104.沙喙部負이
   있다. 이는 사탁부가 낸 負이다로 해석되며, 왕비족인 사탁부(김창호, 앞의 책,
   2018, 170~174쪽)가 負를 담당하고 있어서 목간의 제작지가 사탁부로 보이기
   보다 성산산성에서 국가 주도로 요역(축성 사업)을 행하고, 목간을 제작했을 것
   으로 판단된다.
8) 추정 구리벌 목간에서 구리벌이 나오지 않아도 奴(人)이 나오고, 負가 나오면 仇
   利伐 목간이다. 아직까지 구리벌이외의 목간에서 奴(人)과 負가 나오는 예는 없

1번.仇利伐 /上彡者村(앞면) 乞利(뒷면)

3번.仇利伐/上彡者村 波婁

4번.仇利伐/仇失了一伐/尒利△一伐

5번.仇利伐△德知一伐奴人 塩 (負)

33번.仇利伐/(彤)谷村/仇礼支 負

34번.仇利伐/上彡者村 波婁

2006-10번.(仇利)伐/△△奴/△△支 (負)

2006-24번.仇利伐 比多湏 奴 先能支 負

2006-31번.~(앞면) 一古西支 負(뒷면)

2007-18번.△△伐/△△只△同伐支 負

2007-20번.仇利伐/~智

2007-27번.仇利伐/郝豆智奴人/△支 負

2007-31번.仇利伐 仇陁知一伐奴人 毛利支 負

2007-53번.仇利伐/習彤村/ 牟利之 負

2007-55번.仇利伐/今你次負

Ⅳ-495.仇利伐谷△△ (負)

Ⅳ-582.仇利伐 記本礼支 負

Ⅳ-587.仇利伐/△伐彡△村 伊面於支 負

Ⅳ-591.仇(利伐) △△智奴(人) △△△ 負

2016-W62.仇利伐/上彡者村△△△△

2016-W89.丘利伐/卜今智上干支奴/△△巴支 負

2016-W92.仇利伐/夫及知一伐奴人/宍巴礼 負

　　이 仇利伐 목간에는[9] 할서가 나오고, 奴(人)이 나오고, 또 負가 나

다.

9) 추정 구리벌 목간의 예를 들면 다음과 같다.

　　17번 ~前谷村阿足只 (負)

　　35번 內恩知奴人居助支 負

　　37번 ~內只次奴湏礼支 負

온다.10) 이 負는 구리벌이외의 다른 지역에서는 발견된 바 없다. 경북 북부 지역과 충북 지역에서는 낙동강을 이용하여 水運으로 운송한 것은 틀림이 없다. 그런데 구리벌 목간에서는 稗石, 米, 麥, 稗麥 등의 곡물의 명기가 없는 데에도 불구하고 다른 곳에서는 없는 負자가 나온다. 負자는 奴人 목간에서는 단 1점의 예외도 없이 나오고 있고, 奴人이 없는 목간에서도 負자가 나오는 예가 많다.11) 負자는 짐을 나타내고,12) 그 짐이 구리벌에서만 존재하고 다른 지역에 없는 점이 주목된다. 왜 仇利伐에서만 負[짐]가 나올까? 仇利伐의 負 운송이 水運이 아닌 육로로 사람, 소나 말이 한 것일 가능성이 있다. 그리고 앞서서 추정한 대로 仇利伐의 위치가 함안군에서 마산시에 이르는 지역이라야13) 수운의 필요가 없다.14) 이 負의 존재는 奴(人)의15) 존재와 더불어 仇利伐의 특수성을 암시해 주고 있다. 곧 구리벌이 성산산성 근처의 바닷가에서 생산된 소금 등을 공급했음을 말해주고 있다.

38번 ~比夕湏奴(앞면) 尒先(利)支 負(뒷면)

2006-27번 ~末甘村(앞면) ~/借刀利 負(뒷면)

2006-31번 (仇利伐)~(앞면) 一古西支 負(뒷면)

2007-8번 △△△一伐奴人毛利支 負

2007-41번 △△△△(앞면) ~△居利負(뒷면)

10) 또 지명 표시의 夲波(甘文, 古阤, 夷津, 湏伐), 阿那(古阤, 夷津支, 仇伐, 阿利只村), 末那(古阤, 仇伐, 夷津支), 前那(鄒文), 末那(丘伐), 未那(丘伐) 등이 그 출토 예가 가장 많은 仇利伐 목간에는 없다. 구리벌은 감문, 고타, 이진, 구벌, 아리지촌, 추문과는 다른 생산 구조를 가지고 있을 가능성이 있다. 그 생산 체계 구조가 바로 소금이라고 판단된다. 왜냐하면 仇利伐 목간에서는 負와 奴(人)이 나오기 때문이다.

11) 이는 負의 전형적인 운송 체계가 奴(人)이 나오는 소금 운송을 중심으로 다른 곡물에도 영향을 주어서 실시되었고, 그렇지 못하고 負가 없는 것은 負로 담을 수 없는 채소 등이 이에 해당될 것이다.

12) 이수훈, 2004, 「함안 성산산성 출토 목간의 패석과 부」『지역과 역사』15, 21~31쪽.

13) 김창호, 『고신라의 금석문과 목간』, 2018, 208쪽.

14) 仇利伐에서만 負가 나오는 점은 그 운송 체계가 다르다는 것을 의미한다.

15) 奴(人)의 구리벌에서만 존재하는 것은 5번 목간의 仇利伐 △德知一伐奴人 塩(負)의 塩과 함께 생각할 때 노인은 소금 생산자로 추정된다.

Ⅲ. 함안 성산산성 목간의 지명 비정

함안 성산산성 물품꼬리표 목간에 등장하는 지명에 대해서는 선학들의 연구 성과가 있다.16) 지금까지 비정이 가능한 주요 지명을 알기 쉽게 제시하면 다음의 〈 표 1 〉과 같다.17)

주요 지명	비정지 현재 지명	신라 당대 지명
仇利伐	충북 옥천 함안 칠원면~마산·창원 안동시 임하면 일대	仇(久)利城18) 久禮牟羅 屈火郡, 屈弗郡, 曲城郡
甘文城	김천시 개령면	甘文州 開寧郡
古阤	안동시	古阤耶郡, 古昌郡
及伐城	영주시 순흥면	及伐(山)郡, 岋山郡
仇伐	의성군 단촌면	仇火縣, 高丘縣
湏伐	상주시	沙伐州, 尙州
買谷村	안동시 도산면·예안면	買谷縣, 善谷縣
夷津支城	·	·
勿思伐	충북	·
鄒文	충북	·
比思(伐)	경남 창녕	比子伐州

仇利伐의 위치를 충북 옥천,19) 함안 칠원면~마산·창원,20) 안동시

---

16) 이경섭, 2011, 앞의 논문, pp.539~540.
17) 伊伐支는 『삼국사기』, 지리지에 隣豊縣本高句麗伊伐支縣이라고 나와서 경북 영주시 부석면일대라 한다. 이는 행정촌이고, 그 앞에 나오는 王松鳥多는 군명이다. 또 鳥盖도 군명이지만 어디인지는 찾을 수 없다.
18) 仇利伐을 충북 옥천으로 보는 가장 큰 이유는 남산신성비 제2비의 지명 비정 때문이다.
19) 주보돈, 2000, 「함안 성산산성 출토 목간의 기초적 검토」 『한국고대사연구』

임하면 일대,21) 경북 북부로22) 보아 왔다. 충북 옥천설은 남산신성비 제2비의 仇(久)利城이 충북 옥천군 안내면이라는23) 가설에 의지하고 있다. 仇(久)利城과 제2비에서 함께 나오는 阿大兮村의 위치도 충북 옥천 근처로 보았다. 그 뒤에 阿大兮村은 524년에 작성된 봉평비에 阿大兮村使人이라는 직명으로 나오고 있다. 이 직명은 悉支軍主의 관할이 므로 지정학상으로 충북 옥천이나 경북 북부는 될 수가 없고,『삼국사기』, 地理志의 本高句麗 阿兮縣 景德王改名 今淸河縣에 근거하면 현재 의 慶北 浦項市 淸河일 가능성이 크다. 于抽悉支河西阿郡使大等의 于抽 가 영해·울진을 가리키기 때문이다. 그러면 仇(久)利城의 위치를 청하 근처로 보아야 된다. 이는 신라의 지명 비정의 어려움을 웅변해 주고 있다.

仇利伐을 久禮牟羅로 보는 가설은24) 그 해당되는 함안 칠원면~마산·창원에는 고총고분이 없어서 따르기 어렵다.

仇利伐을 屈火郡, 屈弗郡, 曲城郡의 고지명을 가진 안동시 임하면 일대로 보는 것은25) 屈火郡, 屈弗郡, 曲城郡과 仇利伐과의 음상사가 되지 않아서 따르기 어렵다.

이제 仇利伐의 위치를 살펴보기 위해 함안 성산산성에 나오는 물품 꼬리표 목간에 나오는 지명을 살펴보기로 하자.

甘文城은 김천시 개령면으로 당시 甘文州 開寧郡이다. 古阤는 안동 시로 당시 古阤耶郡 또는 古昌郡이다. 及伐城은 영주시 순흥면으로 당 시 及伐(山)郡 또는 岋山郡이다. 仇伐은 의성군 단촌면으로 당시 仇火

19.
20) 이경섭, 2005, 「성산산성 출토 하찰목간의 제작지와 기능」『한국고대사연구』 37, 130~135쪽.
21) 이경섭, 2011, 앞의 논문, 542~543쪽.
22) 윤선태, 1999, 「함안 성산산성 출토 신라목간의 용도」『진단학보』 88, 25쪽.
23) 이종욱, 1974, 「남산신성비를 통해 본 신라의 지방통치체제」『역사학보』 64, 11쪽.
24) 김태식, 1993, 『加耶聯盟史』, 173~189쪽.
25) 이경섭, 2011, 앞의 논문, 542~543쪽.

縣 또는 高丘縣이다. 買谷村은 안동시 도산면·예안면으로 買谷縣 또는 善谷縣이다. 夷津支城은 현대 지명이나 신라 당대 지명이 불명이다. 比思(伐)은 경남 창녕으로 당시 지명이 比子伐州이다. 勿思伐과 鄒文은 설명이 길어서 단락을 바꾸어서 설명하기로 한다.

물사벌과 추문촌은 545년이나 그 직전에 세워진 적성비에도 나온다. 곧 鄒文村幢主, 勿思伐城幢主란 직명 속에 나온다. 이들은 모두 적성비에서 高頭林城在軍主等의 휘하에 소속된 것으로 보인다. 물사벌성과 추문촌의 위치를 잘 알 수가 없지만, 高頭林城在軍主等의 고두림성에 대해서는 그 위치를 경북 안동으로 보아 왔으나[26] 충북 단양군 영춘면 栢子里에서 단양 영춘으로 가는 길목에, 고두름고개[재]가 있다. 하리에 소재한 온달산성으로 가는 재의 이름이 현재까지도 고두름고개[재]라고 해 단양 영춘 하리의 온달성이 州治가 설치되었던 고두림성임이 분명하다.[27] 추문촌당주와 물사벌성당주도 고두림성재군주등의 휘하에 있었으므로 그 지명의 소재지를, 험난한 소백산맥을 지나서 멀고 먼 경북 북부 지역이라기보다는 국경의 최전선인 같은 소백산맥의 북쪽인 충북에 있었다고 보아야 될 것이다. 지명이 전부 上州의 관할인 경북 북부 지역이 아닌 자료로 Ⅳ-597번 목간에 正月中比思(伐)古尸次阿尺夷喙(앞면) 羅兮落及伐尺幷作前瓷酒四斗瓮(뒷면)라고 해서 후일의 下州에 해당되는 바사(벌)을[28] 들 수가 있다. 따라서 물사벌성과 추문촌은[29] 어느 곳인지는 확실히 알 수 없지만, 경북 북부 지방이

---

26) 武田幸男, 1979, 「眞興王代における新羅の赤城經營」『朝鮮學報』 93, 19쪽. 뚜렷한 근거가 없이 안동의 고명이 古昌郡, 古陁耶郡의 古자인데에 근거한 듯하다.

27) 김창호, 2007, 『고신라 금석문의 연구』, 182쪽.

28) 上州인 甘文州 관할 밖의 확실한 예로서 중요하다.
이 목간에 대해 윤선태, 앞의 논문, 2016, 402쪽에서는 上州는 식량, 下州는 노동력을 나눠 부담하였던 것은 아닐까 모르겠다고 하였으나, 218번 목간에서 比子(伐)이 노동력의 부담이 아닌 술을 공진물로 내고 있기 때문에 따르기 어렵다.

29) 武田幸男, 1979, 앞의 논문, 19쪽에서 추문을 소백산맥 이남의 경북 북부 지역에서 비정하여 召文國 곧 聞韶郡(의성)일 것으로 추정하였다. 고두림성을 안동으로

아닌 충북 지방에 있다고 보아야 할 것이다.

이제 仇利伐의 위치를 조사할 차례가 되었다. 仇利伐 목간에는 할서[두 줄로 쓰기]라는 특이한 방법으로 지명을 기재하는 방법이 있다. 3번과 34번 목간 仇利伐/ 上彡者村 波婁(/는 할서 표시) 등의 예가 있다. 1번 목간의 仇利伐 /上彡者村(앞면)[30) 乞利(뒷면), 3번과 34번 목간(쌍동이 목간)의 仇利伐 /上彡者村波婁에서 上彡者村은 행정촌으로 『삼국사기』, 지리지의 康州 咸安郡 領縣인 召彡縣이다.[31) 구리벌은 함

볼 때에는 가능성이 있으나 고두림성이 충북 단양 하리의 온달성이므로 성립되기 어렵다. 추문촌당주가 있던 추문촌은 충북에 있었을 것이다.

30) 이수훈, 2007, 「新羅 中古期 行政村·自然村 문제의 검토」『한국고대사연구』 48, 55~63쪽에서 仇利伐/ 上彡者村이 행정촌+자연촌(구리벌은 행정촌이 아니라 군임)의 관계라면 해당 인물의 출신지를 행정촌인 구리벌로 밝혀도 됨에도 불구하고 군이 상삼자촌이라고 밝힐 이유가 없고, 2007- 31번 목간 仇利伐/ 仇阤(利)一伐과 5번 목간 仇利伐△德知一伐塩의 예에서 행정촌 다음에 곧 바로 인명이 오고 있는 점, 11번 목간 鳥欣弥村卜兮, 14번 목간 大村伊息智 등에서 자연촌+인명이 되어서 일관성이 없이 혼란스럽다는 점 등에서 상삼자촌은 행정촌이란 것이다.
구리벌 보다 상삼자촌을 작게 써서 이를 자연촌으로 보는 근거로 삼고 있으나 이는 구리벌 목간에서만 나오는 割書[두 줄로 쓰기] 때문이다. 할서는 구리벌 목간에서만 나오기 때문에 구리벌이외의 목간에서는 자연촌이 없게 된다. 구리벌에서만 자연촌이 존재하고, 다른 지명인 고타, 추문 등에서는 할서가 없어서 자연촌이 없게 된다. 그러면 고타, 추문 등에서 자연촌이 없는 이유가 궁금하다. 그 이유는 제시하지 못하면 할서로 쓴 상삼자촌 등도 행정촌으로 보아야 할 것이다. 할서의 경우 글자를 작게 쓰는 이외의 다른 방법은 없다. 이는 자연촌의 표시하는 것과는 전혀 관계가 없다. 예를 들면 구리벌 목간의 촌명 가운데 유일하게 割書가 아닌 Ⅳ-587.仇利伐(앞면)/△伐彡△村 伊面於支 負(뒷면)와 39번 鄒文比尸河村과 54번 鄒文△△村과 2007-30번 夷津(支)(末那)石村에서는 구리벌의 경우에서처럼 할서로 쓰지 않고 있다. 할서는 구리벌 목간에서만 나오고, 구리벌 이외에서는 단1예도 나온 예가 없다.

31) 주보돈, 2000, 앞의 논문, 56~57쪽에서 上彡者村의 召彡縣 비정에 비판하고 있다. 上의 음은 召의 음과 통하고(남산신성비 제2비에서 阿旦兮村과 阿大兮村, 沙刀城과 沙戶城에서 旦과 大가 통하고, 刀와 戶가 통하는 점에서 보아 각각 동일 지명인 점에서 보면 上과 召는 통한다), 彡은 양자에서 동일하게 나온다. 이렇게 6번 목간과 2006-25번 목간에서 행정촌명은 伊伐支(영주시 부석면)로 『삼국사기』, 지리지에 隣豊縣本高句麗伊伐支縣이라고 나오지만 郡名인 王松鳥多은 『삼국

안군에서 바닷가인 마산시에[32] 이르는 지역이다. 이곳이 옛 안라국의
중요한 수도 부분에 해당되는 것이다.[33]

Ⅳ. 2016-W150목간의 代

이 목간은 4면의 문서 목간이고, 그 내용이 풍부해 지금까지 많은
성과가 나와 있다. 우선 판독문과 해석을 설명의 편의를 위해 다시 한
번 제시하면 다음과 같다.

2016-W150.三月中眞乃滅村主憹怖白(제1면)
　　　　　　△城在弥卽尒智大舍下智前去白之(제2면)
　　　　　　卽白先節六十日代法稚然(제3면)
　　　　　　伊毛羅及伐尺寀言△法卅代告今卅日食去白之(제4면)

'三月에 眞乃滅村主인 憹怖白이 △城(성산산성?)에 있는 弥卽尒智 大
舍下智의 앞에 가서 아뢰었습니다. 곧 아뢴 앞선 때에 六十日代法은
稚然하였습니다. 伊毛羅 及伐尺의 寀(祿俸)에 말하기를 △法 卅代를 고
하여 이제 卅日食을 먹고 갔다고 아뢨습니다.'

이 목간에 나오는 代(法)에 대해 다양한 가설이 나와 있다. 곧 代의
의미가 '(勞役에) 해당하는' 또는 '그 (勞役의) 代價에 관한'을 뜻한다거
나[34] '代身하여'라고 보기도 하고,[35] 일본 고대의 사례를 참고하여

사기』, 지리지에 나오지 않는다.
32) 2010년 7월 1일 창원시에 동합되기 이전의 마산시를 지칭한다.
33) 목간의 작성 연대인 540년경에는 『삼국사기』, 지리지의 지명도 많은 차이가
　　있었을 것이다. 그래서 목간에 나오는 행정촌도 지리지에서 찾을 수 없다. 군
　　으로 추정되는 물사벌성과 추문촌과 이진(지성)과 冏盖와 玉松烏多도 찾을 수
　　없고, 목간의 13.1%가량(목간전체인 229점에 대한 구리벌 목간의 비율로 볼
　　때)을 차지하는 郡인 仇利伐도 지명만으로는 그 위치가 불분명하다.

'벼(볏짚) 한 묶음(1束)을 수확할 수 있는 토지면적 또는 벼 한 묶음의 수확량'을 1대로 이해하였고,36) 가장 주목되는 용어인 代는 작업 일수 (날짜)를 의미하는 것으로 보았다.37)

위의 2016-W150.목간에서 가장 눈에 띄는 것은 △法卅代告今卅日 食去白之이란 구절이다. 卅代와 卅日食은 구조적으로 대응한다. 卅代는 卅日의 食으로 판단된다. 그렇다면 卅代는 어떤 사람이 먹은 30일의 식사를 나타낸다. 그래서 卅日食을 먹고 갔다고 아뢰고 있다. 六十代法 도 60일의 식사를 나타낸다. 이것이 2016-W150 목간 안에서 풀 수 있는 代에 대한 해석이다.

V. 外位를 가진 목간

함안 성산산성 목간에서는 극히 소량의 외위를 가진 인명 표기가 나오는데 이를 검토하기 위해 관련 자료부터 전부 제시하면 다음과 같 다.

4.仇利伐/仇失了一伐/尒利△一伐

5.仇利伐 △德知一伐奴人 塩 (負)

13.大村伊息知一代

23.~△知上干支

29.古阤新村智利知一尺那△(앞면) 豆于利智稗石(뒷면)

---

34) 김창석, 2017, 「함안 성산산성 17차 발굴조사 출토 4면목간(23번)에 관한 시고」 『한국사연구』 177, 142~144쪽. 이는 어디까지나 2016-W150목간(23번목간)의 3면에 기재된 '60日代法'의 代가 가진 의미를 언급한 내용이다.
35) 박남수, 2017, 「신라 법흥왕대 '及伐尺'과 성산산성 출토 목간의 역법」 『신라 사학보』 40, 46쪽.
36) 전덕재, 2017, 「중고기 신라의 대와 代法에 관한 고찰」 『역사와 현실』 105, 197~208쪽.
37) 이수훈, 2017, 「함안 성산산성 출토 4면 목간의 代-17차 발굴조사 출토 23번 목간을 중심으로-」 『역사와 경계』 105, 174쪽.

72.~△一伐稗
2007-8.~△一伐奴人毛利支 負
2007-21.~豆留只(一伐)
2007-31.仇利伐 仇阤知一伐奴人 毛利支 負
Ⅳ-597.正月中比思(伐)古尸次阿尺夷喙(앞면)　羅兮落及伐尺并作
前瓷酒四斗瓮(뒷면)
Ⅴ-166.古阤伊未釬上干一大兮伐(앞면) 豆幼去(뒷면)
2016-W89.丘利伐/卜 今智上干支奴/△△利巴支負

위의 자료 가운데 23.△知上干支와 2007-21.~豆留只(一伐)는 출신
지가 없어 제외하고, 2007-8.仇(阤)△一伐奴人毛利支 負와 2007-31.
仇利伐 仇阤知一伐奴人 毛利支 負은 쌍둥이 목간임으로 1점으로 친다.
그러면 구리벌 목간에서는 구리벌 아래의 행정 구역에서는 나온 예가
없고, 전부 구리벌에서만 나오고 있다. 구리벌에서 외위를 가진 자는
4번에 2명, 5번에 1명, 2007-31번에 1명, 2016-W89번에 1명 전부
5명이다. 구리벌 이외의 목간에서는 14번에 1명, 23번에 1명, 29번에
1명, 2007-21번에 1명, Ⅳ-597에 1명, Ⅴ-166에 1명 등 전부 6명이
있을 뿐이다. 만약에 구리벌을 행정촌으로 볼 경우 甘文, 比子(伐) 등
의 州治가 설치되는 곳도 행정촌으로 보아야 될 것이다. 아니면 甘文,
比子(伐) 등을 자연촌으로 보아도 행정촌이라는 증거가 없다. 구리벌에
서는 관등명(외위)을 가진 인명은 전부 구리벌 소속이지 仇利伐 隸下의
촌 출신은 단 1명도 없다. 외위를 가진 자가 가장 많이 나오고, 목간
의 출토 예가 가장 많은 仇利伐을 군명으로 보아야지,38) 행정촌으로
볼 수는 없을 것이다. 仇利伐이 군명이라면 구리벌 예하의 상삼자촌

---

38) 이경섭, 2011, 앞의 논문, 568쪽에서 仇利伐(안동시 임하면, 필자는 함안군에
서 마산시에 이르는 지역으로 봄), 古阤(안동시), 仇伐(의성군 단촌면), 勿思伐
城(충북), 鄒文(경북 북부인 의성군 금성면? 필자는 충북으로 봄), 甘文(김천시
개령면) 등을 郡(혹은 郡 단위)으로 보고 있다. 咼盖(위치 모름)와 王松鳥多(위
치 모름)와 比子(伐)(경남 창녕)도 이에 속한다.

등의 촌명은 행정촌이 된다.

대구무술명오작비(578년), 남산신성비 제1비(591년), 남산신성비 제2비(591년), 남산신성비 제9비의 성촌명이 자연촌이 아닌 행정촌임은 밝힌 바 있다.[39] 신라 시대의 역역은 군을 단위로 동원되었고, 행정촌을 단위로 나누어서 역역을 부담했다. 이러한 과정을 거쳤기 때문에 고신라의 금석문과 목간에 나오는 역역을 동원하는 단위를 자연촌으로 보아 왔다. 자연촌설이 성립하려고 하면 누구나 인정할 수 있는 금석문과 목간에서의 예를 제시해야 할 것이다. 가령 울주 천전리서석 을묘명 居智伐村이나 오작비의 塢珎此只村에서 외위를 가진 자가 5명이나 있어서 오진차지촌은 행정촌이다. 같은 비석에서 어떤 촌명은 행정촌 어떤 촌명은 자연촌이 될 수 없으므로 오작비의 仇利支村 등 7개의 촌명은 모두 행정촌이다. 따라서 행정촌의 상위에 있는 구리벌은 행정촌이 아닌 군이다.

VI. 仇利伐郡의 구조

성산산성에서 가장 많이 나오는 구리벌 목간은 奴(人)이 나오는 것, 負가 붙는 것, 本波·阿那·末那·末那·前那 등을 수반하지 않는 것, 稗·麥·米 등의 곡물의 표시가 없는 것, 상당수가 할서로 쓰이는 것 등의 특징을 지니고 있다. 仇利伐의 奴(人) 목간은 郡에 소속되지 않는 예는 없다. 만약에 구리벌 목간의 구리벌을 행정촌으로 보게 되면 구리벌의 노(인) 목간도 자연촌으로 보아야 된다. 왜냐하면 구리벌 노인 목간에는 예하에 촌명이 나오지 않고, 구리벌만이 나오기 때문이다. 그런데 구리벌 노(인) 목간은 구리벌+인명+(외위명)+노(인)+인명+부의 복잡한 인명 표기의 구조이다. 이러한 복잡 구조의 인명 표기는 구리벌 노(인) 목간이외에는 없다. 그밖에 구리벌 목간은 구리벌+인명+(부)나 구리벌

---

39) 김창호, 2018, 앞의 책, 221~224쪽.

+촌명+인명+(부)로 나온다. 구리벌 노인 목간에서는 부가 반드시 공반하고 있는데, 다른 목간 형식의 구리벌 목간에서 부가 공반하지 않을 때도 있다. 구리벌이 행정촌이라면 감문, 고타, 구벌, 이진지촌, 鄒盖, 왕송조다 등은 모두 행정촌이지 군으로도 볼 수가 없다. 감문 등의 행정구역을 군으로 보려고 하면 구리벌도 군이 되어야 한다.

구리벌 목간이 단독으로 나오는 上彡者村, (肜)谷村, 習肜村, △伐彡△村,[40] 前谷村, 末甘村을 행정촌으로 보아야 한다. 上彡者村은『삼국사기』, 지리지의 康州 咸安郡 領縣인 召彡縣이다. 따라서 上彡者村은 행정촌이다. 결국 구리벌의 모든 촌명을 행정촌으로 보아야 한다. 대구무술명오작비, 남산신성비의 행정촌설에 대해서는 이미 전고에서 밝힌 바 있다.[41] 명활산성비의 郡中上人이란 직명이 있고, 抽兮下干支徒作受長四步五尺一寸 △叱兮一伐徒作受長四步五尺一寸 △△利彼日受長四步五尺一寸로 되어 있어서 촌명은 없으나 행정촌으로 보아야 한다. 왜냐하면 남산신성비의 수작 거리를 행정촌을 대상으로 부과했기 때문에 명활산성비의 수작 거리도 郡中上人이 나오므로 군에서 감독하고, 행정촌을 단위로 부과했다고 본다. 구리벌의 행정촌인 上彡者村, 肜谷村, 習肜村, △伐彡△村, 前谷村, 末甘村는 모두 구리벌에 속하면서 奴(人) 목간은 없다. 奴(人) 목간은 군에서 관리하는 것으로 보인다. 上彡者村, 肜谷村, 習肜村, △伐彡△村, 前谷村, 末甘村 등의 촌은 모두 仇利伐郡의 밑에 있던 행정촌이다. 지금까지 금석문이나 목간에서 누구나 동의할 수 있는 자연촌은 없다. 이에 비해 울주 천전리서석 을묘명(535년)에 나오는 居智伐村, 대구무술명오작비(578년)의 塢珎此只村,[42] 남산신성비 제2비(591년)의 阿大兮村[43] 등을 행정촌의 확실한 예로 들 수

---

40) Ⅳ-587에 나오는 △伐彡△村은 목간 가운데 촌명으로 나와도 割書가 되지 않는 유일한 일로 중요하며, 할서 유무로 행정촌과 자연촌으로 나눌 수가 없다.
41) 김창호, 앞의 책, 2018, 221~223쪽.
42) 塢珎此只村은 5명이 외위를 가지고 있어서 행정촌이다.
43) 남산신성비 제2비의 阿大兮村은 외위를 가진 자가 7명이나 되어 함안 성산산성의 목간에 나오는 외위를 가진 자와 비교할 때 행정촌이다.

가 있다.

○ 맺음말

먼저 자료의 제시 부분에서는 함안 성산산성 전체 목간을 국사편찬위원회 한국사데이터베이스의 번호에 의거해 제시함과 동시에 이를 해석하였다.

다음으로 仇利伐 목간의 負에 대해 조사하였다. 부는 구리벌 목간에서만 나오고 다른 목간에서는 단 1점도 나온 예가 없다. 이는 구리벌에서 물품을 수운으로 운반하지 않고, 등짐 등으로 운반해 다른 지역과 차별이 된다.

그 다음으로 함안 성산산성의 지명 비정을 문헌에 나오는 위주로 해서 살펴보고, 구리벌은 함안군에서 마산시에 이르는 지역으로 보았다.

그 다음으로 2016-W150목간의 代에 대해 조사하였다. 이 4면 목간에서 주목되는 점은 △法卅代告今卅日食去白之이란 구절이다. 卅代는 卅日食과 대비된다. 30대는 30일의 식사와 대비된다. 그러면 六十日代法도 60일 식사하는 법으로 해석할 수가 있다.

그 다음으로 外位를 가진 목간 부분에서는 구리벌에서 나온 목간에서 나온 나머지 전 목간의 외위 수와 거의 같다. 구리벌 소속으로 외위를 가진 인명이 5명이나 되어 외위를 가진 인명이 나오지 않은 甘文, 比子(伐) 등의 州治가 있었던 곳도 행정촌으로 보아야 된다. 이들은 적어도 군으로 판단된다. 그러면 지금까지 금석문과 목간에 나오는 성촌명은 전부 행정촌이라고 생각한다. 구리벌처럼 성촌명이 붙지 않는 성산산성의 목간은 적어도 군으로 보아야 한다.

마지막으로 仇利伐을 행정촌이 아닌 군으로 보아야 한다. 上彡者村, 彤谷村, 習彤村, △伐彡△村, 前谷村, 末甘村 등의 촌은 모두 행정촌으로 보아야 이들의 물품을 관에 내는 것은 군에서 관리하고, 군을 단위로 한다고 보았다. 그래서 소금을 내는 奴(人)은 전부 군에 소속되어 있지, 구리벌 휘하의 행정촌인 上彡者村, 肜谷村, 習肜村, △伐彡△村, 前谷村, 末甘村 등의 소속으로 나오는 예는 전무하였다.

제2절 함안 성산산성 출토 목간(1)

○ 머리말

한국의 고대 목간은 종이가 없던 시대에 종이 대신에 나무를 깎아서 긴 사각형에 가깝게 만든 데에 붓으로 한자를 쓴 것이다. 1면에만 글씨가 있는 것이 있고, 앞면과 뒷면의 양면으로 된 것이 있고, 드물게는 4면으로 된 문서목간이 있다. 고구려의 예는 없고, 백제 사비성 시대의 왕경과 지방 목간, 고신라의 왕경과 지방 목간, 통일신라의 왕경과 지방 목간 등이 있다. 목간의 대부분은 인명표기가 주류를 이루고 있다. 인명표기는 신라의 경우는 직명+출신지명+인명+관등명이고, 백제의 경우는 직명+부명+관등명+인명의 순서이다. 그래서 금석문과 목간을 연구하는 데에 있어서 인명표기의 중요성은 아무리 강조해도 지나치지 않다.

함안 성산산성 목간에서 중요한 것의 하나로 제작 연대를 들 수 있다. 대개 『日本書紀』에 의해 560년경으로 보아왔다. 목간의 연대를 560년으로 보면 신라의 관등제의 완성도 560년으로 보아야 된다. 신라의 관등제는 545년이나 그 직전에 세워진 적성비에서는 완성되었다고 본다. 그래서 함안 성산산성의 목간의 제작연대를 재검토해 보고자한다. 또 함안 성산산성 목간에는 중요한 것이 많으나 지명의 위치를 비정하는 것이 중요하다. 문헌에 나오는 지명과 그렇지 않은 것이 있다. 지명은 仇利伐과 같이 郡에 해당하는 것도 문헌에 나오지 않고 있어서 성산산성의 목간에 나오는 지명을 최대한 조사해 보기로 한다. 성산산성의 노인에 대해서는 고구려의 피정복민설, 사노비설 등이 있어 왔다. 과연 그런지를 상세히 조사해 보기로 하겠다. 목간의 제작 시기, 지명의 위치 비정, 노인 문제를 선학들의 연구 성과 속에서 다루어서 이들 문제를 재검토해 보고자 한다.

여기에서는 먼저 목간의 제작 연대를 살펴보겠고, 다음으로 지명 비정 문제를 살펴보겠고, 마지막으로 노인에 대해에 대한 소견을 밝혀보고자 한다.[1]

Ⅰ. 제작 연대

지금까지 성산산성 목간의 제작 연대에 대한 중요한 가설은 다음과 같다. 532년에서 551년 사이로 추정한 견해가 있고,[2] 540년대부터 561년 사이로 추정한 견해가 있고,[3] 560년대로 추정되며, 아무리 늦어도 570년 이후로는 내려가지 않을 것으로 본 견해가 있고,[4] 557년에서 561년 사이로 추정한 견해가 있고,[5] 561년에서 그리 멀지 않는 시기로 추정한 견해가 있다.[6] 또 하찰에 나타난 호적 작성을 전제로

---

1) 이외도 행정촌·자연촌 문제와 목간의 제작지에 대해서도 언급할 예정이었으나 너무 분량이 많아서 제작 연대, 지명 비정, 노인 문제만 다루었다.
2) 김창호, 앞의 논문, 1998.
3) 이성시, 「韓國木簡연구현황과 咸安城山山城출토의 木簡」『한국고대사연구』 19, 2000, 107쪽.
4) 주보돈, 「함안 성산산성 출토 목간의 기초적 검토」『한국고대사연구』 19, 2000, 67쪽. 이는 64쪽에서 『日本書紀』 19, 欽明紀23년(562년)조의 挾注로 인용되어 있는 一本에 任那가 전부 멸망했다는 기사를 토대로 559년을 安羅(阿尸良國)의 멸망 시점 또는 그 하안으로 본 것에 기인하고 있다. 이는 후술하는 바와 같이 『삼국사기』에서의 阿尸良國(안라국) 멸망 기사보다 『일본서기』를 더 신봉한 결과로 잘못된 방법이다.
5) 이용현, 「함안 성산산성 출토 목간에 대한 종합적 고찰」,고려대학교 박사학위 청구 논문, 2001, 115쪽.
   이용현, 「함안 성산산성 출토 목간과 6세기 신라의 지방 경영」『동원학술논집』 5, 2003, 50~53쪽.
6) 윤선태, 「신라 중고기의 村과 徒」『한국고대사연구』 25, 2002, 148쪽에서 이 목간은 561년이 시점이나 그에서 그리 멀지 않는 시기에 작성되었다고 할 수

한 신라의 치밀한 지방 지배 방식에 기초하여 성산산성 목간의 작성 연대를 584년(진평왕6년) 調府 설치 이후로 보기도 했다.7) 신라가 안라국을 멸망시킨 시기가 560년이므로 성산산성의 목간을 제작한 시기를 560년이나 그 이후로 볼 수가 있다는 견해를 제시하였다.8) 6세기 550년으로 본 가설도 나왔다.9) 이들 견해 가운데 어느 가설이 타당한지를 목간에서는 그 유례가 적어서 비교가 어려우나 목간을 통해 조사해 보고 나서, 비슷한 시기의 금석문 자료를 통해 검토해 보기로 하자.

함안성산 목간에는 연간지나10) 연호가11) 나오지 않아서 연대 설정

있다고 하였다.

이경섭, 「함안 성산산성 목간의 연구 현황과 과제」 『신라문화』 23, 2004, 218 쪽에서는 목간의 연대를 561년을 하한으로 하는 몇 연간으로 추정하였다.

이경섭, 「성산산성 출토 하찰목간의 제작지와 기능」 『한국고대사연구』 37, 2005, 115~116쪽에서 목간의 상한 연대를 561년 무렵으로 보았다.

7) 윤선태, 「함안 성산산성 출토 신라목간의 용도」 『진단학보』 88, 1999, 21~22쪽에서 584년이라는 견해를 제시하였다. 이는 목간을 가장 늦게 보는 가설이다. 이 견해는 윤선태, 앞의 논문, 2002, 148쪽에서 561년이 시점이나 그에서 그리 멀지 않는 시기에 작성되었다고 할 수 있다고 바꾸었다.

8) 전덕재, 「함안 성산산성 목간의 연구 현황과 쟁점」 『한국목간학회 학술대회자료집』, 2007, 70쪽. 여기에서는 『日本書紀』, 欽明日王23년(562년) 봄 정월조 기사, 즉 신라가 임나관가를 공격하여 멸망시켰다. 一本에 이르기를 21년(560년)에 임나를 멸망시켰다. 임나를 加羅國, 安羅國, 斯二岐國, 多羅國, 率麻國, 古嵯國, 子他國, 散半下國, 乞湌國, 稔禮國의 十國으로 보고, 560년에 안라국이 신라에 투항했다고 보았다. 이 견해도 『삼국사기』 기록인 법흥왕대(514~539년) 阿尸良國(안라국) 정복설을 무시하고, 『일본서기』에 의해 신라 목간의 연대를 560년으로 보았다.

9) 橋本 繁, 『韓國古代木簡の硏究』, 2014, 14쪽.

10) 손환일, 「한국 목간에 사용된 주제별 용어 분류」 『신라사학보』 26, 2012, 379 쪽에서는 乙亥란 연간지가 성산산성 65번 목간에 나온다고 하였다. 乙亥는 555년이 되나 잘못 읽은 것으로 판단된다. 곧 한 면 또는 두 면으로 된 함안 성산산성 목간에서는 연간지가 나온 예가 없기 때문이다. 또 손환일은 『동아일보』 인터넷 판 2017년 3월 6일자에 의하면, 2016-W155 목간에서 王子寧 △△大村△刀只(앞면) 米一石(뒷면)을 壬子年△改大村△刀只(앞면) 米一石(뒷면)으로 판독하고서, 壬子年을 532년 또는 592년으로 주장하고 있으나 따르기 어렵다. 만약에 판독이 옳다면 592년설은 대가야 멸망인 562년보다 늦어서

에 어려움이 대단히 크다. 우회적인 방법이긴 하지만, 성산산성 목간에 나오는 관등명을 고신라의 금석문과 비교해 연대를 검토할 수밖에 없다. 一伐이란 외위 등이 몇 번 나오지만, 4번 목간의 仇利伐/仇失了一伐/尒利△一伐,12) 5번 목간의 仇利伐△德知一伐奴人 塩, 14번 목간의 大村伊息知一伐, 23번 목간의 ~知上干支, 29번 목간의 古阤新村智利知一尺那△(앞면) 豆兮利智稗石(뒷면), 72번 목간 ~△一伐稗, 2007-8번 목간과 2007-31번 목간[쌍둥이 목간]의 仇利伐 仇阤知一伐奴人 毛利支 負, 2007-21번 목간의 ~豆留只一伐, Ⅳ-597 正月中比思(伐)古尸次阿尺夷喙(앞면) 羅兮落及伐尺幷作前瓷酒四斗瓮(뒷면), Ⅴ-166번 목간의 古阤伊未研知上干一木兮伐(앞면)豆幼去(뒷면), 2016-W66.丘伐未那鄒早尸智居伐尺奴(앞면) (能)利智稗石(뒷면), 2016-W89 丘利伐/卜今智上干支奴/△△巴支 등 연대 설정에 결정적인 도움이 되지 않는다. 一伐은 봉평비(524년)에 나오는 것이 그 연대가 가장 빠르다. 一伐이외에 목간에는 一尺과13) 阿尺도14) 나온다. 이들 一尺과 阿尺이란 외위명은

592년 당시에 성산산성을 축조했다고 보기 어려워 성립될 수가 없고, 532년설은 금관가야의 스스로 신라에 귀부하여 멸망한 해이고, 안라국도 532년에 신라에 귀부해 항복했다면 문헌에 기록이 남았을 것인데, 그 기록이 없어서 성립되기 어렵다. 따라서 壬子年의 판독은 잘못된 것으로 성립될 가능성이 전혀 없다. 2016-W155 목간은 王子寧△(郡)의 改大村(행정촌) △刀只가 쌀 1석을 냈다로 해석되거나 王子寧(군)의 △改大村(행정촌) △刀只가 쌀 1석을 냈다로 해석된다.

△표시 글자는 분명히 있으나, 읽을 수 없는 글자의 표시이다.

앞으로 사면으로 된 문서 목간에서 연간지가 나올 가능성이 있다. 1면 또는 앞뒷면으로 된 물품꼬리표 목간에서는 연간지가 나올 가능성은 전혀 없다. 앞으로 발굴 조사가 기대되는 바이다.

11) 성산산성 목간에서 연호가 나올 가능성은 거의 없다고 사료된다.

12) / 표시는 할서[두 줄로 쓰기]를 표시하는 것으로 본고 전체에 적용된다.

13) 29번 古阤新村智利知一尺那△(앞면) 豆兮利智稗石(뒷면)이 그것이다. 이는 古阤(군명) 新村(행정촌) 智利知 一尺과 那△(행정촌) 豆兮利智가 낸 稗 1石이다로 해석된다.

14) Ⅳ-597번 목간으로 正月中比思(伐)古尸次阿尺夷喙(앞면) 羅兮落及伐尺幷作前瓷酒四斗瓮(뒷면)을 해석하면, 正月에 比思(伐)의 古尸次 阿尺(외위)의 夷(무리라는 뜻이다. 이에 대해서는 후술하기로 한다)와 喙(部)의 羅兮落 及伐尺이 함께 만

524년 작성 봉평비에 나온다. 23번 목간의 △知上干支나 2016-W89
번 丘利伐/卜今智上干支奴/△△巴支 負에서15) 干支로 끝나는 외위명이
나와서 그 시기는 551년의 명활산성비에서 나온 下干支에 근거할 때,
551년이 하한이다. 종래 오작비(578년) 제③행의 大工尺仇利支村壹利
力兮貴干支△上△壹△利干를16) 大工尺인 仇利支村의 壹利力兮貴干支와
△上△壹△利干으로 분석해 왔으나 大工尺인 仇利支村의 壹利力兮貴干
과 支△上(干)과 壹△利干으로 본 견해가 나왔다.17) 이렇게 보는 쪽이
오히려 타당할 것 같다. 그러면 금석문에서 관등명의 끝에 붙는 干支
의 支자가 소멸하는 시기를 명활성비의 작성 시기인 551년으로 볼 수
가 있다.

　그런데 성산산성 목간의 연대 설정에 중요한 자료가 2017년 1월 4
일 공포되었다. 『경향신문』, 2017년 1월 4일자에 실린 것을 발췌하여
옮기면 다음과 같다.18)

　6세기 신라, 중앙과 지방 지배체계 확립 시사란 제목으로 국립가야
문화재연구소는 4일 경남 함안 성산산성(사적 67호)에서 최근 2년간
발굴조사 결과 6세기 중반에 제작된 23점의 목간을 새로 발굴했다며,
그 중 4개면에 글자가 쓰인 막대 모양의 사면목간에는 율령과 행정체
계를 통한 신라 지방 체계, 조세 체계 등을 규명하는 내용을 확인했다
고 밝혔다.

　　든 前瓮酒의 四斗瓮이다가 된다. 여기에서는 비사(벌) 출신의 古尸次 阿尺의
　　무리가 나온다.
　　Ⅳ-597번 목간의 (伐)처럼 ( )속의 글자는 확정된 글자가 아니고, 그 가능성
　　이 있는 글자의 표시이거나 추독한 글자의 표시이다.
15) 양석진·민경선, 「함안 성산산성 출토 목간 신자료」 『목간과 문자』 14, 2015에
　　의거하였다.
16) 판독은 한국고대사회연구소, 『역주 한국고대금석문』Ⅱ(신라Ⅰ, 야편), 1992, 98쪽
　　에 따랐다.
17) 전덕재, 앞의 논문, 2007, 69쪽.
18) 도재기 선임기자가 쓴 기사로 『경향신문』 2017년 1월 4일자 인터넷 판을 이
　　용하였다.

국립가야문화재연구소는 길이 34.4cm, 두께 1~1.9cm의 사면목간에는 眞乃滅 지방의 지배자가 잘못된 법을 집행한 뒤, 이를 중앙(경주)에 있는 大舍下智(원문에는 大舍로 17관등 중 12등급의 관등명) 관리에게 두려워하며, 올린 보고서 형식의 56자가 쓰였다며 구체적으로 及伐尺 관등의 伊毛羅라는 사람이 60일간 일을 해야 하는데, 30일 만에 일을 했다는 내용이라고 설명했다.[19]

---

19) 2017년 1월 4일자 『연합뉴스』 인터넷 판에 다음과 같은 문서 목간 내용이 실려 있다. 그 뒤에 2016-W150으로 부르고 있다.
　　제1면 三月中眞乃滅村主 憹怖白
　　제2면 △城在弥卽尒智大舍下智前去白之
　　제3면 卽白先節六十日代法稚然
　　제4면 伊毛羅及伐尺寀言△法卅代告今卅日食去白之
　이 사면 목간을 2017년 1월 4일자 『뉴시스통신사』 인터넷 판에는 면별로 나누어서 다음과 같이 해석하고 있다(제2면과 제4면을 바꾸어서 잘못 해석하였다).
　제1면 3월에 眞乃滅村主가 두려워 삼가 아룁니다.
　제2면 伊毛羅及伐尺이 △法에 따라 30대라고 해 지금 30일을 먹고 가버렸다고 아뢰었습니다.
　제3면 앞선 때에는 60일을 代法으로 했었는데, 제가 어리석었음을 아룁니다.
　제4면 △성에 계신 弥卽尒智大舍와 下智 앞에 나아가 아룁니다.
　2016-W150 목간[23번 목간]을 제2면과 제4면을 바꾸어서 中, 白, 節, 稚然 등의 吏讀에 주목하여 다시 해석하면 다음과 같다.
　3월에 眞乃滅村主 憹怖白이 △城(此城으로 城山山城?)에 있는 弥卽尒智 大舍下智의 앞에 가서 아룁니다. 즉 앞선 때의 六十日代法 덜 되었다고 (아룁니다.) 伊毛羅 及伐尺에게 녹봉에 말하기를 △法卅日代를 告해서 卅日食을 먹고 갔다고 아뢰었습니다. 卅代나 六十日代法도 그 자세한 내용은 알 수 없지만 寀(녹봉)에 관계되는 것이다. 곧 眞乃滅村主인 憹怖白이 伊毛羅及伐尺(경위)에게 올린 寀(녹봉)에 관한 것이 문서목간 내용의 전부이다. 행정촌의 촌주로 보이는 眞乃滅村主인 憹怖白이 외위를 갖지 않는 점도 주목된다(이성산성 무진년명 목간에서의 村主는 인명 표기에서 출신지명, 인명, 외위명을 생략하고, 南漢城道使와 須城道使와 함께 村主라는 직명만 기록하고 있어서 농포백의 경우 외위를 갖고 있는 데에도 불구하고, 무진년명 이성산성 목간에 의하면, 목간에서 외위를 생략했다고 본다). 弥卽尒智大舍下智에서 大舍下智라고 관등명이 나오는 것도 유일하다. 伊毛羅 及伐尺의 及伐尺(경위)은 Ⅳ-597호 목간에 喙(部)羅兮落 及伐尺에 이어서 두 번째로 나온다.

국립가야문화재연구소측은 당시 왕경 거주의 관등명인 大舍下智
와[20] 지방민의 관등명인[21] 及伐尺이 목간으로 확인되기는 처음이라

목간의 내용에서 보면 보고를 받는 최고 높은 자는 弥卽尒智大舍下智가 아니
라 伊毛羅及伐尺이다. 따라서 伊毛羅及伐尺의 及伐尺은 Ⅳ-597호 목간의 비교
와 사면 목간 자체의 내용으로 보면 경위명이다.

村主가 나오는 것으로 443년 냉수리비의 村主 臾支 干支, 540년경의 성산산
성 목간의 眞乃滅村主憹怖白, 561년 창녕비의 村主 △聰智 述干 麻叱智 述干,
591년 남산신성비 제1비의 郡上村主 阿良村 今知 撰干 漆吐(村) △知尒利 上
干, 二聖山城 목간(608년)의 戊辰年正月十二日朋南漢城道使(제1면) 須城道使村主
前南漢城火~(제2면) ~浦~(제3면) 등이 있다. 眞乃滅村主만이 지명과 공반되고
있고, 인명이 공반한 촌주가 등장하면서 외위가 없는 경우는 그리 흔하지 않
다. 眞乃滅의 위치는 알 수가 없으나 함안 성산산성 근처일 것이다.

또 윤선태, 「咸安 城山山城 出土 新羅 荷札의 再檢討」『사림』 41, 2012,
163~164쪽 및 175쪽에서는 2007-24번 목간 及伐城文尸伊急伐尺稗石을 急伐
尺을 及伐尺과 동일한 외위명으로 보았다. 及伐尺은 경위명이고, 急伐尺은 외
위명이 아닌 인명으로 판단된다. 또 2007-23번 목간에 나오는 及伐城文尸伊
稗石에서 2007-24번 목간의 及伐城文尸伊急伐尺稗石에서 文尸伊는 동일인이다
(이수훈, 「城山山城 木簡의 城下麥과 輸送體系」『지역과 역사』 30, 2012, 170
쪽에서 2007-7번 목간과 2006-61목간에서 공통적으로 나오는 斯珎干도 동
일인으로 보았다). 이는 2007-61번 買谷物礼利(앞면) 斯珎于稗石(뒷면)과
6-7번 買谷村古光斯珎于(앞면), 稗石(뒷면)에서 斯珎于는 동일인이다(전덕재, 앞
의 논문, 2008, 33쪽에서 최초로 2007-23호 목간과 2007-24호 목간에 文
尸伊가 동일인으로 나오고, 2007-61번 목간과 2006-7번 목간에서 斯珎于가
동일인으로 등장한다고 하였다. 계속해서 서로 다른 목간에서 각각 동일인이
면서 稗를 두 번 냈다고 하였다). 이는 하찰이 아니라는 증거가 될 수 있다.
왜냐하면 하찰이라면 2인 공동의 명패가 아닌 단독 명패가 필요하다. 곧 斯珎
于의 경우 2007-61번과 2006-7번의 稗石을 하나의 공진물로 합쳐서 하면
가능한 데에도 불구하고 유사 쌍둥이 목간으로 기록하고 있다. 바꾸어 말하면
이 2쌍의 유사 쌍둥이 목간은 7쌍의 쌍둥이 목간과 함께 최초의 발송지에서
부터 같이 공물을 같은 곳에 넣어서 만든 것이라기보다는 최종 도착지에서 앞
서서 존재하고 있었던 공물이 남아서 최종적으로 쌍둥이 목간과 유사 쌍둥이
목간이 되어서 공진물과 함께 남아 있다가 최후를 맞게 되었다. 곧 산성의 축
조 후와 다른 270점 이상의 목간들과 함께 공진물은 남기고, 목간들은 동일
한 시각에 목간으로서의 생명을 다하게 되어 함께 의도적으로 동문지 근처에
묻힌 것으로 판단된다.

20) 일부에서는 大舍와 下智로 나누어서 해석하고 하고 있다. 弥卽尒智大舍와 下智
   앞에 眞乃滅村主인 憹怖白이 경위도 없는 下智 앞에 나아가 아뢸 수는 없을

며, 목간에는 60일대법 등 갖가지 법률 용어, 관등명, 당시 생활문화상을 보여주는 표현 등이 나온다고 덧붙였다.

여기에서 중요한 것은 大舍下智라는 경위가 등장하는 점이다. 이는 함안 성산산성 목간에서는 처음으로 등장하는 것이다. 이는 금석문 자료에도 나온 예가 없다. 524년의 봉평비에는 小舍帝智가 나와서 大舍가 있었다면 大舍帝智로 표기되었을 것이다. 울주 천전리서석 원명 (525년)에 나오는 大舍帝智와 함께 大舍下智는 오래된 관등명의 잔재이다. 536년의 영천청제비 병진명에는 大舍第가 나온다.[22] 大舍로는 545년이나 그 직전에[23] 세워진 적성비에도 나온다. 大舍는 561년에 세워진 창녕비에도 나온다. 568년에 세워진 마운령비와 황초령비에도 각각 나온다. 大舍는 591년에 세워진 남산신성비 제1비, 제3비, 제4비, 제5비에도 각각 나온다. 그렇다고 성산산성의 목간 연대를 591년까지 내려다 잡을 수는 없다. 2016-W150번 목간의 大舍下智를 大舍로 끊으면, 신라의 관등제에 있어서 경위의 완성 시기는 545년이나 그 직전이 되어 외위보다 늦게 된다. 大舍下智로 보아야 신라의 경위는 540년경에 완성된 것이 된다. 大舍下智로 보면 울주 천전리서석 추명(525년)의 大舍帝智와 같이 고식 관등명이기 때문이다.

성산산성에 나오는 及伐尺을 봉평비 제⑧행의 16~18번째의 글자가

것이다. 下智의 下는 579년의 익산 미륵사 서탑의 사리봉안기의 大王陛下의 下와 같이 임금님의 거처를 나타내 大舍帝智의 帝와 통한다. 大舍下智의 下智는 大舍帝智의 帝智와 마찬가지로 大舍란 관등명에 붙는 것으로 판단된다. 大舍下智로 합쳐서 하나의 경위명으로 보고, 弥卽尒智 大舍下智를 한 사람의 인명 표기로 보아야 할 것이다.

21) 이는 사면 목간의 자체 해석에서도 지방민의 외위가 아니라 6부인을 위한 경위가 되어야 한다. 이는 후술한 바와 같이 왕경인(6부인)을 위한 경위명이다.
22) 영천청제비 병진명의 건립 연대를 김창호, 앞의 책, 2007(고신라 금석문의 연구), 109쪽 등에서 476년으로 보아 왔으나 이는 잘못된 것이다. 영천청제비 병진명의 건립 시기를 536년으로 바로 잡는다. 왜냐하면 영천청제비 병진명에서는 小烏가 나오는 데 대해 봉평비(524년)에서는 小烏帝智가 나오고 있어서 영천청제비 병진명이 봉평비보다 늦은 것이 되기 때문이다.
23) 김창호, 『삼국시대 금석문 연구』, 2009, 235쪽.

阿尺이나24) 居伐尺으로 읽어서25) 외위 11관등에는 없는 동일한 외위로 보고 있다.26) 그런데 Ⅳ-597호 목간에 正月中比思(伐)古尸次阿尺夷喙(앞면) 羅兮落及伐尺幷作前瓷酒四斗瓮(뒷면)을27) 해석하면, 正月에28) 比思(伐)의 古尸次 阿尺(외위)의 夷와29) 喙(部)의 羅兮落 及伐尺이 함께 만든 前瓷酒의 四斗瓮이다란 뜻이 된다. 따라서 及伐尺은 외위가 아니라 경위가 된다. 그렇다면 급벌척 관등의 伊毛羅란 사람도 경위를 가진 왕경인(6부인)으로 판단된다. 伊毛羅 급벌척은 성산산성 목간에서 나온 인명 중에 가장 높은 사람 가운데 한 명임은 사면 목간의 내용으로 분명하다. 及伐尺은 냉수리비(443년)의 居伐干支, 울주 천전리서석 추명(539년)의 居伐干支, 적성비(545년 직전)의 及干支, 창녕비(561

---

24) 18번째 글자는 있는지 없는지 알 수가 없고, 伐자는 아니다. 원래부터 글자가 없었을 가능성이 크다. 17번째 글자인 居자도 尸밑에(尸의 밑으로 긋는 획은 바로 그었다) 입구(口)를 하고 있어서 居자도 아니다. 아마도 봉평비의 阿자가 제②행의 19·25번째 글자에서 尸밑에 옳을 가(可) 대신에 입구(口)만을 합자한 것이라서 阿를 쓰다가 만 것으로 보인다. 10)번 목간(2016-W66)은 未那가 어떤 방향이나 위치를 표시하는 땅이나 들을 의미하는 땅이름에 더하게 되었고, 거벌척이 외위임을 알게 되었다. 이를 해석하면 丘伐 未那 早尸智 居伐尺과 奴能利知가 낸 稗 一石이다.
25) 윤선태, 「울진 봉평신라비의 재검토」 『동방학지』 148, 2009, 15쪽.
   윤선태, 앞의 논문, 2016, 397~398쪽.
26) 윤선태, 앞의 논문, 2009, 15쪽.
   이용현, 「律令 제정 전후의 新羅 官等-중고 초기 문자자료를 통해-」 『목간과 문자』 15, 2015, 90쪽.
   윤선태, 앞의 논문, 2016, 397~398쪽.
27) 전덕재, 「한국의 고대목간과 연구동향」 『목간과 문자』 9, 2012, 24쪽에서 正月에 比思伐 古尸次 阿尺과 夷喙, 羅兮△, 及伐只 등이 함께 어떤 술 4개(또는 4斗의) 瓮을 만들었다고 해석하였다. 及伐尺(及伐只)을 인명으로 보고 있다.
28) 正月中은 六月十日(Ⅳ-600호 목간), 二月(Ⅳ-602호 목간)이 함께 확인되고 있는데, 이는 성산산성에서 단 기일 내에 축성이 쉬지 않고, 지속적으로 실시되었음을 의미한다. 왜냐하면 음력 正月인 한 겨울에도 공진물을 바치고 축성을 하고 있기 때문이다.
29) 『禮記』에 나오는 在醜夷不爭에서와 같이 무리 또는 동료를 나타내는 것으로 보인다. 이 글자에 대한 신중한 판독이 요망된다. 이 글자가 及伐尺이 경위냐 외위냐의 분기점이 될 수가 있기 때문이다.

년)의 及尺干, 북한산비(561~568년)의 及干, 마운령비(568년)의 及干, 황초령비(568년)의 及干, 『東蕃風俗記』(594년)의 級伐干 등의 유사한 예가 있으나 級伐湌과 동일한 관등으로는 볼 수가 없다. 왜냐하면 干자조차 及伐尺이란 관등명에 포함되어 있지 않기 때문이다.

이는 중성리비(441년)에 2번이나 나오는 壹伐과[30] 마찬가지로 17 관등에는 없는 경위명으로 볼 수밖에 없다. 及伐尺이란 경위명의 연대를 늦게 잡으면 신라 경위명의 형성 시기를 늦게 잡아야 된다. 성산산성 목간 연대를 560년으로 보면 신라 관등제의 완성도 561년 창녕비에 와서야 비로소 완성되게 된다. 신라 관등제의 완성은 아무리 늦게 잡아도 545년이나 그 직전에 세워진 적성비에서는 경위가 완성되었다고 볼 수가 있다.

성산산성 목간에서 나오는 관등명은 경위로 及伐尺, 大舍下智가 있고, 외위로는 上干支, 一伐, 一尺, 阿尺이 있다. 이들은 가운데 외위는 上干支를[31] 제외하고, 524년의 봉평비에도 나오고 있다. 경위 及伐尺와 大舍下智는 그 유례가 금석문에서는 없다. 인명 표기가 270여점의 목간에서 많이 있으나 관등을 가진 지방민이 13명 가량으로 적은 것은 당연한 결과로 주목된다.

신라 관등제에는 왕경 6부인에게 주는 경위와 지방민에게 주는 외위가 있다. 경위와 외위의 발전 순서에 대해서는 다양한 견해가 나와 있다.[32] 여기에서는 중성리비(441년),[33] 냉수리비(443년),[34] 봉평비

---

30) 중성리비에서는 지방민을 위한 외위명으로도 干支가 두 번 나오고 있다.

31) 봉평비에는 上干支 대신에 下干支가 나온다.

32) 노태돈, 「蔚珍 鳳坪新羅碑와 新羅의 官等制」『韓國古代史硏究』 2, 1989.

　　김희만, 「영일 냉수리비와 신라의 관등제」『경주사학』 9, 1990.

　　김희만, 「함안 성산산성 출토 목간과 신라의 외위제」『경주사학』 26, 2007.

　　하일식, 「포항중성리비와 신라 관등제」『韓國古代史硏究』 56, 2009.

　　노태돈, 「포항중성리신라비와 外位」『韓國古代史硏究』 59, 2010.

　　박남수, 「<포항 중성리신라비>에 나타난 신라 6부와 관등제」『사학연구』 100, 2010.

　　이부오, 「智證麻立干代 新羅 六部의 정치적 성격과 干支-포항 중성리비를 중심

(524년)를 중심으로 살펴보기로 하자. 중성리비에서는 阿干支(두 번), 奈麻(두 번), 壹伐(두 번), 干支(두 번), 沙干支(두 번)이 나오고 있다. 壹伐과 干支는 17관등 가운데 어느 경위와 같은지도 모르고, 干支는 지방민을 위한 외위로도 나오고 있다. 곧 干支는 6부인과 지방민 모두에게 나와서 아직까지 경위와 외위가 미분화한 상태이다. 냉수리비에서는 阿干支(한 번), 居伐干支(두 번), 壹干支(한 번), 干支(두 번)이 나오고 있다. 干支는 지방민에게도 한 번이 나와서35) 아직까지 경위와 외위가 미분화한 상태이다. 봉평비에서는 경위에 干支(두 번), 太阿干支(한 번), 阿干支(한 번), 一吉干支(두 번), 太奈麻(두 번), 奈麻(여섯 번), 邪足智(두 번), 小舍帝智(두 번), 吉之智(두 번), 小烏帝智(두 번)이 나오고 있다. 외위로는 下干支, 一伐, 一尺, 波旦(日), 阿尺이 나오고 있다. 경위에서는 干支라는 잔존 요소가 있어서 경위도 干支만을 제외하면, 대부분 완성된 것으로 보인다.36) 524년 당시에 외위가 어느 정도 완성되었다.37)

으로-」『신라사학보』 28, 2013.

이부오, 「신라 非干 外位 편성 과정과 壹金知」『한국고대사탐구』 21, 2015.

윤선태, 「신라 외위제의 성립과 변천-신출 자료를 중심으로-」『제8회 한국목간학회 학술회의 신라의 관등제와 골품제』, 2015.

이용현, 앞의 논문, 2015.

이부오, 「6세기 초중엽 新羅의 干群 外位 재편과 村民의 동원」『신라사학보』 36, 2016.

33) 김창호, 「포항 중성리 신라비의 재검토」『신라사학보』 29, 2013.

34) 김창호, 「迎日冷水里碑의 建立 年代 問題」『九谷黃鍾東敎授停年紀念史學論叢』, 1994.

35) 냉수리비 상면에 나오는 壹今智를 외위로 보기도 하나 문헌에 나오는 11외위 이외의 외위는 없다고 본다. 壹今智는 인명이다.

36) 신라 경위와 외위의 형성 시기에 대해서는 금석문 자료에 근거하는 한 신라의 경위와 외위는 540년경에 거의 동시에 완성되었을 것이다.

37) 신라 외위의 완성은 536년 이후로 추정되는 월지 출토비에서 豆婁知 干支가 나와서 536년 이후로 볼 수가 있다. 늦어도 545년이나 그 직전에 세워진 적성비에 撰干支, 下干支, 阿尺의 외위가 나와서 545년이 그 보다는 외위의 완성이 앞설 것이다.

성산산성의 목간 연대를 결정할 차례가 되었다. 大舍下智만의 예로 볼 때에는 영천청제비 병진명에서는 大舍第로 나오기 때문에, 병진명의 작성 연대인 536년을 소급할 수가 있다. 干支로 끝나는 외위로는 봉평비(524년)에서 下干支로, 적성비(545년이나 그 직전)에서도 下干支, 撰干支로, 명활산성비(551년)에서 下干支로 각각 나오고 있다. 大舍下智로 보면 545년 이전으로 볼 수가 있다. 干支로 끝나는 외위 때문에 무조건 연대를 소급시켜 볼 수도 없다. 及伐尺으로 보면, 及伐尺 干支에서 干支 또는 干이란 단어조차 탈락되고 없어서, 그 유사한 예조차도 찾기 어렵다. 及伐尺이 신라 경위에는 없는 관등명으로 그 시기를 늦게 잡으면 신라의 경위명의 완성 시기도 늦게 잡아야 된다. 그래서 그 연대를 阿尸良國(안라국)의 멸망이 금관가야의 멸망인 532년을 소급할 수가 없다. 524년의 봉평비를 통해 볼 때 干支란 경위명을 제외하고, 경위 17관등이 거의 완성되었음을 알 수가 있다. 따라서 성산산성 목간 연대를 늦게 잡아도 법흥왕의 마지막 재위 시기인 539년으로 볼 수가 있다.38) 종래 사료로 인정하지 않았던 『삼국사기』 권34, 잡지3, 지리1, 康州 咸安조에 咸安郡 法興王 以大兵 滅阿尸良國 一云阿

---

38) 왕흥사 목탑 사리공에서 출토된 청동사리합 명문에 丁酉年이란 연간지가 나와 577년이란 절대 연대를 갖게 되었다. 왕흥사 목탑(왕흥사란 가람)은 『삼국사기』 권27, 백제본기 5, 무왕조에 무왕1년(600년)~무왕35년(634년) 사이에 건립된 것으로 되어 있어서 문헌을 믿을 수 없게 한다. 또 봉평비(524년)에 나오는 悉支軍主는 그 때에 州治가 三陟이라고 문헌에는 없고, 광개토태왕비(414년), 중원고구려비(449년 이후), 집안고구려비(491년 이후, 김창호, 「집안고구려비를 통해 본 麗濟 王陵 비정 문제」『考古學探究』, 2015), 중성리비(441년), 냉수리비(443년), 봉평비(524년), 적성비(545년 직전), 창녕비(561년), 북한산비(561~568년), 마운령비(568년), 황초령비(568년)의 건립에 대해서도 문헌에는 없다. 따라서 함안 성산산성 출토 목간의 제작 시기를 『일본서기』에 의한 방법론은 문제가 있다고 판단된다. 곧 『일본서기』 권19, 欽明日王22년(561년)에 나오는 故新羅築於阿羅波斯山 以備日本란 구절과 『日本書紀』 19, 欽明紀23년(562년)조의 挾注로 인용되어 있는 一本에 任那가 전부 멸망했다는 기사를 토대로 560년을 安羅의 멸망 시점 또는 그 하한으로 본 것에 기인하는 점 등에 근거해 성산산성 목간의 상한 연대를 560년으로 보는 것이다.

那加耶 以其地爲郡가[39] 중요한 근거이다. 阿那加耶(안라국)은 고령에 있던 대가야와 함께 후기 가야의 대표적인 나라이다.[40] 그런 안라국에[41] 대한 신라의 관심은 지대했을 것이다. 성산산성은 539년 안라국(아나가야)가 멸망되자 말자 신라인에 의해 석성으로 다시 축조되었다. 신라의 기단보축이란 방법에[42] 의한 성산산성의 석성 축조는 540년경으로 볼 수가 있다.[43] 성산산성 목간의 연대도 540년경으로 볼 수가 있다.[44] 그래야 신라에 있어서 경위의 완성을 적성비의 건립 연대인

---

39) 조선 초에 편찬된 편년체 사서인 『東國通鑑』에서는 安羅國(阿尸良國)의 신라 통합 시기를 구체적으로 법흥왕26년(539년)이라고 하였다. 이는 고뇌에 찬 결론으로 판단된다. 법흥왕의 제삿날은 음력으로 539년 7월 3일이다.

40) 전기 가야를 대표하는 나라로는 고령에 있었던 대가야와 김해에 있었던 금관가야를 들 수가 있다.

41) 414년에 세워진 광개토태왕비의 永樂9年己亥(399년)조에도 任那加羅(金官伽倻)와 같이 安羅人戍兵이라고 나온다. 安羅人戍兵의 安羅는 함안에 있었던 安羅國(阿羅加耶)을 가리킨다.

42) 석성 축조에 있어서 基壇補築은 外壁補强構造物, 補築壁, 補助石築, 城外壁補築 등으로도 불리며, 신라에서 유행한 석성 축조 방식이다. 경주의 명활산성, 보은의 삼년산성, 충주산성, 양주 대모산성, 대전 계족산성, 서울 아차산성, 창녕 목마산성 등 신라 석성의 예가 있다.

43) 성산산성에서 출토된 목제 유물의 방사선탄소연대 측정 결과는 박종익, 「咸安 城山山城 發掘調査와 木簡」『韓國古代史研究』 19, 2000, 10쪽에서 방사선탄소연대 측정 결과를 1992년에는 270~540년으로, 1994년에는 440~64 0년으로 각각 나왔다. 이경섭, 앞의 논문, 2004, 216쪽에 따르면, 270~540년, 440~640년이라고 한다.

44) 그런데 성산성성의 목간이 출토된 부엽층의 시기에 대해서는 고고학적인 견해는 다음과 같은 두 가지 가설이 있다. 최근 부엽층 안에서 목간과 함께 공반 출토된 신라의 완을 7세기 전반으로 편년하고, 이에 의거하여 산성의 초축을 7세기 전반 늦은 시기로 보고 있다(이주헌 「함안 성산산성 부엽층과 출토유물의 검토」『목간과 문자』, 14, 2015, 51~65쪽). 또 부엽층에서 출토된 토기는 6세기 중엽을 중심으로 하나 연대 폭이 특히 넓으며, 성벽 초축은 6세기 중엽에, 내보축을 덧붙이고 부엽층을 조성한 동벽의 개축 시기는 7세기 초에 이루어졌다는 가설도 있다(윤상덕, 「함안 성산산성 축조 연대에 대하여」『목간과 문자』, 14, 2015, 72~92쪽). 이 두가지 가설은 모두 목간이 나온 성산산성의 동벽 부엽층의 초축을 7세기 전반 내지 7세기 초로 보고 있다. 목간 자체로는 540년경에 제작된 것임으로 60년 이상의 차이가 있다. 6~7세기 토기 편년은

545년이나 그 직전과 대비시켜서 540년경으로 볼 수가 있다. 그렇지 않고 목간의 연대를 통설처럼 560년으로 보면 신라 경위의 완성을 560년으로 보아야 되고, 540년경에 완성되는 외위보다[45] 늦게 경위가 완성되게 된다. 따라서 신라 관등제인 경위와 외위는 540년경에 거의 동시에 완성되었고 볼 수가 있으며, 성산산성의 목간의 제작 시기는 540년경으로 볼 수가 있다.

아직까지 절대 연대 자료가 부족한 점이 하나의 문제점일 것이다. 가령 5세기 4/4분기(475~499년)로 알려진 금관총이 尒斯智王(눌지왕)이란 명문이 나와 458년의 눌지왕이란 무덤으로 비정되면서(김창호, 「신라 금관총의 尒斯智王과 적석목곽묘의 편년」, 『신라사학보』 32, 2014) 그 편년이 17~41년이 소급하게 되었다. 동문지 근처의 부엽층 연대 폭은 6세기 중엽을 중심으로 하나 그 연대 폭은 넓다고 한 견해도(윤상덕, 앞의 논문, 2015) 있으나 목간은 성산산성의 축조한 때(초축)에 있어서 처음으로 돌로 쌓은 경우만을 한정하기 때문에 그 시기는 짧았다고 판단된다. 또 완과 고배 등을 중심으로 한 고고학적 형식론에 의해 목간의 절대 연대를 7세기 초 또는 7세기 전반으로 보는 것은 재고의 여지가 있다. 이 시기에 절대 연대를 말해주는 고고학적인 자료가 거의 없다. 또 문자 자료에 의한 절대 연대에 대한 결론은 고고학적인 형식론에 우선한다는 점은 재언을 요하지 않는다.

45) 월지 출토비에 豆婁知干支란 인명 표기가 나온다. 이는 월지 출토비의 축성의 수작 거리를 步로 표현한데 대해, 536년의 영천청제비 병진명에서는 거리 단위를 신라 고유의 하나치인 淂을(淂의 길이가 구체적으로 얼마인지는 알 수가 없다) 사용하고 있어서 명활산성비는 536년을 소급할 수 없다. 536년 이후까지도 干支란 경위와 미분화된 외위를 사용하고 있어서 외위제의 완성에 걸림돌이 된다. 干支가 551년의 명활산성비에서는 下干支가 나와서 소멸된 것으로 판단된다. 현재까지 540년경의 금석문 자료가 없지만 신라 금석문에서 외위인 干支의 소멸을 540년경으로 보고 싶다. 왜냐하면 545년이나 그 직전에 건립된 적성비 단계에서는 경위와 외위가 완성되었을 것이기 때문이다. 또 주보돈, 「雁鴨池 出土 碑片에 대한 一考察」, 『大丘史學』 27, 1985에서는 월지 출토비를 명활산성비로 보았으나, 이 비는 명활산성비보다는 시기상으로 앞선 비석이다.

551년의 명활산성비가 古阤門 근처를 수리한 비(김창호, 「명활산성작성비의 재검토」, 『金宅圭博士華甲紀念文化人類學論叢』, 1989)로 분석되어(그래서 명활산성작성비라 부르지 않고, 명활산성비라 부른다) 본래의 명활산성을 축조할 때의 비석인지도 알 수 없다.

II. 지명 비정

지금까지 함안 성산산성에 나오는 목간은 대개 지명+인명+물품명+수량으로46) 되어 있다. 많은 지명이 나오고 있어서 비정에 어려움도 있다. 지금까지 나온 선학들의 지명 비정을 도시하면 다음과 같다.47)

주요 지명	비정지 현재 지명	신라 당대 지명
仇利伐	충북 옥천 함안 칠원면~마산, 창원 안동시 임하면 일대	仇(久)利城 久禮牟羅48) 屈火郡, 屈弗郡, 曲城郡
甘文城	김천시 개령면	甘文州 開寧郡
古阤	안동시	古陀耶郡 古昌郡
及伐城	영주시 부석면	及伐(山)郡 岋山郡
仇伐	의성군 단촌면	仇火縣 高丘縣
須伐	상주시	沙伐州 尙州
買谷村	안동시 도산면과 예안면	買谷縣 善谷縣
勿思伐	충북	勿思伐城
鄒文(村)	충북	鄒文村

---

46) 물품명과 수량은 생략되어도 지명과 인명은 그렇지 않다.
47) 이 표는 이경섭, 앞의 논문, 2011, 539~540쪽의〈표 1〉성산산성 짐꼬리표 목간의 지명 비정을 참조하여 필자의 견해를 더하였다.
   夷津(支城)은 30번, 2006-4번, 2007-30번, 2007-44번, 2007-304번 목간의 5예가 있으나 그 위치 비정은 불가능하다. 이러한 이유에서 지명 비정표에서 제외하였다. 이진(지성)은 郡이 설치된 곳이다.
   比思(伐)도 그 예가 하나뿐이고, 561년 창녕비에 下州行使大等이 나와 下州의 주치가 되는 昌寧이므로 재론의 여지가 없어서 제외했다.
48) 久斯牟羅(창원)의 서쪽이면서 安羅(함안)의 동쪽 곧 창원과 함안 사이의 함안군 칠원면 일대를 久禮牟羅(久禮山戍)로 본 가설이 김태식, 『加耶聯盟史』, 1993, 173~189쪽에 있으나 칠원면 일대와 창원 일대에는 고총고분이 없어서 따르기 어렵다.

甘文은 창녕비(561년)에 甘文軍主가 있던 곳이다. 『삼국사기』 권34, 지3, 지리1에 開寧郡 古甘文小國也라고 나오는 김천시 개령면이다.

古陁는 『삼국사기』 권34, 지3, 지리1에 나오는 古昌郡 本古陁耶郡으로 현재의 안동시 일대이다.

及伐城은 남산신성비 제9비에 나오는 伋伐郡과 동일한 지명이다. 『삼국사기』 권35, 지4, 지리2에 나오는 岋山郡 本高句麗及伐山郡이라고 나오는데, 현재의 영주시 부석면 일대이다.

仇伐은 소지마립간7년(485년)에 축성했다는 仇伐城과 같은 지역으로 『삼국사기』 권34, 지3, 지리1에 나오는 仇火縣과 동일한 곳으로 현재 의성군 단촌면 일대이다.

買谷村은 『삼국사기』 권35, 지4, 지리2에 나오는 善谷縣 本高句麗買谷縣이라고 나오는데, 현재의 안동시 도산면과 예안면 일대이다.

須伐은 확실하지 않지만 상주의 고명인 沙伐과 같은 것으로 볼 수가 있다.49)

仇利伐, 勿思伐城, 鄒文村, 夷津(支城)은 『삼국사기』, 지리지에서 동일한 지명내지 비슷한 지명을 전혀 찾을 수가 없다.

물사벌성과 추문촌은 545년 직전에 세워진 적성비에도 나온다. 곧 鄒文村幢主, 勿思伐城幢主란 직명 속에 나온다. 이들은 모두 적성비에서 高頭林城在軍主等의50) 휘하에 소속된 것으로 보인다. 물사벌성과 추문촌의 위치를 잘 알 수가 없지만, 高頭林城在軍主等의 고두림성에 대해서는 그 위치를 경북 안동으로 보아 왔으나51) 충북 단양군 영춘

49) 貞元十四年銘(798년) 永川菁堤碑에 沙喙部의 沙喙을 須喙(喙은 이체)라고 표기한 예가 있다(金昌鎬, 「永川 菁堤碑 貞元十四年銘의 再檢討」『韓國史研究』 43, 1983). 그래서 沙伐과 須伐은 통하게 된다.

50) 중성리비(441년), 냉수리비(443년)의 5세기 금석문에서는 軍主가 나오지 않고, 봉평비(524년), 적성비(545년 또는 직전), 창녕비(561년), 북한산비(561~568년), 마운령비(568년), 황초령비(568년)의 6세기 금석문에서는 軍主가 반드시 나오고 있다.

51) 武田幸男, 「眞興王代における新羅の赤城經營」『朝鮮學報』 93, 1979, 19쪽. 뚜렷한 근거가 없이 안동의 고명이 古昌郡, 古陁耶郡의 古자인데에 근거하였다.

면 栢子里에서 단양 영춘으로 가는 길목에, 고두름고개[재]가 있다. 하리에 소재한 온달산성으로 가는 재의 이름이 현재까지도 고두름고개[재]라고 해 단양 영춘 하리의 온달성이 州治가 설치되었던 고두림성임이 분명하다.52) 추문촌당주과 물사벌성당주도 고두림성재군주등의 휘하에 있었으므로 그 지명의 소재지를, 험난한 소백산맥을 지나서 멀고 먼 경북 북부 지역이라기보다는 국경의 최전선인 같은 소백산맥의 북쪽인 충북에 있었다고 보아야 될 것이다. 지명이 전부 上州의 관할인 경북 북부 지역이 아닌 자료로 Ⅳ-597번 목간에 正月中比思(伐)古尸次阿尺夷喙(앞면) 羅兮落及伐尺并作前瓷酒四斗瓮(뒷면)라고 해서 후일의 下州에 해당되는 바사(벌)을53) 들 수가 있다. 따라서 물사벌성과 추문촌은54) 어느 곳인지는 확실히 알 수 없지만, 경북 북부 지방이 아닌 충북 지방에 있어야 할 것이다.

성산산성 목간의 지명이 나오는 것에 한정할 때, 26.67%가량을 차지하는55) 仇利伐의 위치에 대해 조사할 차례가 되었다. 이에 대해서는 충북 옥천,56) 함안군 칠원면 서남쪽 방면으로부터 마산과 창원 일대,57) 안동시 임하면 일대58) 등으로 보고 있다. 구리벌을 경북 북부

---

52) 김창호, 앞의 책, 2007, 182쪽.
53) 上州인 甘文州 관할 밖의 확실한 예로서 중요하다.
　　이 목간에 대해 윤선태, 앞의 논문, 2016, 402쪽에서는 上州는 식량, 下州는 노동력을 나눠 부담하였던 것은 아닐까 모르겠다고 하였으나, Ⅳ-597번 목간에서 노동력의 부담이 아닌 술을 공진물로 내고 있기 때문에 따르기 어렵다.
54) 武田幸男, 앞의 논문, 1979, 19쪽에서 추문을 소백산맥 이남의 경북 북부 지역에서 비정하여 召文國 곧 聞韶郡(의성)일 것으로 추정하였다. 고두림성을 안동으로 볼 때에는 가능성이 있으나 고두림성이 충북 단양 하리의 온달성이므로 성립되기 어렵다. 추문촌당주가 있던 추문촌은 충북에 있었을 것이다.
55) 성산산성 목간에 지명이 나오는 것으로 구리벌 16예, 고타 14예, 급벌성 7예, 구벌 5예, 감문성 4예, 이진지성 5예, 추문촌 4예, 매곡촌 2예, 수벌 1예, 물사벌 1예, 비사벌 1예로 그 합계는 60예이다. 그러면 구리벌은 26.67%를 차지하게 된다.
56) 주보돈, 앞의 논문, 2000, 56쪽.
57) 이경섭, 앞의 논문, 2005, 134~135쪽.
58) 이경섭, 앞의 논문, 2011, 542~543쪽.

인 안동시 임하면 일대나 충북 옥천으로 볼 경우에는 왜 구리벌 목간에서만이 奴人 또는 奴가 있는지에59) 대한 해명이 필요하다. 이 문제를 해결할 수 있는 것은 구리벌에서만의 특산물이 존재해야 된다. 왜냐하면 구리벌에서만 감문성, 고타, 급벌성, 구벌, 사벌, 매곡촌, 물사벌성, 추문, 비사(벌) 등 어느 곳에서도 나오지 않는 노(인)이 나오기 때문이다. 구리벌을 경북 북부인 안동시 임하면 일대나 충북 옥천으로 볼 경우에는 구리벌만의 특산물이 있을 수 없다. 노(인)이 새로 복속된 지역의 주민을 나타낸 것으로 보면, 及伐城,60) 買谷村은61) 모두 옛고구려 영토로 이들 지역에서는 왜 노인 또는 노가 없는지에 대한 설명이 필요하다. 이 두 가지 문제점 해결의 가능성을 보여줄 수 있는 있는 자료로 5번62) 목간의 仇利伐△德知一伐塩의 소금이 있다. 巖鹽, 鹽湖, 塩井 등이 없는 우리나라에서는 바다에서만 소금을 채취한다.63)

---

59) 노(인)목간은 지명+인명+(관등명)+奴(人)+인명+負로 구성되어 있다. 노(인)은 구리벌 목간에서만 나타나고 있다. 지금까지 다른 지명에서는 나온 예가 없다.
60) 『삼국사기』, 권35, 지4, 지리2에 岋山郡 本高句麗及山郡이라고 되어 있다.
    급벌성 목간은 성산산성에서 나오는 것으로는 다음과 같이 7점이 있다.
     8번 及伐城秀乃巴稗
    42번 及伐城龍石稗石
    74번 及伐城只智稗石
    80번 及伐城△△稗石
    2007-23번 及伐城文尸伊稗石
    2007-24번 及伐城文尸伊急伐尺稗石
    2007-42번 及伐城登奴稗石
61) 『삼국사기』, 권35, 지4, 지리2에 善谷縣 本高句麗買谷縣이라고 되어 있다.
    買谷村이 나오는 2예의 목간은 다음과 같다.
    2006-7번 買谷村古光斯珎于(앞면) 稗石(뒷면)
    2007-61번 買谷村物礼利(앞면) 斯珎于稗石(뒷면)
62) 원래는 5번 목간이었다. 이경섭, 「함안 城山山城 출토 新羅木簡 연구의 흐름과 전망」『목간과 문자』 10, 2013, 87쪽에서 자세한 언급도 없이 26번 목간으로 고쳐 부르고 있다. 본고에서는 목간의 번호가 어떻게 바뀌었는지 모르지만 이에 따라서 국사편찬위원회 데이터베이스의 일련번호에 따라 5번 목간으로 부른다.
63) 일본의 경우는 이 시기에 製鹽土器로 소금을 만든다. 일반적으로 토기는 안쪽

성산산성 5번 목간의 塩에 의해『삼국사기』, 지리지의 屈自郡, 骨浦縣, 『일본서기』의 仇禮牟羅, 仇禮山戌에 의해 함안군 칠원면 서남쪽 방면으로부터 지금의 창원(굴자군)과 마산(골포현) 일대로 비정하였다.64) 그러다가 塩을 인명의 일부로 보고서,『삼국사기』, 지리지의 屈火郡, 屈弗郡과 구리벌을 연결시켜서 안동시 임하면 일대로 보았다.65) 이렇게 되면 구리벌 목간에서만 왜 노인 또는 노가 나오는지에 대한 답을 할 수가 없다. 이는 5번 목간의 塩자가 인명의 일부가 아니라는 것을 알 수 있다. 이 塩자는 노인 또는 노의 해명에 중요한 단서로 그저 쉽게 소금을 나타낸다. 이는 구리벌을 소금을 생산할 수 있는 바닷가에 비정해야 되는 이유이다. 1번 목간의 仇利伐 /上彡者村(앞면)66) 乞利(뒷

면보다 바깥쪽 면이 잘 정면되어 있다. 제염토기는 토기의 안쪽이 바깥쪽보다 잘 정면되어 있고, 소금물을 토기에 넣고 불을 놓아서 불이 다 타고 난 뒤, 토기 안쪽에 결정체로 남아있던 소금 알맹이를 모아서 이를 끓여서 소금을 생산하나, 우리나라에서는 그 발견 예가 전혀 없다.

64) 이경섭, 앞의 논문, 2005, 134~135쪽.
65) 이경섭, 앞의 논문, 2011, 541~543쪽.
66) 이수훈,「新羅 中古期 行政村·自然村 문제의 검토」『한국고대사연구』48, 2007, 55~63쪽에서 仇利伐/ 上彡者村이 행정촌+자연촌(구리벌은 행정촌이 아니라 군임)의 관계라면 해당 인물의 출신지를 행정촌인 구리벌로 밝혀도 됨에도 불구하고 굳이 상삼자촌이라고 밝힐 이유가 없고, 5번 목간 仇利伐△德知一伐塩과 2007-31번 목간 仇利伐/ 仇阤(知)一伐奴人毛利支 負의 예에서 행정촌 다음에 곧 바로 인명이 오고 있는 점, 11번 목간 鳥欣弥村卜兮, 14번 목간 大村伊息智 등에서 자연촌+인명이 되어서 일관성이 없이 혼란스럽다는 점 등에서 상삼자촌은 행정촌이란 것이다.
구리벌 보다 상삼자촌을 작게 써서 이를 자연촌으로 보는 근거로 삼고 있으나 이는 구리벌 목간에서만 나오는 割書[두 줄로 쓰기] 때문이다. 할서는 구리벌 목간에서만 나오기 때문에 구리벌이외의 목간에서는 자연촌이 없게 된다. 구리벌에서만 자연촌이 존재하고, 다른 지명인 고타, 추문 등에서는 할서가 없어서 자연촌이 없게 된다. 그러면 고타, 추문 등에서 자연촌이 없는 이유가 궁금하다. 그 이유는 제시하지 못하면 할서로 쓴 상삼자촌 등도 행정촌으로 보아야 할 것이다. 할서의 경우 글자를 작게 쓰는 이외의 다른 방법은 없다. 이는 자연촌의 표시하는 것과는 전혀 관계가 없다. 예를 들면 39번 鄒文比尸河村, Ⅳ-587.仇利伐/△伐彡△村 伊面於支 負과 54번 鄒文△△村, 2007-30번 夷津(支)(未那)石村에서는 구리벌(Ⅳ-587번은 구리벌 목간임)의 경

면), 3번과 34번 목간(쌍둥이 목간)의[67] 仇利伐 /上彡者村波婁에서 上

우에서처럼 할서로 쓰지 않고 있다. 할서는 구리벌 목간에서만 나오고, 구리 벌 이외에서는 단1예도 나온 예가 없다. 할서로 적힌 것을 행정촌과 자연촌 구분의 근거로 삼는 것은 목간의 할서에 대한 견해의 차이 때문에 나온 것이 다. 후술하는 바와 같이 구리벌은 행정촌인 동시에 郡이므로 그 밑에 있는 上 彡者村 등은 행정촌이다.

67) 쌍둥이 목간은 6예가 더 있다.

12번 上莫村居利支稗와 44번 上莫△居利支稗

13번 陳城巴兮支稗와 41번 陳城巴兮支稗

43번 陽村文尸只와 2006-6번 陽村文尸只稗

69번 千竹利와 70번 千竹利

2007-8번 仇(阤)△一伐 奴人 毛利支 負와 2007-31번 仇利伐 仇阤知一伐奴人 毛利支 負

IV-595번 古阤一古利村本波(앞면) 阤々支稗麥(뒷면)와 V-163번 古阤一古利村 本波(앞면) 阤々只稗麥(뒷면)

이를 복수의 이른바 하찰이 부착된 이유에 대하여 일본의 경우 현품을 수령 한 官司가 實物과 장부를 맞춰보기 위해서이며 稅物의 勘檢에 관한 조치(弥永 貞三,「古代史料論-木簡-」『岩波講座 日本歷史』25, 1976, 49~51쪽)로 보거나 대부분의 경우 하나의 공진물에 복수의 하찰이 부착되는데, 소비 단계까지 남 겨진 것은 원칙적으로 1점이었다고(東野治之,「古代稅制と荷札木簡」『ヒストリ ア』86, 5~6쪽) 하였다.

　그래서 감문과 구리벌에서 제작될 때 1차로 收取物의 검수라는 측면에서 기 능을 하고, 다시 성산산성에 도착한 후 물품과 수량을 현지에서 확인하는 과 정에서 2차로 기능하였다고 보았다. 하찰이 2차로 기능할 때는 甘文에서 조 달 품목과 수량을 정리해서 보낸 臺帳과 짝을 이루어졌을 것이다. 복수 하찰 의 경우는 두 개 중의 하나가 이 과정에서 제거되었을 가능성이 있다. 남은 하찰은 물품이 보관되고 소비될 때까지 하찰의 기능에서 物品付札의 기능으로 전환되어 떼어지지 않고 부착되어 있다가 물품의 소비 단계에서 폐기된 것으 로 보았다(이경섭, 앞의 논문, 2005, 148~149쪽). 소비 단계에서 폐기되었다 면 소비 시점이 각각 다르기 때문에 270여점의 목간이 일괄해서 출토될 수가 없다. 축성의 공사가 끝나고 새로운 공진물이 새 방법에 의해 들어오면서 축 성 단계의 공진물은 남겨서 계속 사용되고, 동시에 공진물의 물품꼬리표가 몽 땅 똑 같은 시기에 그 기능을 잃고서 동문지 근처에 폐기된 것으로 판단된다. 그래서 쌍둥이 목간이나 유사 쌍둥이 목간이 생겨날 수가 있었을 것이다.

　또 2007-23번 목간에 나오는 及伐城文尸伊稗石와 2007-24번 목간의 及伐城 文尸伊急伐尺稗石에서 文尸伊는 동일인이다. 2007-61번 목간의 買谷村物礼利 斯珎于稗石과 2006-7목간 買谷村古光斯珎于稗石에서 공통적으로 나오는 斯珎

彡者村은 『삼국사기』, 지리지의 康州 咸安郡 領縣인 召彡縣이다.[68] 구리벌은 함안군에서 바닷가인 마산시에[69] 이르는 지역이다. 이곳이 옛

于도 동일인으로 보았다(전덕재, 앞의 논문, 2008, 33쪽, 이수훈, 앞의 논문, 2012, 170쪽). 이는 유사 쌍둥이 목간으로 공진물이 같은 稗石인데도 불구하고, 각기 따로 두 번으로 나누어서 낼 수 있다는 것을 의미한다. 유사 쌍둥이 목간에서 斯珎于의 경우 공진물을 합치면 하나의 목간에 쓸 수가 있는 데에도 불구하고 유사 쌍둥이 목간으로 나누어서 목간에 기재하고 있다. 이는 성산산성에서 목간이 제작되었다고 해석할 수밖에 없다. 발송처에서 목간이 제작되었다면 斯珎于의 경우는 하나로 합치면 유사 쌍둥이 목간이 되지 않는다. 그럼에도 불구하고, 두 목간에 나누어서 기록되고 있어서 유사 쌍둥이 목간이 되고 있다. 쌍둥이 목간도 12번 上莫村居利支稗와 44번 上莫△居利支稗, 13번 陳城巴兮支稗와 41번 陳城巴兮支稗, 43번 陽村文尸只와 2006-6번 陽村文尸只稗처럼 공진물이 같아도 공진물이 前年에 낸 것이 남아서 목간은 원래대로 두고(공진물의 양은 줄어들었음) 금년 새로 낸 것에 다시 또 물품꼬리표가 만들어져서 공진품과 함께 매어서 둔 것으로 보고 싶다. 왜냐하면 모든 공진물이 똑 같은 시간에 소비되는 것은 아니기 때문이다. 그래서 유사 쌍둥이 목간이나 쌍둥이 목간이 생길 수가 있을 것이다. 유사 쌍둥이 목간은 목간의 제작지가 성산산성임을 말해주는 중요한 근거가 된다. 1번 仇利伐 /上彡者村波婁와 34번 목간 仇利伐 /上彡者村波婁, 69번 千竹利와 70번 千竹利에서와 같이 공진물의 표시가 없는 목간이 쌍둥이 목간이 아닌 경우에도 39번 鄒文比尸河村介利牟利처럼 종종 나온다. 이 경우에 공진물의 표시가 없이 물품꼬리표만 있는 것이 아니다. 공진물을 좁은 목간에 표시하기 곤란할 경우가 이던가 아니면, 소금처럼 누구나 알 수 있는 공진물이기 때문에 표시하지 않았을 것으로 추측된다.

목간의 제작 시기가 단 시일에 걸쳐서 있고, 연대의 폭도 좁다고 할 수 있고 (성산산성의 축조 시기가 목간의 존속 기간이다), 목간의 폐기가 성산산성 축조의 완성으로 목간이 수명을 다 했기 때문으로 판단된다. 성산산성의 축조 후에는 받는 공진물은 그 수취 방법이 달랐을 것이다. 그래서 축조 공사 때의 공진물의 표시인 목간들은 그 수명이 다해 일시에 거두어서 모두 성산산성 동문지 근처에다 폐기했을 것이다. 그렇지 않고서는 동문지 근처에서만 목간들이 출토되는 이유를 알 수가 없다. 이런 까닭으로 덕분에 많은 목간이 나와서 신라사 복원에 중요한 자료가 되고 있다.

68) 주보돈, 앞의 논문, 2000, 56~57쪽에서 上彡者村의 召彡縣 비정에 비판하고 있다. 上의 음은 召의 음과 통하고(남산신성비 제2비에서 阿旦兮村과 阿大兮村, 沙刀城과 沙戶城에서 旦과 大가 통하고, 刀와 戶가 통하는 점에서 보아서 각각 동일 지명인 점에서 보면 上과 召는 통한다), 彡은 양자에서 동일하게 나온다.

안라국의 중요한 수도 부분에 해당되는 것이다.[70]

III. 노인

신라의 奴(人)은 1988년 4월 봉평비(524년)에 발견되어 처음으로 알려지게 되었다. 일반 신민, 새로 편입된 복속민, 차별 편제한 특수 지역민, 지방민 일반, 舊高句麗民 등의 다양한 가설이 나왔다.[71] 대체로 노(인)은 신라 지역에 새로 편입된 지역의 복속민으로 보고 있다.[72]

그런데 1998년 공개되기 시작한 함안 성산산성 목간에 奴(人)이 확인되면서 이들 노(인)을 어떻게 해석할 것 인지하는 문제가 새로 제기되었다. 그래서 성산산성 목간의 노인을 봉평비의 노인과 어떻게 연결시키는지 하는 문제가 대두되었다. 처음의 성산산성 목간의 연구에서는 私奴婢일 가능성이 언급되었다.[73] 대체로 봉평비에서 나온 결론을 성산산성 목간에 적용하여 노인을 구고구려계 복속민으로 보았다.[74] 이후 새로운 목간 자료의 발굴이 증가되자 노인이 기재된 목간을 해석하면서, 奴人=私奴婢說의 주장이 나왔다.[75] 이를 비판하면서 봉평비의

---

69) 2010년 7월 1일 창원시에 동합되기 이전의 마산시를 지칭한다.
70) 목간의 작성 연대인 540년경에는 『삼국사기』, 지리지의 지명도 많은 차이가 있었을 것이다. 그래서 목간에 나오는 행정촌도 지리지에서 찾을 수 없다. 군으로 추정되는 물사별성과 추문촌과 이진(지성)도 찾을 수 없고, 목간의 26.67%가량(지명이 나오는 목간으로 한정할 때)을 차지하는 郡인 仇利伐도 지명만으로는 그 위치가 불분명하다. 함안에서 마산시에 이르는 지역으로 보인다.
71) 한국고대사학회편, 『한국고대사연구』 2, 1989.
   울진군·한국고대사학회 『울진 봉평신라비와 한국 고대 금석문』, 2011.
72) 武田幸男, 「新羅·蔚珍鳳坪碑の敎事主體と奴人法」『朝鮮學報』 187, 2003.
73) 윤선태, 「咸安 城山山城 出土 新羅 木簡의 用途」『震檀學報』 88, 1999, 16쪽.
74) 이성시, 「한국목간연구의 현황과 함안성산산성 출토의 목간」『한국고대사연구』 19, 2000, 99~100쪽.
   朴宗基, 「韓國 古代의 奴人과 部曲」『한국고대사연구』 43, 2006.

노인을 중심으로 목간의 노인을 이해를 강조하는 연구도 나왔다.76) 노인은 기본적으로 복속민의 성격을 지녔지만, 6세기 중반에 그들을 구리벌에 사는 개인에게 각기 예속시켜 관할, 통제하도록 하였고, 이후 그들을 점차 공민으로 포섭하였다고 보았다.77) 노인을 세금을 내는 주체로서 수취의 대상이 된 奴婢로 보기도 했다.78) 또 성산산성의 노인을 봉평비의 노인과 함께 隸民的 상황 집단적 지배를 받던 존재로부터 개인적 人身 지배에 기반한 公民으로 전화해 가는 道程에 있는 사람으로 보았다.79)

위의 견해들은 奴(人)의 奴자가 奴隸 또는 奴婢를 나타낸다는 것에 근거하여 사노비로 보기까지 했다. 아니면 구고구려인으로 보아서 새로운 신라의 복속민으로 보았다. 이는 봉평비에서 나온 결론으로 성산산성 목간에 그대로 적용할 수가 있다. 이에 대해서는 뒤에서 언급하겠지만 노인의 奴자는 새로운 복속민과 전혀 관련이 없고, 동시에 奴婢의 신분과도 전혀 관련이 없다. 목간의 노인과 봉평비의 노인는 동일하다고 판단된다. 함안 성산산성 목간에 나오는 奴(人)을 검토하기 위해 奴(人)이 묵서된 목간을 제시하면과 같다.80)

---

75) 이수훈, 「咸安 城山山城 出土 木簡의 稗石과 負」『지역과 역사』 15, 2004.
　　전덕재, 「함안 성산산성 목간과 중고기 신라의 수취체계」『역사와 현실』 65, 2007.
76) 이용현, 「함안성산산성 출토 목간의 負, 本波, 奴人 시론」-신라사학회발표문-, 2007.
77) 김창석, 「신라 中古期의 奴人과 奴婢」『한국고대사연구』 54, 2009.
78) 윤선태, 「함안 성산산성 출토 신라 하찰의 재검토」『사림』 41, 2012.
79) 이경섭, 「新羅의 奴人-城山山城 木簡과 〈蔚珍鳳坪碑〉를 중심으로-」『한국고대사연구』 68, 2012.
80) 구리벌 목간의 노(인)에 대해서는 이경섭, 앞의 논문, 2012, 205쪽에서 전제하였다.
　　추정 구리벌 목간에서 노(인)이 나오는 예를 제시하면 다음과 같다. 이경섭, 앞의 논문, 2012, 206쪽에서 전제하였다.
　　35번 內恩知奴人 居助支 負
　　37번 內只次奴 須礼支(負)
　　38번 比夕須奴/尒先(利)支 (負)

5번 仇利伐 △德知一伐奴人 塩

2006-10번 仇利伐/△△△奴/△△支 (負)[81]

2006-24번 仇利伐 比夕須 奴 先能支 負

2007-8번 ~一伐奴人毛利支 負

2007-27번 仇利伐 郝豆智 奴人/ △支 負

2007-31번 仇利伐 仇陁知一伐奴人 毛利支 負[82]

2007-8번 仇(陁)△一伐奴人 毛利支 負

81) 負와 함께 짐을 나타내는 용어로 이른바 發(바리)가 있다. 이는 모두 5점으로 고타에서만 나온다.
20번 古陁伊骨利村(鄒)(앞면) 仇仍支稗發(뒷면)
28번 古陁伊骨利村阿那衆智卜利古支(앞면) 稗發(뒷면)
2006-30번 古陁伊骨村阿那(앞면) 仇利(伐)支稗(發)(뒷면)
Ⅳ-595번 古陁一古利村本波(앞면) 陁ᄎ支稗發(뒷면)
Ⅴ-163번 古陁一古利村本波(앞면) 陁ᄎ只稗發(뒷면)
이 發은 소나 말에 실린 짐을 바리라 부르는 것과 같을 수가 있으나 이 글자인 發자를 麥자로 판독하고 있다(이경섭, 앞의 논문, 2011, 564~565쪽). 필자도 麥으로 읽는데 동의한다. 이때에 稗麥이 쌀보리(전덕재의 주장으로 이에 대해서는 이경섭, 앞의 논문, 2013, 86쪽 참조)인지는 불분명하다. 왜냐하면 성산산성 목간(2007-45번)과 2016-W155 목간 王子寧△△大村△刀只(앞면) 米一石(뒷면)의 米一石으로 米도 나와서 쌀보리라면 米麥으로 불렸을 가능성도 있기 때문이다. 稗麥은 稗(피)와 麥(보리)로 보아야 할 것이다. 또 김창호, 「함안 성산산성 목간의 신고찰」『문화사학』 49, 2018, 43쪽에서 2006-30목간을 古陁伊骨村阿那(앞면) 仇利(伐)支稗(뒷면)으로 읽었으나 稗는 稗麥의 잘못이다.

82) 윤선태, 앞의 논문, 2012에서는 다음과 같이 주장하였다(이경섭, 앞의 논문, 2013, 86쪽에서 재인용).
25번 仇利伐 仇陁(智)一伐/尒利△支
2007-8번 仇(陁)△一伐 奴人 毛利支 負
2007-31번 仇利伐 仇陁知一伐奴人 毛利支 負
2007-8호와 2007-31호 목간은 쌍둥이 목간으로 여기에 기재된 仇陁知一伐이 25호 목간의 仇陁(智)一伐과 동일한 인물로 보고, 仇陁知一伐은 노인이 아니라고 하였다. 그래서 仇利伐 仇陁知一伐奴人 毛利支 負을 仇利伐 仇陁知一伐의 노비, 毛利支의 負로 해석하였다. 이럴 경우 당시 신라에서 노비가 납세의 의무를 지닌 수취의 대상자로 보았다.
25번 仇利伐 仇陁(智)一伐/尒利△支은 仇利伐 仇陁(智)一伐의 짐꾼인 尒利△支이 짐을 지다로 해석된다. 양자가 동일인이 아닐 가능성이 크다.

Ⅳ-591仇(利伐)△△智(奴)人△△△ 負

2016-W89丘利伐/卜今智上干支 奴/△△巴支 負

仇利伐 목간에서 2007-27번 목간의 仇利伐 郝豆智奴人/ △支 負
를[83] 仇利伐에 사는 郝豆智(奴人)와 △支가 납부한 짐(負)이다로[84] 해

奴人은 외위도 가질 수 있는 소금 생산자인 동시에 公民으로 奴婢의 뜻일 수
는 없다. 仇利伐 仇阤知一伐奴人 毛利支 負에서 奴人은 一伐과 함께 仇阤知란
인명의 뒤에 붙는 관등명류이다. 신라의 인명 표기에서는 직명+출신지명+인
명+관등명의 순서로 기재된다. 이 가운데 직명과 출신지명은 생략될 수 있으
나 인명+관등명은 반드시 기재된다. 노인은 관등명류이므로 노인의 뒤에 오
는 인명이 아닌 앞사람의 신분 표시이다. 따라서 仇利伐 仇阤知一伐奴人 毛利
支 負에서 奴人을 중심으로 하여 해석하면 仇利伐 仇阤知가 一伐인 동시에 奴
人이며, 그의 짐꾼인 毛利支의 짐이다가 된다. 노인이 奴婢를 뜻하는 것은 아
니고, 소금을 생산하는 사람이다. 물론 짐의 주인은 仇利伐 仇阤知一伐奴人이
다. 毛利支의 신분은 짐꾼으로 판단된다. 왜냐하면 노인은 소금 생산자를 가
리킬 뿐, 노비라는 신분 표시로 볼 수가 없다. 만약에 2007-8호와 2007-31
호 목간은 쌍둥이 목간으로 여기에 기재된 仇阤知一伐이 25호 목간의 仇阤
(智)一伐과 동일한 인물로 보아도 소금 생산자로 一伐(외위 8관등)의 외위를
가진 유력자는 농사 등 다른 수입원이 있어서 그것을 성산산성에 낼 수도 있
다. 2007-8호와 2007-31호 목간은 쌍둥이 목간으로 여기에 기재된 仇阤知
一伐奴人이 25번 仇利伐 仇阤(智)一伐/亣利△支로 나오기 때문에 노인이 아니
라는 증거는 되지 못한다. 2007-8호와 2007-31호 목간 仇利伐 仇阤知一伐奴
人 毛利支 負의 仇阤知와 25번 仇利伐 仇阤(智)一伐/亣利△支의 구타지가 만
약에 동일인이면 仇利伐 仇阤(智)一伐인 구타지가 노인과 농업 지주로서의 두
가지 역할을 했을 것이다. 동일인이 아닐 가능성이 더 클 것이다. 왜냐하면
25번 목간에 仇利伐 仇阤(智)一伐/亣利△支에서 一伐이란 관등명만 있고, 奴人
의 표시인 노인이 一伐 다음에 없어서 동일인이 아닐 가능성이 크다. 노인이
란 소금 생산자이므로 신분 표시하는 데에서 당시에는 자긍심을 갖고 있어서
인명 표기에 반드시 표기했을 것이기 때문이다. 그런데 함안 성산산성 목간에
서 25번 仇利伐 仇阤(智)一伐/亣利△支이란 묵서명 목간은 국사편찬위원회 한
국사데이터베이스의 어느 번호에서도 찾을 수 없었다.

83) 負는 여러 가설이 있어 왔으나 219번 목간의 方△日七村冠(앞면) 此負刀寧負盜
人有(뒷면)에서 此負刀寧負盜人有를 이 짐은 도녕의 짐이고, 盜人이 있었다로
해석되어 짐[負]이 분명하다. 이 219번 목간이 발굴되기 이전에 이수훈, 「함
안 성산산성 출토 목간의 稗石과 負」『지역과 역사』15, 2004, 21~31쪽에서
이미 負자를 다른 곳으로 옮기려고, 챙기거나 꾸러 놓은 물건[荷物] 즉 짐[負]

석하고 있으나, 仇利伐에 사는 郝豆智가 奴人이고, 짐꾼인 △支의 짐
(負)이다로 해석된다. △支는 郝豆智 奴人의[85] 짐꾼이다란 뜻이다.[86]
물론 짐의 주인은 郝豆智奴人이다. 2007-31번 仇利伐 仇阤知一伐奴人
毛利支 負에서도 仇利伐에 사는 仇阤知 一伐인 동시에 奴人이고, (구타
지의 짐꾼인) 毛利支의 짐(負)이다로 해석된다. 2007-31번 목간에서
짐(負)의[87] 주인은 물론 仇阤知一伐奴人이다.

목간에 나오는 奴(人)의 신분에 대해 집중적으로 연구되어 왔다. 奴
(人)이 기록된 목간은 仇利伐에서만 나오고 있다는 점이다. 구리벌 목간

을 가리키는 것으로 정확하게 해석하였다. 이 負는 노인과 함께 구리벌 목간
에서만 나오고 있다.

84) 이경섭, 앞의 논문, 2012, 216쪽.

85) 신라 금석문의 인명 표기에서 보면, 직명+출신지명+인명+관등명의 순서로 기재
되며, 직명+출신지명은 생략될 수 있으나, 인명+관등명은 반드시 기재되는 노인
은 관등명(류)에 해당되고, 반드시 신분을 나타내는 인명의 뒤에 붙는다. 노인
목간은 지명+인명+(관등명)+노인+인명+負으로 기재된다.

86) 전덕재, 「함안 성산산성 목간의 연구현황과 쟁점」『한국목간학회 학술대회 자
료집』, 2007, 78쪽에서 구리벌 목간으로 추정되는 35번 목간 內恩知奴人居助
支 負를 內恩知의 奴人인 居助支가 負(짐)를 운반했다로 해석하고 있으나, 居
助支가 노인이 아니다. 內恩知가 奴人이다. 奴人은 一伐 등의 외위까지도 가질
수 있는 사람이고, 노인은 관등명류이므로 內恩知가 奴人으로서 짐의 주인이
고, 짐꾼인 居助支의 負(짐)이다로 해석된다. 居助支는 內恩知 奴人의 짐꾼으로
해석해야 된다. 짐의 주인은 물론 內恩知 奴人이다.

87) 이 짐(負)이 노인이 나오는 구리벌 목간에는 반드시 있고, 노인이 나오지 않는
非奴人에게는 대개 나오나, 그렇지 않는 경우도 종종 있다. 성산산성에 가까운
곳에 있던 구리벌에서 성산산성으로 짐[負]으로 운반할 때, 직접 지게로 등짐
을 지거나, 소나 말을 이용해 운반했을 것이다. 구리벌 목간에서는 비노인에게
도 負가 함께 나오는 경우가 많다. 그런데 다른 지역에서는 흔한 稗나 麥 등
의 곡물은 표기 않는 목간이 나온다. 비노인의 경우, 성산산성으로 가져다내는
곡물은 稗나 麥 등일 것이다. 왜 그 곡물을 목간에 적지 않았을까? 노인이 내
는 소금처럼 누구나 알 수 있는 내용물일 것이다. 가령 보리처럼 획일화해서
누구나 보리로써 성산산성에 지게로 지거나 소나 말에 실고서 와 냈을 것이다.
26%이상(지명이 나오는 목간으로 한정할 때)을 차지하는 구리벌 목간에는 추
波, 阿那, 末那, 前那 등의 本原이나 땅 방향 표시 지명 등은 나오지 않고 있
다. 남쪽에 위치한 구리벌은 米, 麥, 稗의 생산에는 古阤, 鄒文 등 북쪽 지역보
다는 유리함에도 불구하고 목간에는 그 언급이 없다.

은 그 크기가 크고, 割書[두 줄로 쓰기]로 된 예도 있는 점,[88) 負가 끝에 많이 나오기도 하는 점,[89) 노(인)이 나오기도 하는 점, 本波·阿那·末那·前那 등의 本原, 어떤 방향이나 위치의 지역을 표시하는 땅 또는 들의 의미하는 예가 나오지 않는 점 등이 특징이다. 왜 구리벌 목간에 만 奴(人)이 나올까? 고구려 옛 주민이라면 고구려의 옛 영토이었던 及伐城(영주시 부석면), 買谷村(안동시 도산면과 예안면)에서 노인이 나와 야 하지 않을까? 그런데 급벌성과 매곡촌에서는 나오지 않고, 구리벌에 서만 나오고 있다.

이들을 私奴婢로 볼 경우에도 감문(성), 고타, 급벌성, 구벌, 수벌, 매곡촌, 이진(지성), 물사벌, 추문, 비사(벌)에는 노인이 없는 점이 문 제이다. 이들 지역에는 사노비가 본래부터 또는 그 당시에도 없었다는 전제아래에서만 가능하다. 그럼에도 불구하고, 구리벌에서만 노인이 나와서, 구리벌에만 사노비가 존재했는지에 대한 의문이 생긴다. 노인 이 사노비라면 목간에 나오는 지명의 어느 곳에서나 나와야 된다. 구 리벌에서만 노인이 나오는 이유가 궁금하다. 구리벌만에서만 다른 지 역에서는 없는 특산물을 생산하는 것으로 보인다. 구리벌의 특산물이 소금과 관련되는 것으로 5번 목간의 仇利伐△德知一伐奴人塩이 있다. 이는 구리벌의 위치가 소금이 생산되는 바닷가로 소금을 생산하는 곳 임을 말해 준다. 5번 목간에서 仇利伐△德知一伐奴人塩에서 △德知一伐奴人이 직접 소금이란 짐(負)을[90) 담당할 수가 있느냐하는 것이 문 제이다. 29번 古阤新村智利知一尺那△(앞면) 豆于利智稗石(뒷면)에서 智利知一尺이 피 1석의 일부를 다른 사람과 함께 내고 있고, 72번 목간 △一伐稗의 예에서 보면 一伐이란 외위를 가진 자도 稗를 부담하고 있 다. 5번 목간에서 仇利伐△德知一伐奴人塩에서 다른 예에서와 같이[91)

---

88) 할서는 구리벌 목간이외의 다른 목간에서는 나온 바가 없다. 할서는 구리벌 목간에서만 나오는 특징이다.
89) 負도 구리벌 목간에서만 나오는 한 특징이다.
90) 5번 목간에서 파실된 부분이 문제가 되어 인명의 일부로 보기도 하나(이경섭, 앞의 논문, 2011, 541쪽), 負자가 없어진 것으로 보인다.

아랫사람이 없어도 문제가 없다. 그리하여 仇利伐△德知一伐奴人에게는 짐꾼이나 아랫사람이 없어서[92] 직접 소나 말에 소금을 싣고 구리벌의 바닷가에서 성산산성까지 왔을 것으로 추정된다. 그래서 짐꾼이 없이 직접 塩을 가지고 왔기 때문에 塩이라고 명기했을지도 모르겠다. 구리벌 목간에서만 나오는 노(인)에 주목할 때, 소금과의 관련은 중요하다.

소금은 우리나라에서는 岩鹽, 鹽湖, 塩井 등이 없으므로 바다에서만 나온다. 구리벌에서 소금을 생산했다면, 그 생산 방식은 재래식으로 土版에 어느 정도 소금물을 증류시켜서 그 물을 솥에 넣어서 따리는 토염의 생산 방법일 것이다. 구리벌은 충북 옥천이나[93] 경북 북부 지역인 안동시 임하면이[94] 아닌 바닷가로 비정해야 된다. 노(인)은 소금을 생산하는 사람으로 외위도 받을 수 있는 계층의 公民으로 판단된다. 구리벌은 함안군에서 바닷가인 마산시에 이르는 지역이다. 노(인) 목간에서 노(인)은 모두 구리벌 소속이지,[95] 구리벌 아래의 행정촌 출신자는 단1예도 없다. 소금을 만드는 데에 있어서 개인이 생산하는 것

---

91) 구리벌 목간에서 노(인)은 반드시 한 사람의 짐꾼을 동반하고 負자도 함께 한다.

92) 왜 직접 5번 목간에서 仇利伐△德知一伐奴人이 직접 소금을 싣고서 구리벌에서 성산산성에까지 왔는지는 알 수가 없으나 짐꾼이 오는 도중에 갑자기 병이 나거나 죽어서 仇利伐△德知一伐奴人이 직접 소 또는 말에 소금을 싣고서 왔던 길을 계속 왔을 것으로 추정된다. 이러한 추정이 옳다면 목간이 제작된 곳은 구리벌이 아닌 성산산성이 된다. 왜냐하면 짐꾼을 구리벌에서는 바꿀 수가 있지만, 성산산성에 오는 도중에서는 바꿀 수가 없기 때문이다. 그래서 짐꾼이 없이 왔기 때문에 仇利伐△德知一伐奴人(負)로 기록하지 않고, 仇利伐△德知一伐奴人塩(負)로 공진물까지 기재하였을지도 모르겠다.

93) 주보돈, 앞의 논문, 2000, 56쪽.

94) 이경섭, 앞의 논문, 2011, 541~543쪽에서 5번 목간의 仇利伐△德知一伐奴人塩의 塩을 지명의 일부로 보고서 구리벌을 경북 안동시 임하면 일대로 보았다. 이렇게 되면 구리벌에서만 나오는 노인에 대한 해석이 불가능하다. 구리벌에서 나오는 노인을 해석하기 위해서는 塩을 소금으로 볼 수밖에 없다.

95) 소금은 국가의 전유물로서 중요한 경제 수단이었을 것이다. 소금의 중요성은 중국 前漢代의 『鹽鐵論』에서 소금과 철을 중요시하여 국가에서 전매한 데에서도 찾아 볼 수가 있다.

이 아니라 국가의 감독하에 郡 단위에서[96] 생산되었음을 알 수 있다.

ㅇ 맺음말

지금까지 논의해 온 바를 요약하여 맺음말에 대신하고자 한다.

먼저 함안 성산산성 목간의 연대를 560년대로 보아 왔으나 경위에 及伐尺, 大舍下智가 있는 점에 의해 그 시기를 540년경으로 보았다.

지명 비정에서는 종래 경북 북부 지역으로 보아 왔으나 적성비에 나오는 고두림성의 위치가 충북 단양 온달성임을 근거로 추문촌과 물사벌성의 위치를 충북 지역으로 보았다. 구리벌은 함안군에서 마산시에 이르는 지역으로 보았다.

노인은 구리벌 목간에서만 나오고, 다른 목간에서는 나오지 않고 있다. 구리벌의 위치가 바닷가에 있어야 소금을 생산할 수가 있고, 노인은 구리벌이란 군의 소속임을 알 수 있고, 노인이 외위도 가질 수 있고, 소금을 생산하는 신분의 公民으로 보았다.

---

96) 이경섭, 앞의 논문, 2011, 568쪽에서 仇利伐(안동시 임하면, 필자는 함안군에서 마산시에 이르는 지역으로 봄), 古阤(안동시), 仇伐(의성군 단촌면), 勿思伐城(충북), 鄒文(경북 북부인 의성군 금성면? 필자는 충북으로 봄), 甘文(김천시 개령면) 등을 郡(혹은 郡 단위)으로 보고 있다.

제3절 함안 성산산성 출토 목간(2)

○ 머리말

한국의 고대 목간은 종이가 없던 시대에 종이 대신에 나무를 깎아서 긴 사각형에 가깝게 만든 데에 붓으로 한자를 쓴 것이다. 1면에만 글씨가 있는 것이 있고, 앞면과 뒷면의 양면으로 된 것이 있고, 드물게는 4면으로 된 문서목간이 있다. 고구려의 예는 없고, 백제 사비성 시대의 왕경과 지방 목간, 고신라의 왕경과 지방 목간, 통일신라의 왕경과 지방 목간 등이 있다. 목간의 대부분은 인명표기가 주류를 이루고 있다. 인명표기는 신라의 경우는 직명+출신지명+인명+관등명이고, 백제의 경우는 직명+부명+관등명+인명의 순서이다. 그래서 금석문과 목간을 연구하는 데에 있어서 인명표기의 중요성은 아무리 강조해도 지나치지 않다.

지방 목간의 중요한 과제 가운데 하나로 자연촌인지 행정촌인지 여부와 목간의 제작지 문제를 들 수가 있다. 전자는 고신라 금석문에 나오는 촌명과도 연관되어 있고, 후자도 이와 관련이 있다. 신라 목간에 나오는 성촌명이 행정촌인지 아니면 자연촌인지 하는 문제는 목간 단독으로 해결이 될 수가 없고, 고신라 금석문에 나오는 성촌명을 통해 해결이 가능하다. 목간의 제작지 문제도『삼국사기』, 지리지와의 대비와 같은 한자로 적힌 지명의 예 등으로 해결이 가능하다. 그러나 그것도 몇 예만 일치하고 대부분은 일치하지 않는다. 郡名에 해당되는 것조차도 문헌에 나오지 않고 있다. 행정촌과 자연촌의 구분 문제와 성산산성 목간의 제작지 문제는 지금 당장은 해결할 수 없지만 두고두고

해결해야 할 과제이다. 앞으로 목간 자료가 나옴에 따라 보다 분명히
알 수가 있을 것이다.

여기에서는 먼저 자연촌과 행정촌을 검토하겠고, 다음으로 목간의
제작지에 대한 소견을 밝혀보고자 한다.[1]

Ⅰ. 자연촌과 행정촌

함안 성산산성 출토의 270여 점의 목간에는 많은 지명이 나온다.
이 지명들에는 州나 郡은 나오지 않고, 대개 村(城)으로 끝나거나 村
(城)명이 없이 나오는 지명이 많다. 이들을 둘러싸고, 단독으로 촌명만
나올 경우, 자연촌으로 보는[2] 견해와 행정촌으로 보는[3] 견해가 각각
있어 왔다. 어느 가설도 결정적인 증거가 없어서, 남산신성비 제1비와
제2비와 제9비, 오작비를 원용해서 자설을 보강하고 있다. 남산신성비
제1비에서는 郡上村主가 나와서 군의 감독하에 행정촌 阿良村을[4] 중

---

1) 목간 연구의 기본이 되는 형식 분류나 그 크기 등의 형태적인 연구는 27점(글
   자가 확실한 것은 24점)의 목간만을 실견했고, 300점 이상의 목간을 보지 못
   했고, 목간의 사진도 전혀 갖추지 못한 상황에서 미처 다루지 못했다. 앞으로
   기회가 되면 목간의 형태적인 연구도 고고학적인 기본 방법의 하나인 형식론에
   입각하여 한번 시도해 보고자 한다.
2) 주보돈, 앞의 논문, 2000.
3) 김창호, 「金石文 자료로 본 古新羅의 村落構造」『鄕土史硏究』 2, 1990.
   이수훈, 「新羅 村落의 성격-6세기 금석문을 통한 행정촌·자연촌 문제의 검토-」
   『한국문화연구』 6, 1993.
   김재홍, 「新羅 中古期 村制의 成立과 地方社會構造」, 서울대학교 박사학위논문,
   2001.
   이수훈, 앞의 논문, 2007.
   김창호, 「금석문 자료에서 본 古新羅 城村의 연구사적 조망」『삼국시대 금석문
   연구』, 2009.
4) 阿良村 출신자로 외위를 가진 자가 6명이나 된다. 이는 자연촌의 호수가 둔전
   문서(촌락 문서)에서 자연촌 평균 호수인 10.75호의 약 56%나 되어 절반이 넘
   게 외위를 가지게 된다. 따라서 같은 비문에서 어떤 것은 행정촌, 어떤 것은
   자연촌일 수 없으므로 아량촌을 비롯한 칠토촌, 노함촌이 행정촌이다. 따라서

심으로 요역이 이루어졌고, 남산신성비 제2비에서는 郡中(上人)이 나와서 군의 감독하에 행정촌 阿旦(大)兮村을[5] 중심으로 남산신성 축조의 요역이 이루어졌고, 남산신성비 제9비에서는 伋伐郡, 郡上人이 나와서 급벌군의 감독하에 행정촌 伊同城을[6] 중심으로 요역이 이루어졌다. 오작비의 촌명 가운데 仇利支村은 『新增東國輿地勝覽』 권27, 玄風縣 古蹟조의 仇知山部曲의 仇知山에 비정하였다.[7] 오작비에서도 자연촌을 중심으로 행정촌이 오를 축조한 것이 아니라, 행정촌이 오의 축제를 위한 동원되었으며, 곧 郡을[8] 중심으로 감독을 한 것임을 알 수가 있다. 따라서 오작비의 촌명도 행정촌이다.

고신라 금석문과 목간에 나오는 성촌명이 행정촌인지 아니면 자연촌인지는 군의 지배가 자연촌을 중심으로 시행되었는지 여부이다. 군의 장이 당주, 나두, 도사 중 어느 것인지도 모르는 상황에서 군이 자연촌에 이르기까지 철두철미한 지배를 했다고 볼 수가 있는지 의문이다. 695년에 작성된 신라 둔전 문서(촌락 문서)에서[9] 沙害漸村, 薩下

남산신성비에 나오는 모든 성촌명은 행정촌이다. 왜냐하면 같은 남산신성비에 있어서 어떤 것은 행정촌이고, 어떤 것은 자연촌이면 읽는 사람이나 쓰는 사람이 혼란스러워서 안 되기 때문이다.

5) 阿大兮村 출신자로 외위를 가진자가 7명이나 되어 자연촌의 호수가 둔전 문서(촌락 문서)에서 자연촌의 10.75호이므로 7명의 외위를 가진 자가 65.11%나 넘어서 아대(단)혜촌을 비롯한 사도(호)성, 구리성 등이 행정촌이다.

6) 남산신성비 제1비와 제2비에 근거할 때, 남산신성비 제9비의 성촌명도 행정촌으로 본다. 伋伐郡中伊同城徒란 구절이 나와서 이동성에서 요역을 전담하고 있다. 제9비만 자연촌이고, 제1비와 제2비의 성촌명은 행정촌이라면 읽는 자나 쓰는 자가 혼란스러워 안 된다. 따라서 제9비에 나오는 모든 촌도 행정촌이다.

7) 이수훈, 앞의 논문, 1993.

8) 영천청제비 정원14년(798년)에도 청제의 축제에 切火와 押喙(喙는 이체자임)의 2군에서 동원되고 있어서 군 단위로 요역이 시행되었음을 알 수가 있다(金昌鎬, 「영천 청제비 정원14년명의 재검토」『한국사연구』 43, 1983). 통일 신라 시대의 大帖城 石刻(關門城 石刻)에도 骨估(영천군?), 居七山(동래군), 押喙(경산군), 切火郡(영천군), 退火(영일군 흥해), 西良郡(울산군)의 군명이 金京(서울로 지금의 경주)과 함께 나와서 지방에서는 군을 단위로 역역을 동원했음을 알 수 있다(朴方龍, 「新羅 關門城의 銘文考察」『美術資料』 31, 1982). 오작비, 남산신성비 제1비, 제2비, 제9비의 요역에 군을 단위로 했음을 알 수가 있다.

知村 등 4개 자연촌의 戶數는 각각 10호(A촌), 15호(B촌), 8호(C촌), 10호(D촌)이다. 자연촌당 평균 10.75호이다. 이들 자연촌에서는 관등을 가진 사람이 한 명도 없어서 외위를 가질 수 있는 사람은 1명이 있을지 말지이다. 270여 성산산성 목간에서[10) 외위를 가진 자는 13명뿐이다. 자연촌으로 보아온 오작비의 塢珎此只村의 경우 외위를 가진 자가 5명이나 되어 塢珎此只村을 자연촌으로 보면, 戶數의 절반이 외위를 가지게 된다. 따라서 오작비의 塢珎此只村은 행정촌이다. 신라의 지방 통치는 행정촌 중심의 지배로 본다. 외위를 받는 사람은 행정촌을 단위로 국가에서 주었지 자연촌을 단위로 준 것은 아니다. 왜냐하면 가령 14번 목간의 大村伊息知一伐과 5번 목간의 仇利伐△德知一伐奴人塩에서 14번 목간의 大村을 자연촌으로, 仇利伐을[11) 군이 아닌 행정촌으로 보게 되면, 행정 체계가 어떤 때는 자연촌으로, 어떤 때는 행정촌으로 시행하게 되므로 혼란스러워서 안 된다. 14번의 大村은 자연촌이 아닌 행정촌이나, 구리벌은 행정촌이면서 군으로 보아야 된다. 이럴 때에 혼란을 일으킬 수 있는 예로 29번 목간인 古陀新村智利知一尺那△(앞면) 豆于利智稗石(뒷면)과 14번 목간의 大村伊息知一伐을 들

---

9) 김창호,「新羅 村落(屯田)文書의 作成 年代와 그 性格」『史學研究』62, 2001.

10) 정확하게 인명이 나오는 목간의 예를 알 수 없으나 270여 점의 목간 가운데에서 줄잡아도 200예정도의 인명이 나올 것이다. 13명의 외위를 가진 자는 전체 인원(200戶) 가운데 6.5%의 사람만이 외위를 가지게 된다. 이 수치는 戶數 당 인원이다. 물품꼬리표 목간은 가족을 대상한 것이 아니라 戶를 대상으로 한 것이다. 오작비에서 塢珎此只村의 5명이란 외위는 함안 성산산성 목간 전체의 외위를 받은 숫자의 절반이라 오작비의 塢珎此只村을 자연촌으로 보는 것은 불가능하고, 행정촌으로 볼 수밖에 없다. 곧 塢珎此只村란 행정촌 밑의 5개 이름이 나오지 않는 자연촌 당 1명씩(?, 외위를 안가진 자연촌도 있었을 것이다. 2~3명씩의 외위를 받은 자연촌도 있었을 것이다)의 외위를 가진 것으로 해석할 수밖에 없을 것이다. 자연촌이 몇 개가 모여서 행정촌이 되는지는 알 수가 없지만 5개나 그 이하나 그 이상일 경우가 있었을 것이다. 오진차지촌이 행정촌이므로 仇利支村, △夫住村, 居手村, 另冬里村, 珎得所里村은 모두 행정촌이다. 왜냐하면 한 비석에서 어떤 것은 자연촌이고, 어떤 것은 행정촌일 수 없기 때문이다.

11) 구리벌을 자연촌으로 보는 연구자는 없다.

수가 있다. 이는(29번 목간) 古阤(군명) 新村(행정촌) 智利知 一尺과 那
△(행정촌) 豆于利智가 낸 稗 1石이다로 해석된다. 여기에서 古阤에 소
속된 新村을 자연촌으로 보느냐 아니면 행정촌으로 보느냐가 문제가
된다. 新村을 자연촌으로 보게 되면 성산산성 목간에서 자연촌 출신으
로 외위를 받는 예가 생기게 된다. 신촌을 古阤郡에 소속된 행정촌으
로 보고자 한다. 14번 목간의 大村伊息知一伐도 똑같이 자연촌인지 여
부가 문제된다. 이는 앞에서 살펴본 바와 같이 행정촌에서 외위를 받
는 예가 많고 자연촌에서 외위를 받는 확실한 예가 없는 점에서 大村
과 新村을 행정촌으로 보아야 될 것이다.

구리벌은 소금을 생산하는 지역으로 함안군과 마산시에 이르는 지
역으로 郡에 해당되는12) 지역이다. 소금은 구리벌에서 나오는데 구리
벌이 군이 아니고, 행정촌이라면 성산산성의 축조에 필요한 소금을 하
나의 행정촌에서 부담할 수는 없을 것이다. 따라서 구리벌은 군으로
보아야 되고,13) 상삼자촌은 행정촌으로 보아야 된다. 구리벌 목간에
대해 자연촌도 포함되어 있는지를 살펴보기 위해 관련 자료를 제시하
면 다음과 같다.

1번 仇利伐/上彡者村 乞利
3번 仇利伐/上彡者村 波婁
4번 仇利伐/△阤△一伐/尒利△一伐

---

12) 이경섭, 「성산산성 출토 신라 짐꼬리표 목간의 지명 문제와 제작단위」, 『신라사탁
  본』 23, 2011, 568쪽. 단 구리벌의 위치는 안동군 임하면 일대로 보았다.
13) 이경섭, 앞의 논문, 2011, 568쪽에서 구리벌을 郡(혹은 郡 단위)로 보고 있다.
  구리벌을 군으로 보지 않고 행정촌으로 보면 26%이상의 목간(지명이 나오는
  목간에 한정할 때)이 나오는 구리벌에 上彡者村, 末甘村, (衫伐)只(村), △伐彡
  △村, 前谷村, 習肜村, (肜)谷村의 7개 이른바 자연촌이 있게 된다. 아직까지
  미발굴 조사된 촌명까지 포함한다면 자연촌의 숫자가 너무 많고 한 개의 행
  정촌에서 성상산성 축조의 역역인 들에게 소금을 담당하기는 무리이다. 따라
  서 구리벌이 군명이므로 그 밑에 있는 상삼자촌을 비롯한 촌명들은 당연히
  행정촌이다.

5번 仇利伐△德知一伐奴人塩

33번 仇利伐/(彤)谷村/仇礼支 負

34번 仇利伐/上彡者村 波婁

36번 (仇利伐)只郎智奴/於△支 負14)

2006-10번 (仇利伐)/△△奴△△支 負

2006-24번 仇利伐/比夕須 奴 先能支 負

2007-27번 仇利伐 郝豆智奴人/△支 負

2007-31번 仇利伐 仇阤知一伐奴人 毛利支 負

2007-53번 仇利伐 習彤村/牟利之 負

Ⅳ-597번15) 仇利伐(앞면) △伐彡△村 伊面於支 負(뒷면)16)

Ⅳ-591번 仇(利伐)~智(奴)人 △△△ 負

2016-W62 仇利伐/上三者村△△△△

2016-W89 丘利伐/卜今智上干支/△△巴支 負

2016-W92 仇利伐/夫及知一伐/奴人宍巴礼 負

仇利伐은17) 분명히 군에 해당된다. 末甘村, (衫伐)只(村), △伐彡△

---

14) 이를 知△△奴△△(仇利儌)於支負로 판독되기도 한다.
15) 이를 仇利伐(앞면) △△谷村伊(丙)比支 負(뒷면)로 읽어 왔다.
16) △伐彡△村은 할서로 적지 않았기 때문에 구리벌과 꼭 같은 크기로 적고 있다. 만약에 할서로 △伐彡△村을 할서로 적었다면 작게 적었을 것이다. 실제로는 그렇지 않고 △伐彡△村을 구리벌과 같은 크기로 적고 있다. 상삼자촌을 자연촌으로 보면 △伐彡△村도 자연촌으로 보아야 한다. △伐彡△村을 행정촌으로 보게 되면, 상삼자촌도 행정촌으로 보아야 된다. 성산산성의 요역하는 사람에게 소금을 한 개의 행정촌에서 전담했다고 보기는 어렵고, 성산산성 목간의 26%이상을 차지하는 구리벌 목간의 구리벌은 군으로 판단되고, 군에 소속된 상삼자촌을 비롯한 △伐彡△村 등의 모든 촌은 행정촌으로 판단된다.
17) 구리벌을 행정촌으로 보면, 구리벌 목간이 18예, 추정 구리벌 목간 예가 10예로 지금까지 발굴 조사된 자료만으로도 총 28예가 되어 둔전 문서(촌락 문서)의 자연촌 평균 호수인 10.75호를 2.7배 가까이 초과하게 된다. 따라서 구리벌은 자연촌이 아닌 행정촌인 동시에 군이다. 구리벌 목간의 수가 가장 많아서 구리벌을 군으로 보지 않으면 성산산성 목간에서 지명의 숫자가 가장 많이 나오는 구리벌이 군이 아니므로 성산산성 목간에서는 군이 존재할 수 없

村, 前谷村, 習彤村, (彤)谷村 등은 上彡者村과 마찬가지로 행정촌이다.[18] 그 어디에도 자연촌으로 볼 수 있는 근거는 없다. 구리벌 소속의 노인은 있지만 구리벌 예하의 행정촌 소속의 노인은 단 1예도 없다. 이는 후술하는 바와 같이 소금을 생산하는 노인은 군에서 관장하고 있기 때문이다. 구리벌을 군으로 보지 않고 행정촌으로 보면 하나의 행정촌에서 성산산성 요역 인원에 대한 소금 공급은 하나의 행정촌만으로의 공급은 거의 불가능할 것이다. 따라서 구리벌을 군으로 보고,[19] 상삼자촌 등의 촌을 행정촌으로 보아야 될 것이다.

또 목간 2006-17번 鄒文村內旦利魚의 鄒文村을 자연촌으로 볼 수도 있다. 이를 알아보기 위해 목간에서 鄒文(村)이 나오는 예를 제시하면 다음과 같다.

39번 鄒文比尸河村尒利牟利
54번 鄒文△△△村△夲石
2006-17번 鄒文村內旦利 (魚)
2007-52번 鄒文前那牟只村(앞면)
　伊△(習)(뒷면)

위의 목간 자료에서 比尸河村, △△村, 牟只村은 자연촌이고,[20] 鄒文(村)은 행정촌이라는 것이다. 추문촌에 있어서 鄒文村만으로 나온다고 해서 자연촌으로 볼 수가 없다. 545년이나 그 직전에 건립된 적성비 제⑤행에 鄒文村幢主沙喙部導設智及干支란 인명 표기가 나온다. 이

게 된다.

18) 이를 자연촌으로 보려고 하면 군에서 직접 자연촌을 지배했다는 증거가 필요하다. 그 증거가 현재까지의 금석문이나 목간 자료에는 찾을 수 없다. 군은 존재하나 군의 장이 누구인지도 모르는 상황에서 군이 직접 자연촌까지 지배했다고 보기는 어려울 것이다.

19) 자연촌설의 신봉자인 이경섭은 앞의 논문, 2011, 568쪽에서 구리벌을 고타, 구벌, 추문, 감문 등과 함께 군(혹은 군 단위)으로 보고 있다.

20) 이경섭, 앞의 논문, 2011, 571쪽.

인명 표기에 나오는 추문촌에 추문촌당주가 파견되므로 추문촌을 자연촌으로 볼 수가 없다. 추문촌은 행정촌이다. 39번, 54번, 2007-52번21) 목간의 추문은 군으로 볼 수가 있다.22) 그 밑에 있는 比尸河村, △△村, 牟只村은 행정촌이다.23)

또 60번 목간 巴珎兮城下△(앞면) 巴珎兮村(뒷면)에서 우선 보기에 巴珎兮城을 행정촌으로 巴珎兮村을 자연촌으로 볼 수도 있다. 이는 이른바 城下 목간에서24) 살펴 보아야하므로 우선 관계 자료를 제시하면 다음과 같다.25)

   2번 甘文城下麥甘文本波王村(앞면) 文利村知利兮負(뒷면)

   60번 巴珎兮城下△~(앞면) 巴珎兮村~(뒷면)

   2006-1번 甘文城下麥本波大村毛利只(앞면) 一石(뒷면)

   2007-44번 夷津支城下麥王△巴珎兮村(앞면) 弥次二石(뒷면)

   2007-45번 甘文城下△米十一(斗)石(喙)大村卜只次持去26)

   2007-304번 夷津支城下麥鳥列支負(앞면) △△△石(뒷면)27)

---

21) 이경섭, 앞의 논문, 2011, 前那는 방향이나 위치[方位]를 표시하는 땅이나 들이다라고 하였다.
22) 이경섭, 앞의 논문, 2011, 568쪽.
23) 이경섭, 앞의 논문, 2011, 571쪽에서 比尸河村, △△村, 牟只村을 이른바 자연촌으로 보고 있다.
24) 이수훈, 앞의 논문, 2012, 162쪽에서 △△城下麥을 △△城에서 下(送)한 麥 또는 △△城에서 下한 麥 또는 △△城에서 下(行)하는 麥으로 풀이하고 있다. 여기에서는 △△城下麥을 전후 관계로 보아서 麥의 소속이 중요시되는 것은 △△城이므로 간단하게 △△城下麥(△△城 아래)의 麥으로 보고 싶다.
25) 김창호, 『고신라 금석문과 목간』, 2018, 228쪽에서는 이경섭, 「함안 성산산성 출토 신라목간 연구의 흐름과 전망」『목간과 문자』, 10, 2013, 89쪽에 따라 197번 夷津支城下麥鳥(比)支△(앞면) △△△石(뒷면)을 목간이 실재하는 것으로 보았으나 이는 없는 것이므로 바로 잡는다.
26) 이수훈, 앞의 논문, 2012, 170쪽에서 2007-45번 목간을 甘文城下(稅)米十一(斗)石(喙)大村卜只次持去로 판독하고 있다. 이를 참조하여 판독하였다.
27) 이는 앞서서 국립가야문화재연구소, 「함안 성산산성 제12차 발굴조사 현장설명회 자료집」, 26쪽에서는 夷津支城鳥村一巴智(앞면) △△(뒷면)으로 판독되었는데 이는 잘못된 것이다. 이를 이수훈, 앞의 논문, 2012, 152쪽에서는 夷津

V-164 三月中鐵山下麥十五斗(앞면) 左旅△河礼村波利足(뒷면)

V-165번 甘文下麥十五石甘文(앞면) 李波加本斯(稗)一石之(뒷면)

2016-W94번 甘文城下麥十五石甘文李波(앞면) (伊)次只去之(뒷면)

2번 목간은 甘文城下(아래)의 麥을 甘文의 李波(本原)인[28] 王村文利村의 知利兮負가 △했다로 해석된다. 감문은 561년에 세워진 창녕비에 甘文軍主가 나와서 앞선 시기인 동시에 목간의 제작 시기인 540년경에는 군으로 보아도 될 것이다. 王村文利村은 당연히 자연촌이 아닌 행정촌이 된다. 60번 巴㺡兮城下△~(앞면) 巴㺡兮村~(뒷면)은 풀이가 어려워 가장 뒤로 미룬다. 2006-1번 목간은 甘文城下의 麥을 李波(本原)인 大村의 毛利只가 낸 一石이다로 해석된다. 감문성의 下에 있는 大村은 당연히 행정촌이 된다. 2007-44번 목간은 甘文城下의 △米十一(斗)를[29] 石(喙)大村의 卜只次持去가 냈다로 해석된다. 石(喙)大村도 행정촌으로 보는 데에 어려움이 없다. 2007-45번 甘文城下△米十一(斗)石(喙)大村卜只次持去은 甘文城 下의 米 11斗를 석탁대촌의 복지차지거가 낸 것이다로 해석되고, 석탁대촌은 행정촌이다. 2007-304번 夷津支城下麥烏列支負(앞면) △△△石(뒷면)의 해석은 좀 어려움으로[30] 이진지성의 다른 예와 함께 조사하기 위해 관계 자료를 제시하면 다음과 같다.

支城下麥烏村支(刀)(전면) (利)△(一)石(뒷면)으로 판독하고 있다. 이렇게 되면 夷津支城下의 麥을 烏村의 支(刀)(利)△가 1석을 냈다로 해석된다. 이것도 잘못된 것이다.

28) 權仁瀚, 「고대 지명형태소 本波/本彼에 대하여」 『목간과 문자』 2, 2008, 91쪽.

29) 이수훈, 앞의 논문, 2012, 151쪽에서는 十一(斗)石을 11斗(말)의 石(섬, 용기)으로 이해할 것을 강조하고 있으나 石은 지명의 일부로 보인다.

30) V-164 三月中鐵山下麥十五斗(앞면) 左旅△阿礼村波利足(뒷면)은 3월에 鐵山의 下麥 15두를 左旅△阿礼의 波利足이 낸 것이다.
V-165번 甘文(城)下麥十五石甘文(앞면) 李波加本斯(稗)一石之(뒷면)은 甘文城下의 麥十五石을 甘文 李波(本原)의 加本斯(稗)一石之이 낸 것이다.
2016-W94번 甘文城下麥十五石甘文李波(앞면) (伊)負只去之(뒷면)은 甘文城下麥 15석은 甘文의 李波(本原)에서 (伊)負只去之가 낸 것이다로 각각 해석된다.

30번 夷(津)支阿那古刀羅只豆支(앞면) 稗(뒷면)
2006-4번 夷津夲波只那公末△(稗)
2007-30번 夷津(支)士斯石村末△△怵(앞면) 稗(뒷면)

　30번 목간에서 夷(津)支(城)은 阿那이며,[31] 2007-304번 夷津支城下
麥烏列支負(앞면) △△△石(뒷면)가 낸 稗이다가 된다. 夷津支城은 행정
성이라고 한다.[32] 甘文城과 夷津支城을 행정성이라 했으므로 甘文城은
나중에 州治가 있을 곳이라 이에 비견되는 30번 夷(津)支阿那古刀羅只
豆支(앞면) 稗(뒷면)에서 夷(津)支는 행정성인 동시에 군명이다. 阿那는
방향이나 위치 표시의 땅이나 들이고, 古刀羅只豆支는 인명이다.
　2006-4번 夷津夲波只那公末(稗)에서 夷津은 夲波(本原)이며, 只那公
末△이 낸 (稗)이다가 된다. 夷津은 군이 개설된 곳이다. 2007-30번
夷津(支)士斯石村末△△怵(앞면) 稗(뒷면)에서 夷津(支城)의 (末那)(방향
표시의 땅)인 石村의 末△△怵가 낸 稗이다가 된다. 夷津(支城)은 군에
해당되고, 石村은 행정촌이다.[33] 2007-304번 夷津支城下麥烏列支負(앞
면) △△△石(뒷면)에서 夷津支城下의 麥을 烏列支負△△△가 △石냈다
가 된다. 夷津支城은 군명이고, 행정촌명은 없다. 仇利伐, 鄒文村, 甘文
城, 夷津支城 이외의 古阤, 及伐城, 仇伐, 買谷村, 須伐, 勿思伐, 比思
(伐)의 경우도 마찬가지로 郡이라는 결론이 나온다.[34] 따라서 60번 巴
珎兮城下△~(앞면) 巴珎兮村~(뒷면)에서 巴珎兮城下△의 ~巴珎兮村으
로 풀이되므로 巴珎兮城을 군으로 巴珎兮村을 행정촌으로 본다.
　또 나머지 3개의 城下麥 목간의 해석에 대해 조사해보자.

---

31) 이경섭, 앞의 논문, 2011, 방향이나 위치[方位]를 표시하는 땅이나 들이다라고
　　하였다.
32) 이경섭, 앞의 논문, 2011, 571쪽.
33) 지명+지명(村)이 묵서된 앞의 것은 郡이고, 뒤의 것은 行政村이라 한다(이수훈,
　　앞의 논문, 2007). 필자도 이와 같은 생각이다.
34) 이경섭, 앞의 논문, 2011, 568.

V-164번 三月中鐵山下麥十五斗(앞면) 左旅△阿礼村波利足(뒷면)은 3월에 鐵山의 下麥 15斗를 左旅△阿礼村의 波利足이 낸 것이다로 해석되고, V-165번 甘文下麥十五石甘文(앞면) 夲波加本斯(稗)一石之(뒷면)은 甘文(城)下의 麥十五石을 甘文 夲波(本原)의 加本斯稗一石之가 낸 것이다로 해석되고, 2016-W94번 甘文城下麥十五石甘文夲波(앞면) 伊負只去之(뒷면)은 甘文城下麥 15석은 甘文의 夲波(本原)에서 伊負只去之가 낸 것이다로 각각 해석된다.

목간의 인명 표기에서 △△村으로 표기된 촌락은 자연촌이 아니라 행정촌이었다. 인명 표기의 중심은 어디까지나 행정촌이었기 때문에 郡名은 생략할 수 있으나 행정촌은 반드시 기재하였다.[35] 지금까지 알려진 성산산성 목간이나 금석문 자료에서 누구나 인정할 수 있고, 확실한 자연촌 예가 없다. 이에 비해 행정촌은 울주 천전리서석 을묘명(535년)에 居智伐村의 예가 있다.[36] 앞에서 살펴 본 외위를 가진 자가 5명이나 있는 오작비의 塢珎此只村도 행정촌이다. 남산신성비 제1비에서 阿良村이 6명의 외위 소지자가 있는 점, 제2비에서 阿大兮村출신자 7명이 외위를 가진 점에서 남산신성비에 나오는 성촌명은 모두 행정촌이다. 금석문이나 목간에 나오는 성촌명이 자연촌과 행정촌으로 공존하고 있으면, 읽고 보는 사람이나 쓰는 사람이 모두 혼란스러워서 안 된다. 따라서 목간이나 금석문에 나오는 성촌명은 모두 행정촌이다.

---

35) 이수훈, 앞의 논문, 2007, 51~52쪽.
36) 확실한 행정촌으로 울주 천전리서석 을묘명(535년)에 나오는 居智伐村을 들 수 있다. 居智伐村은『三國史記』, 地理志, 良州조의 巘陽縣 本居知火縣 景德王改名 今因之의 居知火縣란 구절과 대비시켜서 居智伐=居知火로 본 견해가 있다(木村誠, 「新羅郡縣制の確立過程と村主制」『朝鮮史研究會論文集』 13, 1976, 11쪽). 巘陽縣의 위치가 궁금하다.『高麗史』, 志 권11, 지리 2에 巘陽縣 本居知火縣 景德王改名 爲良州領縣 顯宗九年來居 仁宗二十一年 監務後改彦陽이라고 되어 있다. 따라서 언양현이 居智伐村임을 알 수가 있다. 居智伐村은 누가 보아도 자연촌이 아닌 행정촌이다.

II. 목간의 제작지

목간의 제작지로 함안 성산산성 제작설과37) 하찰을 처음 만든 곳인
甘文州 제작설이나38) 행정촌 제작설,39) 군제작설로40) 나눌 수가 있

---

37) 박종익, 앞의 논문, 2000.

박종익, 「咸安 城山山城 出土 木簡의 性格 檢討」『韓國考古學報』 48, 2002.

38) 전덕재, 「중고기 신라의 지방행정체계와 郡의 성격」『한국고대사연구』 48,
2007, 103쪽에서 6세기 중반에 지방에 파견된 도사, 나두, 당주(도사, 당주,
당주가 어느 지방에 파견되는지도 알 수가 없다) 그리고 州의 上州行使大等을
중심축으로 지방 행정을 운영했다고 보았다. 그래서 이들이 각각 목간 제작에
관여했다고 보았다.

전덕재, 앞의 논문(함안 성산산성 목간의 연구 현황과 쟁점), 2007, 75~76쪽
에서는 성산산성의 목간을 上州의 行使大等이 주관하였다고 했다. 왜 갑자기
上州의 行使大等이 등장하는지에 대한 설명은 없다. 또 현재까지의 연구 성과
에서는 고신라 지방통치에 있어서 上州行使大等이 무슨 역할을 했는지는 잘 알
수가 없다. 또 고신라의 幢主, 邏頭, 道使가 각각 어떤 역할을 했으며 그 역할
의 차이가 무엇인지는 잘 알 수가 없다. 또 고신라 郡의 長이 누구인지는 알
지 못하고 있다. 물사벌성과 추문촌이 충북 지방에 있어야 되고, IV-597번 목
간에서 비사(벌) 곧 下州 古尸次 阿尺의 무리들과 喙(部)출신의 羅兮落 及伐尺
(경위명)도 술이란 공진물을 내고 있어서 上州行使大等이 성산산성의 목간을
주관했다고 보기 어렵다.

39) 전덕재, 앞의 논문, 2009, 53쪽에서 중고기 목간이 행정촌을 단위로 제작되
고, 書寫되었다고 하였다.

이경섭, 앞의 논문, 2011, 568~573쪽.

윤선태, 앞의 논문, 2016, 399쪽에서는 그 근거로 구리벌, 고타 등의 목간에
있어서 서식이나 형태상 지역성이 완연한 목간들이 존재하기 때문에 함안 목
간이 행정촌을 단위로 제작되었다는 것을 알 수 있다고 하였다. 행정촌 단위
로 목간이 작성되었다면 本波, 阿那, 末那가 행정촌 범위를 넘어서 나와도 정
확하게 적히고 있기 때문에 따르기 어렵다.

40) 이수훈, 앞의 논문, 2007.

橋本繁, 「城山山城木簡と六世紀新羅の地方支配」『東アジア古代文字資料の研究』,
2009.

중고기 군의 장이 누구인지도 모르는 상황에서 군을 단위로 목간이 제작되었
다고 보기가 어렵다. 고타의 本波(2007-57, IV-595, V-163번 목간)와 감문
의 本波(2, 10, 2006-1번 목간)과 수벌의 本波(77번 목간), 고타의 阿那(28,
6-30, 7-25번 목간)과 이진지의 阿那(30번 목간)와 구벌의 阿那(52,
2007-37번 목간)와 아리지촌의 阿那(6-3번 목간), 고타의 末那(2007-11,

다.41) 성산산성 제작설은 목간이 출토된 동문지 부근의 내부 저습지

2007-14, 2007-17, 2007-33번 목간)와 구별의 末那(2007-6번 목간)과 이
진지의 末那(2007-30번 목간)에서 군이 달라도 본파, 아나, 말나는 동일하게
기록하고 있는 점에서 따르기 어렵다.
41) 성산산성 제작이 아닌 하찰설에서는 그 근거로 이성산성 戊辰年銘(668년) 목
간의 경우 발신처인 南漢城과 수신처인 須城으로 파악되므로 목간의 제작지는
남한성으로 판단되는 점이다(이경섭,「城山山城 출토 荷札木簡의 製作地와 機
能」『한국고대사연구』 37, 2005, 136쪽). 이는 이성시,「新羅と百濟の木簡」
『木簡が語る古代史』上, 1996, 66~83쪽 및 이성시,「韓國出土の木簡について」
『木簡研究』 19, 1997, 235~246쪽과 이성시,「韓國木簡연구의 현황과 咸安
城山山城출토의 木簡」『한국고대사연구』 19, 2000에 따른 것이다. 이성시, 앞
의 논문, 2000, 88쪽에서 戊辰年正月十二日朋南漢城道使[以下缺](제1면) 須城
道使村主前南漢城火△[以下缺](제2면)   △△漢黃去△△△△△[以下缺](제3면)으
로 읽고서 이를 戊辰年正月十二日의 동틀 무렵에(朋자는 근거를 제시하지 않
고, 상황 판단에 의한 해석으로 잘못된 것이다) 發信者인 南漢城道使가 (△)須
城의 道使와 村主에게 보낸다는 내용이 기재되고, 그 이하에 구체적으로 傳達
되어야 할 내용이 쓰여 있다고 추정하였다. 또 이경섭,「新羅 木簡文化의 전
개와 특성」『민족문화논총』, 54, 2013, 294쪽에서 戊辰年正月十二日朋南漢城
道使[以下缺](제1면) 須城道使村主前南漢城執火△[以下缺](제2면) 城上△(通黃)
去△△(得待)△[以下缺](제3면)으로 읽고서 이를 戊辰年 正月 十二日 南漢城道
使와 ~가(發信)~須城道使와 村主 앞(受信), 南漢城이 불이 나 ~城 위의 △(漢
黃)去△△(得待)△~로 해석하고 있다. 330여점의 성산산성 목간에서 문서 목
간으로서 뚜렷하게 발신처와 수신처가 나온 예는 없다. 어디에서 온 누구의
것이란 목간은 거의 대부분이다. 특히 수신처로 볼 수 있는 예는 전혀 없다.
이 문서 목간은 이경섭의 판독은 너무 의욕적인 판독이라 따르기 어렵다. 이
성시의 판독에 근거하여 해석하면 戊辰年(668년)正月十二日에 벗인(또는 벗과)
南漢城道使와 須城道使와 村主가 南漢城들(野=伐=火) 앞에서 △△△漢黃去하
고, △△△△△했다가 된다. 이렇게 무진년 이성산성 목간을 해석한 바에 따
르면, 발신자와 수신자가 없게 된다. 이성산성 목간에 戊辰年正月十二日朋南漢
城道使(제1면) 須城道使村主前南漢城~(제2면) ~浦~(제3면)라고 되어 있는데(김
창호,「二聖山城 출토의 木簡 年代 問題」『한국상고사학보』 10, 1992. 여기에
서는 668년설이 타당하다고 생각한다. 668년이 타당하다고 보고, 朋을 齊의
뜻으로 해석했으나 벗으로 본다. 김창호, 앞의 논문, 1992에서는 戊辰年 正月
二日에 南漢城의 길을 가지런히 하라. ~須城道使, 村主, 前南漢城~의 책임아래
~토록 하라로 해석했었다), 앞의 전문 해석에서 보는 바와 같이 수신처와 발
신처가 분명하지 않다. 곧 주보돈,「二聖山城 출토의 木簡과 道使」『慶北史學』
14, 1991에서는 남한성을 이성산성이나 그 부근으로, 이도학,「二聖山城 출

에서 미완성의 목제품 및 많은 목재 찌꺼기[治木片]들이 두껍게 압착되어 있던 현장 상황이다. 계속해서 묵서용 붓, 목간 등을 제작하기 위하여 原木을 治木하거나 묵서의 지우개로 사용한 것으로 추정되는 刀子 및 그 칼집, 도자의 자루 부분, 묵서용 붓 등이 보고되었다.42) 목간에는 주나 군도 나오지 않고 행정촌도 자연촌과의 구별이 어렵다. 목간이 물품꼬리표임에는 누구나 동의하지만 운반할 때에 사용한 하찰인지는 알 수가 없다. 목간 군에는 役人의 名籍과 중요한 식량인 稗의43) 부찰목간의 두 가지로 구성되었다는 가설이 나왔다.44) 분명히

토 木簡의 검토」『한국상고사학보』 12, 1993에서는 이성산성으로 보고 있어서 발신처로 보아 온 이성산성에서 목간이 발굴되었다. 이성산성 출토의 戊辰年 목간만으로 발신처와 수신처를 나눌 수가 없다. 왜냐하면 목간에는 앞에서의 해석처럼 직명만 열거되어 있어서 그 해석이 불분명하기 때문이다. 따라서 이성산성 출토의 무진년명 목간의 발신처와 수신처로 나누는 것에 의해 성산산성 목간의 제작지 추정에 근거로 삼는 것은 명백한 잘못이다. 이 무진년 목간에서 주목해야 할 점은 南漢城道使와 須城道使와 村主란 직명만 나오고, 인명과 관등명이 안 나온다는 점이다. 인명 표기에 있어서 생략이 가능한 직명만 나오고, 출신부명도 나오지 않는다. 직명+출신부명+인명+관등명 중에서 인명 표기에 직명만이 기록되는 최초의 예가 된다. 직명+출신부명+인명+관등명 중에서 가장 짧게 하나만 남기려고 하면 최후로 남는 것은 직명이다. 그래서 출신지명과 인명과 관등명 조차도 없이 무진년 문서 목간에서 南漢城道使, 須城道使, 村主로 직명만 기록하고 있다. 이런 형식의 문서 목간이 함안 성산산성에서도 나올 것으로 기대된다.

42) 이경섭, 앞의 논문, 2005, 135쪽 참조.
43) 윤선태, 앞의 논문, 1999, 18~19쪽과 이경섭, 앞의 논문, 2004, 224쪽과 이경섭, 앞의 논문, 2005, 137쪽에서 고려 시대에 있어서 피가 馬料인 점에 따라 稗를 馬料로 보고 있으나 중국 고대 화북 지방의 중요한 곡물로 黍, 粟, 稷을 들고 있다. 이는 기장과 조와 피를 가리킨다. 社稷之神에서 社는 토지신, 稷은 곡신 신으로 稷(稗)는 곡물을 대표하고 있어서 540년경에 主食으로 稷(稗)을 들 수가 있다. 馬料일 경우에 있어서 540년경 당시에 성산산성에 가장 많이 갖다 바치는 공진물로(이경섭, 앞의 논문, 2011, 563~566쪽의〈표 5〉주요 지명별 목간의 현황〈釋文, 書式, 형태, 크기〉에서 稗가 나오는 곳은 고타 12예, 급벌성 7예, 구벌 5예, 이진지성 2예, 매곡촌 2예, 물사벌 1예로 총 29예가 된다. 이는 공납물 총수인 59예 가운데 약 49.83%나 된다) 그 양이 너무 많아 말의 먹이가 될 가능성은 없다. 왜냐하면 그 당시는 성산산성을 축조할 때이므로 병사들이 탈 수 있는 성산산성의 말의 수는 많지가 않을 것

목간에는 명적으로45) 볼 수 있는 것도 포함되어 있다. 이를 하찰과 명적 절충설로 부르고 있다. 성산산성의 목간만으로 행정촌, 군, 주 등의 성산산성 외부 제작설이나46) 성산산성 자체설을47) 해결할 수 있는 방법은 없다. 좀 우회적인 방법이긴 하지만 금석문에서 한자를 사용했으므로 성산산성 목간에 있어서 한자 사용의 정도가 어떠한지를 조사해 보기로 하자. 한자 교육 정도가 높았을 것으로 추정되는 사찰명으로부터 접근을 시도해 보기로 하자.

영묘사가48) 758년의 葛項寺石塔銘文에49) 零妙寺, 804년의 禪林院鐘銘의50) 令妙寺, 994년의 葛陽寺惠居國師碑의51) 靈廟寺로 각각 적고 있다.52) 평기와 명문까지 합치면 영묘사는 靈妙寺, 靈廟寺, 零妙寺, 令

이기 때문이다. 따라서 稗는 馬料일 수가 없고, 당시 병사를 포함한 백성들의 主食의 하나로 판단된다.

44) 윤선태, 앞의 논문, 1999.

45) 일본식 용어로 短冊形이라 부르고 있는 것으로 긴 직사각형으로 생긴 것이고, 목간 자체에 홈이나 구멍이 없는 것이다.

46) 목간의 上州 제작설, 군 제작설, 행정촌 제작설은 상황 판단에 의해 목간을 하찰로 보았기 때문에 나온 것으로 목간 자체의 분석에서 얻어진 결론은 아니다.

47) 발굴 조사의 성과에서 그 증거가 뚜렷한 데에도 불구하고 목간 연구자들은 목간 자체를 하찰로 해석하고서 발굴 결과를 무시하였다.

48) 당시 한자 교육 정도가 가장 높았을 것으로 보이는 스님과 직결된 영묘사의 경우에도 靈妙寺 등 4가지의 금석문 자료가 사용되고 있다. 곧 靈妙寺, 靈廟寺, 零妙寺, 令妙寺가 한자명으로 사용되고 있다는 점은 주목해야 할 것이다. 성전사원 연구에 있어서 『삼국사기』에 성전사원의 하나인 靈廟寺를 조상 제사와 관련되는 것으로 보아서 靈廟寺로 표기한 점에 의미를 두고서, 靈廟寺의 靈廟란 점에 의해 願堂으로 보기도 하나, 금석문 자료에서 같은 금석문에서조차 두온애랑의 경우 애자를 愛와 哀로 달리 쓴 점과 민애왕의 시호를 敏哀大王, 愍哀大王으로 틀리게 쓴 점과 금석문에 있어서 영묘사란 한자 표기가 앞에서 살펴 본 바와 같이 4가지인 점에서 보면 靈廟寺로 적는 것은 아무런 의미가 없다고 판단된다.

49) 갈항사 석탑에 명문을 새긴 것은 785~798년이다.

50) 이홍직, 「貞元卄年銘 新羅梵鐘」『백낙준선생회갑기념논총』, 1955.

51) 허흥식, 『고려불교사연구』, 1986, 580쪽.

52) 최효식·김호상, 「경주지역 매장문화재 조사현황(Ⅲ)-사지발굴자료를 중심으로-」 『신라문화』 20, 2002, 398쪽에서는 靈廟, 靈妙, 令妙, 零妙의 4가지 문자명

妙寺의 4가지로 적고 있다. 이는 신라 시대에 있어서 한자명의 사용이 음만 중시하고, 한자 자체의 글자는 중요시하지 않았음을 의미한다.

또 인명, 지명, 시호명 등에서 한자가 틀리게 적는 예를 우선 간단히 뽑아서 제시하면 다음과 같다.

牟卽智寐錦王(524년, 봉평비)
另卽知太王(539년, 천전서석 추명)

武力(545년 직전, 적성비)
另力(568년, 마운령비 등)

篤支次, 夫法知, 舜知(568년, 마운령비)
篤兄, 分知, 尹知(568년, 황초령비)
阿大兮村, 沙戶城, 仇利城(591년, 남산신성비 제2비)
阿旦兮村, 沙刀城, 久利城(591년, 남산신성비 제2비)

重阿湌金志誠(719년, 감산사미륵보살조상기)[53]
重阿湌金志全(720년, 감산사아미타여래조상기)

豆溫哀郞(766년, 영태2년명납석제호)
豆溫愛郞(766년, 영태2년명납석제호)

敏哀大王(863년, 민애대왕 석탑기)
愍哀大王(887년, 진감선사비)

위의 자료에서 보면 사찰명, 왕명, 인명, 시호제의 왕명에서도 한자 표기의 차이가 있으며, 인명인 豆溫哀郞의 경우에는 같은 永泰二年銘蠟石製壺에서조차도 애자가 愛와 哀로 차이가 있다. 重阿湌金志誠의 경우

와전이 나온다고 하였다. 이는 나말여초의 기와명문 자료이다.
53) 이밖에도 동일인인 여자 인명 표기 경우에도 719년 甘山寺彌勒菩薩造像記의 亡妣 官肖里, 妹 古巴里, 前妻 古老里가 각각 720년의 甘山寺阿彌陀如來造像記에서는 亡妣 觀肖里, 妹 古寶里, 前妻 古路里로 다르게 표기되어 나온다.

도 重阿湌金志全으로 이름을 발음조차 다른 한자로 적고 있다. 목간과 연대가 비슷한 6세기의 금석문에서는 왕명에서도 牟卽智寐錦王(524년 봉평비)와 另卽知太王(539년 천전리서석 추명)으로 차이가 있고, 당시의 일급 귀족인 金武力의[54] 경우도 武力(545년이나 그 직전, 적성비)과 另力(568년, 마운령비)으로 차이가 있다.[55] 마운령비(568년)의 篤支次, 夫法知, 舜知가 황초령비(568년)의 篤兄, 分知, 尹知로 각각 나온다.[56] 夫法知(붑지)와 分知는 반절로 설명이 가능하나,[57] 篤支次와 篤兄은 어떻게 동일인이 되는지도 吏讀 연구의 성과로는 알 수가 없다.[58] 지명을 모르는 軍主(군주의 앞에는 지명이 옴)란 직명을[59] 가진 사람의 이름인 舜知란 인명을 다른 비석인 황초령비에서는 尹知라 적고 있다. 남산신성비(591년) 제2비에서 阿旦兮村과 阿大兮村, 沙刀城과 沙戶城, 仇利城과 久利城은 한자의 글자가 다르고, 음이 같은 구리성을 제외하고, 동일한 금석문 자료에서 한자음이 旦과 大, 刀와 戶로 차이가 있어도 모두 동일한 지명이다.

지금까지 조사된 270여점의 성산산성 목간에는 仇利伐 16예, 古阤 14예, 甘文(城) 4예, 及伐城 7예, 仇伐 5예, 夷津(支城) 5예, 鄒文(村) 4예, 買谷村 2예, 須伐 1예, 勿思伐 1예, 比思(伐) 1예가 각각 나오며, 총지명수는 60예가 나온다.[60] 남산신성비 제2비에서와 같이 음만으로

---

54) 삼국 통일 때 맹활약한 김유신 장군의 할아버지이다.
55) 법흥왕의 경우 4가지나 된다. 524년 봉평비의 另卽智寐錦王, 535년 울주천전 리서석 을묘명의 法興太王, 539의 울주천전리서석 추명의 另卽知太王, 『삼 국사기』와 『삼국유사』의 법흥왕의 諱인 原宗이 그것이다.
56) 이들이 동일인임에는 마운령비와 황초령비의 인명의 비교이기 때문에 재언을 요하지 않는다.
57) 김창호, 앞의 논문, 2014에 있어서 금관총의 尒斯智王에서 尒를 훈독하면 너가 되고, 이 너사지왕을 마운령비의 夫法知(붑지)가 황초령비의 分知로 반절로 적힌 점을 참고하여, 반절로 표기하면 넛지왕이 되고, 넛지왕은 눌지왕과 음상사가 되어 동일인이 된다.
58) 이에 대한 口訣學會[吏讀學會]의 연구가 기대된다.
59) 마운령비와 황초령비에 나오는 똑 같은 軍主의 지명은 2자가 복원되어야 하므로 고구려 지명인 達忽을 사용했을 가능성이 크다.

비슷한 예가 없이 똑 같은 한자로 적혀 있다. 지명 가운데 本原, 땅 방향 표시 등으로 보이는 本波, 阿那, 末那, 前那, 未那가 있다.[61] 本波는 甘文(城)과 3번 함께 나오고, 古阤와 3번, 夷津과 1번, 須伐과 1번이 각각 나온다. 阿那는 古阤와 3번, 夷津支와 1번, 仇伐 2번, 阿利只村 1번, 촌명을 모르는 것과 1번이 각각 나온다. 末那는 古阤와 5번, 仇伐과 1번, 夷津支와 1번이 각각 나온다. 前那는 鄒文과 1번, 未那는 仇伐과 1번이 각각 나올 뿐이다. 20번 목간과 28번 목간의 古阤伊骨利村,[62] 31번 목간과 2007-11번 목간과 2007-14번 목간과 2007-17번 목간과 2007-25번 목간과 2007-33번 목간의 古阤一古利村을 동일한 촌명으로 보았다.[63] 伊骨利村(一古利村)과[64] 仇利伐과 丘

---

60) 이경섭, 앞의 논문, 2011, 563~566쪽의〈표 5〉주요 지명별 목간의 현황(釋文, 書式, 형태, 크기)에 근거하였다.

61) 이경섭, 앞의 논문, 2013, 82~85쪽.
   이경섭, 앞의 논문, 2011, 556쪽에서는 本波, 阿那, 末那, 前那에서 하나의 외예적인 것으로 2006-3번 阿利只村阿那△△(앞면) 古十△△刀△△(門)(뒷면)을 들고 있다. 阿利只村은 행정촌으로 볼 수 없다는 것이다. 阿利只村阿那의 뒤에 촌명이 올 수도 있다. △△古十△△刀△△(門)은 인명으로 보기에는 너무 길다. △△古十△은 행정촌명이 된다. 그렇게 되면 阿利只村은 鄒文村과 마찬가지로 군명이 된다. 甘文(城), 古阤, 夷津(支城), 仇伐, 鄒文(村), 須伐조차도 자연촌을 거느린 행정촌으로 보고 있다. 甘文(城)이 561년에 甘文軍主가 파견된 州治가 있던 곳으로 행정촌으로 보기 어렵다. 甘文(城), 古阤, 夷津(支城), 仇伐, 鄒文(村), 須伐은 군으로(이들 지명을 이경섭, 앞의 논문, 2011, 568쪽에서는 郡으로 보았다) 아래에 행정촌을 거느리고 있고, 阿利只村은 행정촌으로 볼 수가 있다. 더욱 阿利只村은『삼국사기』, 祭祀志, 小祀조에 보이는 波只谷原岳이 있었던 阿支縣일 가능성이 있다면 더욱 그러하다. 阿利只村이 阿支縣과 동일 지명인지는 알 수 없다. 阿那가 방향 표시의 땅이름인 점에서 보면, 阿利只村은 행정촌인 동시에 군명일 것이다. △△古十△은 행정촌명이다. △刀△△(門)은 인명이다. 이를 해석하면 阿利只村(군) 阿那(방향이나 위치[方位]를 표시하는 땅이나 들)이며, △△古十△(행정촌), △刀△△(門)(인명)이 된다.

62) 2006-30번 목간의 古阤伊骨村阿那(앞면) 仇利(伐)支稗麥(뒷면)의 古阤 伊骨村은 20번과 28번 목간의 古阤 伊骨利村과 동일한 것으로 판단된다. 아니면 2006-30번 목간에서 古阤 伊骨利村의 利자가 실수로 빠져서 古阤 伊骨村이 된 것으로 보인다.

利伐, 仇伐과 丘伐을 제외하면 음만으로 동일한 지명을 표기한 예가 없다. 270여 점의 목간에서 그 지명이 다른 곳에서 조차 동일한 本波, 阿那, 末那를 표기함에 있어서 그 소속된 군이 달라도 한 번도 음만 같은 글자로 표기한 예가 없다. 이는 남산신성비 제2비와 비교할 때, 너무도 한자의 사용이 정확하여 행정촌 단위로나 군 단위로나 주 단위로 작성되었다고 보기 어렵다. 물사벌성과 추문촌이 경북 지역이 아닌 충북 지역으로 보이고, 비사(벌)이란 지명이 나와서 上州(甘文州)을 중심으로 목간이 전부 만들어졌다고 볼 수가 없다. 及伐尺이나 大舍下智란 경위를 가진 왕경인 등장하고 있고, Ⅳ-597번 목간에 따르면 喙(部)의 羅兮落 及伐尺이[65] 比思(伐)의 古尸次 阿尺의 무리와 함께 만든 술도[66] 성산산성에 공진물로 납부되고 있어서, 성산산성의 축조가 주

---

63) 이경섭, 앞의 논문, 2005, 140~141쪽.

64) 2007-11번 古阤一古利村末那(앞면), 殆利夫稗△(뒷면), 2007-14번 古阤一古利村末那仇△△(앞면) 稗石(뒷면), 2007-33번 古阤一古利村末那沙見(앞면) 日糸利稗石(뒷면), 7-25번 古阤一古利村阿那弥△△(앞면) 稗石(뒷면) 등에서 古阤一古利村阿那식으로도 나온다. 또 古阤伊骨利村阿那식으로는 나오는 예도 있고, 28번 古阤伊骨利村阿那衆智卜利古支(앞면) 稗麥(뒷면), 6-30번 古阤伊骨村阿那(앞면) 仇利稿支稗麥(뒷면) 같은 예가 그것이다. 모두 古阤에서 나오는 지명이고, 음상사로 볼 때 동일한 지명이라서 一古利村과 伊骨利村은 동일한 촌명이 가능성이 크다.

65) 앞에서 살펴 본 바와 같이 사면 목간(2016-W150)의 내용으로 볼 때 及伐尺의 소유자인 伊毛罹가 喙(部)의 羅兮落이 가진 大舍下智의 관등 소유자인 弥卽尒智 보다는 높은 사람이다. 及伐尺을 가진 두 사람이 현재까지 나온 성산산성의 목간에서 나온 가장 높은 경위 관등을 가진 사람이다. 축성 책임자의 경위 관등은 及伐尺보다 더 높았을 것이다.
Ⅳ-597번 목간에 따르면 喙(部)의 羅兮落 及伐尺이 比思(伐)의 古尸次 阿尺의 무리와 함께 만든 술도 성산산성에 공납되고 있어서, 大舍下智 보다 높은 관등을 가진 羅兮落 及伐尺이 어떻게 술을 만드는지에 대한 의문이 생긴다. 羅兮落 及伐尺이 고급술을 만드는데 꼭 필요한 사람으로 고급술을 만드는데 있어서 감독도 겸했을 것이다. 그래서 比思(伐)의 古尸次 阿尺의 무리와 함께 술을 만들어서 성산산성에 공진물로 자기보다 훨씬 높은 경위명을 가진 사람에게 바쳤을 것이다.

66) 이는 比思(伐)에서 공진물을 낸 것도 아니고, 신라 6부 가운데 탁부에서 낸 것도 아니다. 비사벌과 탁부에서 함께 공진물을 낸 것으로 보면, 목간이 비사벌

나 군이나 행정촌에서 담당한 것이 아니라 국가 차원에서 시행된 것이다. 왜냐하면 주, 군, 행정촌에서 목간을 제작했다면, 목간에 나오는 米, 稗, 麥, 鐵, 塩 등의 징수는 누가했는지가 문제가 된다. 성을 축조할 때[67] 사용한 稗, 塩, 麥, 米, 鐵의 징발도 국가에서 했을 것이다. 그렇다면 이와 관련된 목간도 국가에서 담당했다고 판단된다. 그래서 해서와 행서가 주류이나 초서에 가까운 것도 일부 포함되어 있어서 판독에 어려움을 겪고 있지만, 목간 330여점의 지명 등에 음만 같은 글자로 표기되고 글자는 다른 예는 거의 없다.[68] 따라서 성산산성의 목간은 성산산성을 축조할 때, 성산산성에서 국가 주도로 제작되어 성을 축조시의 물품을 성산산성에 보관할 때에 사용되었다고 판단된다. 이렇게 보아야 고고학적인 발굴 성과와 일치가 된다. 목간의 물품꼬리표란 결론은 타당하다고 판단된다.

도 아니고, 탁부도 아닌 성산산성에서 제작되었다고 보는 도리이외에 딴 방법은 없을 것이다. 이 점은 유사 쌍둥이 목간의 예(斯珎于)와 함께 목간이 성산산성에서 만들어졌다는 중요한 근거가 된다.

67) 성산산성 목간은 성산산성 축조 당시의 물품 징발 내용이지 축조 후의 것은 아니다. 목간 연구에서는 이 점을 간과한 듯하다. 그래서 성산산성 목간을 산성의 축조 동안에 사용되다가 축성 후에 공진물은 남고, 목간은 그 용도가 폐기되어 동문지 근처에 일괄로 버려진 것으로 판단된다. 목간의 연대 폭이 성산산성의 축조시기로 한정되는 짧은 시기로 판단된다.

68) 이는 주 제작설이나 군 제작설이나 행정촌 제작설은 성립될 수가 없고, 上州와 下州를 모두 포괄할 수 있는 성산산성에서 국가 주도로 목간이 제작되었기 때문에 한자로 된 글자의 착오가 없었다고 판단된다. 한자를 쓰는 글자가 어느 글자라고 지휘한 사람 밑에 지역 색이 나타내고 있는 것은 구리벌 목간(목간의 크기가 크고, 할서로도 쓰인 점, 負자가 마지막에 붙는 것이 많은 점, 奴人 또는 奴가 있는 점, 本波·阿那·末那·前那·末那의 본원이나 방향 표시의 땅 등이 없는 점, 米·麥·稗 등의 곡물 표시가 단 1점도 없는 점), 고타 목간(전부 양면 목간인 점, 稗麥이 고타에서만 5점 나오는 점) 등으로 쓰는 사람이 郡을 단위로 달랐을 것이다.

○ 맺음말

지금까지 논의해 온 바를 요약하여 맺음말에 대신하고자 한다.

목간에 자주 나오는 지명+지명(촌)을 군과 행정촌의 관계로 보았다. 지명만 단독으로 나오는 것도 행정촌으로 보았다.

목간의 제작지에 대해서는 주, 군, 행정촌 제작설이 있어 왔으나, 270여점의 목간에 나오는 지명에 놀라울 정도로 같은 글자로 적혀 있는 점, 왕경인도 술이란 공진물을 내는 점, 성산산성 축조가 국가에서 관장했다는 점, 발굴 결과 治木 등이 나와서 성산산성에서 목간이 제작되었다고 보고한 점 등에서 성산산성에서 성산산성을 축조할 때 목간이 제작되어 짐에 부쳤다고 보았다.

제4절 함안 성산산성 목간의 성촌명

○ 머리말

한국의 고대 목간은 종이가 없던 시대에 종이 대신에 나무를 깎아서 긴 사각형에 가깝게 만든 데에 붓으로 한자를 쓴 것이다. 1면에만 글씨가 있는 것이 있고, 앞면과 뒷면의 양면으로 된 것이 있고, 드물게는 4면으로 된 문서목간이 있다. 고구려의 예는 없고, 백제 사비성 시대의 왕경과 지방 목간, 고신라의 왕경과 지방 목간, 통일신라의 왕경과 지방 목간 등이 있다. 목간의 대부분은 인명표기가 주류를 이루고 있다. 인명표기는 신라의 경우는 직명+출신지명+인명+관등명이고, 백제의 경우는 직명+부명+관등명+인명의 순서이다. 그래서 금석문과 목간을 연구하는 데에 있어서 인명표기의 중요성은 아무리 강조해도 지나치지 않다.

함안 성산산성에 나오는 성촌명은 자연촌으로 보는 견해와 행정촌으로 보는 견해가 각각 있어왔다. 이 가설은 고신라 금석문과 함께 고려하지 않으면 안 된다. 남산신성비의 제1비의 아랑촌의 외위 소유자가 7명이나 되고, 남산신성비 제2비에서 아단혜촌의 외위 소유자가 7명이나 되어 행정촌이다. 郡+성촌명이 오는 성촌명의 예를 들고, 그 예들을 유형별로 나누어서 살펴보겠다. 마지막으로 같은 행정촌인 데도 불구하고 지명의 한자가 틀리는 예들을 조사하겠다. 함안 성산산성에 나오는 성촌명은 단일한 자료로서는 가장 많다. 안 나온 자료를 치면 남산신성비의 예가 가장 많을 것이다. 우리 생애에 있어서 성산산성만큼 많이 나오는 성촌명을 다룰 수 있는 기회가 없을 것이다. 성산산성의 성촌명을 다루어 보는 것은 필요할 것이다. 성산산성 목간에 있어서 성촌명을 연구하는 이유도 바로 여기에 있다. 성촌명를 다루는 이유도 그 중요성 때문이다. 함안 성산산성의 성촌명은 행정촌과 자연촌 문제, 郡+행정촌, 지명이 틀리는 행정촌의 예 등을 통해서 어느 정도 풀이가 가능하다.

여기에서는 먼저 단독 성촌명과 행정촌의 관계를 살펴보고, 다음으로 郡名+행정촌명의 목간에 대해 살펴보고, 마지막으로 동일한 촌명의 다른 글자로 적힌 예에 대해 살펴보고자 한다.

Ⅰ. 단독 성촌명과 행정촌

고신라 금석문나 목간에 나오는 지명들인 성촌명에는 州나 郡은 나오지 않고, 대개 村(城)으로 끝나거나 村(城)명이 없이 나오는 지명이 많다. 이들을 둘러싸고, 단독으로 촌명만 나올 경우, 자연촌으로 보는 견해와[1] 행정촌으로 보는 견해가[2] 각각 있어 왔다. 학계에서는 대개 성촌명의 자연촌설을 받아들이고 있다. 자연촌설이 과연 타당한지를 함안 성산산성 목간에 나오는 성촌명만이 단독으로 나오는 예를 중심으로 조사해 보고자 한다. 그러면 성촌명+인명+稗(稗石, 稗一, 稗一石)인 예부터 제시하면 다음과 같다.

9번. 竹尸弥乎レ支稗一 '竹尸弥于乎支가 낸 稗 一(石)이다.' 또

---

1) 주보돈, 「함안 성산산성 목간의 기초적 검토」 『한국고대사연구』 19, 2000.
2) 김창호, 「金石文 자료로 본 古新羅의 村落構造」 『鄕土史硏究』 2, 1990.
　　이수훈, 「新羅 村落의 성격-6세기 금석문을 통한 행정촌·자연촌 문제의 검토-」 『한국문화연구』 6, 1993.
　　김재홍, 「新羅 中古期 村制의 成立과 地方社會構造」, 서울대학교 박사학위논문, 2001.
　　이수훈, 「신라 중고기 행정촌·자연촌 문제의 검토」 『한국고대사연구』 48, 2007.
　　김창호, 「금석문 자료에서 본 古新羅 城村의 연구사적 조망」 『삼국시대 금석문 연구』, 2009.

는 '竹尸弥와 于乎支가 낸 稗 一(石)이다'가 된다.

11번. 烏欣弥村卜兮稗石 '烏欣弥村의 卜兮가 낸 稗 1石이다.'

12번. 上莫村居利支稗 '上莫村의 居利支가 낸 稗이다.'

13번. 陳城巴兮支稗 '陳城의 巴兮支가 낸 稗이다.'

22번. 夷津支士斯尒利知 '夷津支의 士斯尒利知가 낸 뭐이다.'

32번. 上弗刀你村(앞면) 加古波孕稗石(뒷면) '上弗刀你村의 加古波孕이 낸 稗 1石이다.'

41번. 陳城巴兮支稗 '陳城의 巴兮支가 낸 稗이다.'

42번. 及伐城立龍稗石 '及伐城의 立龍이 낸 稗 1石이다.'

44번. 上莫村居利支稗 '上莫村의 居利支가 낸 稗이다.'

62번. △△△支村(앞면) △△△奚稗石 '△△△支村의 △△△奚가 낸 稗 1石이다.'

64번. 小伊伐支△△(앞면) ~鄒△(뒷면) '小伊伐支의 △△~鄒△가 낸 뭐이다.'

79번. 伊伐支△△波稗一 '伊伐支의 △△波가 낸 稗 一(石)이다.'

2006-6번. 陽村文尸只 稗 '陽村의 文尸只가 낸 稗이다.'

2006-9번. 次ㅊ支村知弥留(앞면) 稗石(뒷면) '次ㅊ支村의 知珎留가 낸 稗 1石이다.'

2007-26번. ~古心△村~稗石 '~古心△村의 ~가 낸 稗 1石이다.'

2007-28번. 巾夫支城夫酒只(앞면) 稗一石(뒷면) '巾夫支城의 夫酒只가 낸 稗 一石이다.'

2007-34번. 伊大兮村稗石 '伊大兮村이 낸 稗 1石이다.'

2007-35번. 秋彡利村(앞면) 湏△只稗石(뒷면) '秋彡利村의 湏△只가 낸 稗 1石이다.'

2006-37번. 仇伐阿那內欣買子(앞면) 一万買稗石(뒷면) '仇伐의 阿那(어떤 방향이나 위치의 지역을 표시하는 땅 또는 들)內欣買子와 一万買가 낸 稗 1石이다.'

2007-43번. 伊伐支村△只稗石 '伊伐支村의 △只가 낸 稗 1石

이다.'

2007-54번. 赤伐支畓村助吏支稗 '赤伐支畓村의 助吏支가 낸 稗이다.'

2007-58번. 伊智支村彗△利(앞면) 稗(뒷면) '伊智支村의 彗△利가 낸 稗이다.'

2007-64번. 上弗刀你村(앞면) (敬新)古稗石 '上弗刀你村의 (敬新)古가 낸 稗 1石이다.'

Ⅳ-573번. △△△△△稗石 '△△ △△△가 낸 稗 1石이다.'

Ⅴ-171번. 盖山鄒勿負稗 '盖山의 鄒勿負가 낸 稗이다.'

Ⅴ-172번. ~村虎弥稗石 '~村의 虎弥가 낸 稗 1石이다.'

2016-W35 盖村仇之毛羅稗 '盖村의 仇之毛羅가 낸 稗 얼마이다.'

지금까지 성촌명이 32예 가운데 어느 촌명도 『삼국사기』, 지리지에서는 찾을 수 없다. 그런데 단 42번. 及伐城立龍稗石은 『삼국사기』, 권35, 지4, 지리2에 나오는 岋山郡 本高句麗及伐山郡이라고 나오는데, 현재의 영주시 부석면 일대이다. 及伐城은 郡名이다. 또 79번. 伊伐支△△波稗一의 伊伐支과 2007-43 伊伐支村 △只稗石의 伊伐支村은 같다. 모두 행정촌이다. 『삼국사기』, 지리지에 隣豊縣 本高句麗伊伐支縣이라고 나오고, 6번 王松鳥多伊伐支乞負支와 2006-25번 王松鳥多伊伐支卜然는 王松鳥多+伊伐支+인명으로 구성되어 있다.3) 王松鳥多는 郡名, 伊伐支는 縣名 곧 행정촌명이나 王松鳥多란 군명은 사서에 나오지 않고 있다. 그렇다면 나머지 30예의 성촌명도 행정촌명으로 보아야 혼란이 없다. 같은 함안 성산산성 목간에서 어떤 것은 자연촌명, 어떤 것은 행정촌명이 되어서는 혼란스러워 안된다.

촌명+稗石(稗)의 예가 있다.

2007-7번. 丘伐稗 '丘伐에서 낸 稗이다.'

---

3) 이에 대해서는 郡名+행정촌명의 王松鳥多郡조를 참조할 것.

2007-34번. 伊大兮村稗石 '伊大兮村이 낸 稗 1石이다.'
2007-36번. 栗村稗石 '栗村에서 낸 稗 1石이다.'
2007-48번. 丘伐稗石 '丘伐에서 낸 稗 1石이다.'

丘伐은 뒤에서 소개할 다른 仇伐 목간 예에서 볼 때, 누가 보아도 郡名이다. 丘伐과 栗村과 伊大兮村을 자연촌이 아닌 행정촌으로 보아야 할 것이다.

성촌명+인명+외위명이 나오는 인명 표기를 살펴보자.

14번. 大村伊息智一伐 '大村의 伊息知 一伐이 낸 뭐이다.'
2007-21번. ~豆留只(一伐) '~의 豆留只의 (一伐)이 낸 뭐이다.'

성촌 출신으로 자연촌 출신은 그 예가 확실한 게 없으므로 一伐의 외위(11등급중 8등급)을 가진 두 사람은 행정촌 출신으로 보인다.

성촌명+인명의 예를 조사해 보기로 하자.

15번. ~家村△毛△ '~家村의 △毛△가 (낸 뭐이다.)'
40번. 阿上智村尒礼負 '阿上智村의 尒礼負가 (낸 뭐이다.)'
53번. 大村主舡麥 '大村의 主舡麥이 (낸 뭐이다.)'
88번. △△△△支△ '△△△의 △支△가 낸 뭐이다.'

위의 4예는 촌명+인명으로 구성되어 있는데, 촌명을 자연촌으로 볼 근거도 행정촌으로 볼 근거도 없다. 촌명+인명도 성촌명+인명+稗(稗 石, 稗一, 稗一石)의 예와 촌명+稗石(稗)의 예와 성촌명+인명+외위명의 예에 따를 때, 그 수가 너무나도 적어서 행정촌으로 보아야 할 것이 다.

II. 郡名+(행정촌명)

仇利伐 목간의 가장 큰 특징은 割書가 있다는 것, 奴(人)이 존재하는 것, 負가 있는 점,[4] 稗石, 稗一, 稗 등이 뒤에 붙지 않는 점, 외위를 가진 자가 가장 많은 군명인 점 등이다. 仇利伐 목간의 특징을 알기 쉽게 仇利伐 목간의 2016년까지의 자료를 제시하면 다음과 같다.[5]

1번. 仇利伐 /上彡者村(앞면) 乞利(뒷면) '仇利伐 上彡者村의 乞利가 낸 것이다.'

3번. 仇利伐/上彡者村 波婁 '仇利伐 上彡者村의 波婁가 낸 것이다.'

4번. 仇利伐/仇失了一伐/尒利△一伐 '仇利伐의 仇失了 一伐과 尒利△ 一伐이 낸 것이다.'

5번. 仇利伐△德知一伐奴人 塩 (負) '仇利伐의 △德知 一伐이며 奴人인 그가 소금[塩] 負를 낸 것이다.'

33번. 仇利伐/(彤)谷村/仇礼支 負 '仇利伐 彤谷村의 仇礼支가 낸 負이다.'

34번. 仇利伐/上彡者村 波婁 '仇利伐 上彡者村의 波婁가 낸 것이다.'

2006-10번 仇利伐△△奴△△支 負 '仇利伐의 △△ 奴의 짐꾼인 △△支의 負이다.'

2006-24번. 仇利伐/ 比多湏奴 先能支 負 '仇利伐의 比多湏 奴

---

4) 負는 仇利伐 목간에서만 나오는데, 단 하나의 예외로 2016-W104. 沙喙部負가 있다. 이는 사탁부가 낸 負이다로 해석되며, 왕비족인 사탁부(김창호, 『고신라 금석문과 목간』, 2018, pp.170-174)가 負를 담당하고 있어서 목간의 제작지가 사탁부로 보기보다 성산산성에서 국가 주도로 요역(축성 사업)을 행하고, 목간을 제작했을 것으로 판단된다.

5) 추정 구리벌 목간에서 구리벌이 나오지 않아도 奴(人)이 나오고, 負가 나오면 仇利伐 목간이다. 아직까지 구리벌이외의 목간에서 奴(人)과 負가 나오는 예는 없다.

이며, 그의 짐꾼인 先能支의 負이다.'

2006-31번. (仇利伐)~(앞면) 一古西支 負(뒷면) '(仇利伐) ~의 ~
의 一古西支의 負이다.'

2007-18번. 仇利伐/(衫伐)只(村)/同伐支 負 '仇利伐의 (衫伐)只
(村)의 同伐支가 낸 負이다.'

2007-20번. 仇利伐/~智 해석 불능

2007-27번. 仇利伐/郝豆智奴人/△支 負 '仇利伐의 郝豆智가
奴人이며, 그의 짐꾼인 △支의 負이다.'

2007-31번. 仇利伐 仇阤知一伐奴人 毛利支 負 '仇利伐의 仇阤
知 一伐이고, 奴人이며, 그의 짐꾼인 毛利支의 負이다.'

2007-53번. 仇利伐/習彤村/ 牟利之 負 '仇利伐 習彤村의 牟利
之의 負이다.'

Ⅳ-582번. 仇利伐 記本礼支 負 '仇利伐의 記本礼支의 負이다.'

Ⅳ-587번. 仇利伐/△伐彡△村伊面於比支 負 '仇利伐 △伐彡△
村의 伊面於比支의 負이다.'

Ⅳ-591번. 仇(利伐) △△智奴(人) △△△ 負 '仇(利伐)의 △△智
(奴)人이며, 짐꾼인 △△△의 負이다.'

2016-W62번. 仇利伐/上三者村△△△△ '仇利伐 上三者村의 △
△△△가 (낸 뭐이다.)'

2016-W89번. 丘利伐卜今智上干支 奴/△△巴支 負 '丘利伐의 卜
今智 上干支이며, 奴이고, 그의 짐꾼의 負는 △△巴支이 진다.'

2016-W92번. 仇利伐/夫及知一伐 奴人/宍巴礼 負 '仇利伐의 夫
△知가 一伐이고, 그의 짐꾼인 宍巴利△가 負를 진다.'

仇利伐 목간은 몇 가지 유형으로 나누어진다. 이를 유형별로 나
누어서 제시하면 다음과 같다.

仇利伐+성촌명+인명의 예부터 들면 다음과 같다.

1번. 仇利伐 上彡者村(앞면) 乞利(뒷면)

3번. 仇利伐/上彡者村 波婁

34번. 仇利伐/上彡者村 波婁

2016-W62번. 仇利伐/上三者村△△△△

　　위의 자료 가운데 3번과 34번은 쌍둥이 목간이다. 구리벌+상삼자촌
+인명은 모두 4예로 모두 상삼자촌 출신분이다. 仇利伐은 함안 성산산
성 목간 가운데 그 예가 가장 많아서 郡名이다. 上彡者村은 행정촌으
로 『삼국사기』, 지리지의 康州 咸安郡 領縣인 召彡縣이다.6) 구리벌은
함안군에서 바닷가인 마산시에7) 이르는 지역이다. 이곳이 옛 안라국
의 중요한 수도 부분에 해당되는 것이다.8) 따라서 상삼자촌은 행정촌
이고, 仇利伐은 郡名이다.

　　다음은 仇利伐+촌명+인명+負로 된 예를 조사해 보기로 하자.

33번. 仇利伐/(彤)谷村/仇礼支 負

2006-31번. (仇利伐)~(앞면) 一古西支 負(뒷면)

2007-18번. 仇利伐/(衫伐)只(村)同伐支 負

2007-53번. 仇利伐/習彤村/ 牟利之 負

　Ⅳ-587번. 仇利伐(앞면)△伐彡△村 伊面於比支 負(뒷면)

---

6) 주보돈, 앞의 논문, 2000, pp.56-57에서 上彡者村의 召彡縣 비정에 비판하고
　있다. 上의 음은 召의 음과 통하고(남산신성비 제2비에서 阿旦兮村과 阿大兮村,
　沙刀城과 沙戶城에서 旦과 大가 통하고, 刀와 戶가 통하는 점에서 보아서 각각
　동일 지명인 점에서 보면 上과 召는 통한다), 彡은 양자에서 동일하게 나온다.
　이렇게 6번 목간과 2006-25번 목간에서 행정촌명은 伊伐支(영주시 부석면)로
　『삼국사기』 지리지에 隣豐縣本高句麗伊伐支縣이라고 나오지만 郡名인 王松鳥多은
　『삼국사기』 지리지에 나오지 않는다.
7) 2010년 7월 1일 창원시에 통합되기 이전의 마산시를 지칭한다.
8) 목간의 작성 연대인 540년경에는 『삼국사기』 지리지의 지명도 많은 차이가 있
　었을 것이다. 그래서 목간에 나오는 행정촌도 지리지에서 찾을 수 없다. 군으
　로 추정되는 물사벌성과 추문촌과 이진(지성)과 耑盖과 玉松鳥多도 찾을 수 없
　고, 목간의 13.1% 가량(목간 전체인 229점에 대한 구리벌 목간의 비율로 볼
　때)을 차지하는 郡인 仇利伐도 지명만으로는 그 위치가 불분명하다.

5명의 인명은 모두 仇利伐郡에 소속되어 있는 행정촌의 이름으로 판단된다. 앞에서의 상삼자촌이 행정촌이므로 5개의 촌명도 모두 행정촌으로 보아야 할 것이다.

다음은 仇利伐+인명+負로 된 목간에 대해 알아보자.

2007-55번. 仇利伐今尒次負
Ⅳ-495번. 仇利伐谷△△ (負)
Ⅳ-582번. 仇利伐 記本礼支 負

이들 목간은 모두 구리벌에 직접 소속되어 있다. 郡名인 구리벌의 소속자도 구리벌이 군으로 역할을 하는 동시에 행정촌으로서의 역할을 함을 보여준다. 군에서 직접 자연촌을 지배할 수는 없고, 행정촌을 지배할 것이다.

다음은 仇利伐+인명+(외위명)+奴(人)+인명+負를 살펴보기로 하자. 우선 관련 자료부터 제시하면 다음과 같다.

2006-10번. 仇利伐△△奴△△支 負
2006-24번. 仇利伐 比多湏 奴 先能支 負
2007-27번. 仇利伐/郝豆智奴人/△支 負
2007-31번. 仇利伐 仇陁知一伐奴人 毛利支 負
Ⅳ-591번. 仇(利伐) △△智奴(人) △△△ 負
2016-W89번. 丘利伐/卜 今智上干支奴人/△△巴支負

2006-10, 2006-24, 2007-27, 2007-31, Ⅳ-591번, 2016- W89번의 仇利伐+인명+(외위명)+奴(人)+인명+負와는 負의 순서가 꼭 같이 맨 마지막에 온다. 6명의 노인 목간은 모두 奴(人)과 負를 동반하고 있다. 외위인 上干支나 一伐을 가진 경우도 있어서 사노비일 수는 없고, 소금 생산자로 추정된다. 왜냐하면 仇利伐郡의 위치가 함안군과 마

산시에 이르는 지역으로 노인만이 구리벌 목간에서 나오기 때문에 그렇게 볼 수밖에 없다. 5번 목간. 仇利伐△德知一伐奴人 塩 (負)에서 구리벌에서 소금이 나오는 것으로 볼 수가 있다.

다음으로 仇利伐+인명+외위명+인명을 조사해 보자.

2016-W92번. 仇利伐/夫及知一伐奴人/宍巴利負로 이는 '仇利伐의 夫△知 一伐이며 奴人이고, 그의 負를 짐꾼인 宍巴利礼가 진다.'

마지막으로 仇利伐+인명+외위명+인명+외위명의 경우가 있다. 그 자료를 인용하면 다음과 같다.

4번. 仇利伐/仇失了一伐/尒利△一伐 '仇利伐의 仇失了 一伐과 尒利△ 一伐이 낸 것이다.'

이렇게 한 목간에 두명의 인명이 모두 외위를 갖는 예로는 유일한 자료이다.9) 두 사람 모두 공진물의 표시도 없다.

이제 古陁 목간에 대해 살펴볼 차례가 되었다. 우선 지금까지 출토된 자료를 전부 제시하면 다음과 같다.10)

20번. 古陁伊骨利村△(앞면) 仇仍支稗麥(뒷면) '古陁 伊骨利村의 △仇仍支가 낸 稗와 麥이다.'

---

9) 4번 목간의 仇失了一伐과 尒利△一伐이 割書 때문에 자연촌 출신으로 볼 수가 없다. 모두가 仇利伐郡 소속으로 판단된다.

10) 古陁 목간 16점 가운데 20번 목간, 28번 목간, 2006-30번 목간, Ⅳ-595번 목간, Ⅴ-163번 목간의 끝에는 稗麥이란 곡식명이 온다. 이를 稗發로 읽어서 發을 바리란 수용 수단으로 이해하고 있으나 古陁(현재 안동시)에서 나오는 5점의 목간에만 있고, 안동에서 성산산성까지의 수송 수단은 낙동강을 이용한 수운으로 짐작되어서 稗麥으로 읽는다.

28번. 古阤伊骨利村阿那衆智卜利古支(앞면) 稗麥(뒷면)
'古阤 伊骨利村의 阿那(어떤 방향이나 위치의 지역을 표시하는 땅 또는 들)의 衆智와 卜利古支가 낸 稗와 麥이다.'

29번. 古阤新村智利知一尺那△(앞면) 豆于利智稗石(뒷면) '古阤 新村의 智利知 一尺과 那△의 豆兮利智가 낸 稗 1石이다.'

31번. 古阤一古利村末那(앞면) 毛羅次尸智稗石(뒷면)
'古阤 一古利村의 末那(어떤 방향이나 위치의 지역을 표시하는 땅 또는 들) 毛羅次尸智가 낸 稗 1石이다.'

2006-30번. 古阤伊骨村阿那(앞면) 仇利稿支稗麥(뒷면) '古阤 伊骨村의 阿那(어떤 방향이나 위치의 지역을 표시하는 땅 또는 들)의 仇利稿支가 낸 稗와 麥이다.'

2007-10번. 古阤新村刕斤△利(앞면) 沙礼(뒷면) '古阤 新村의 刕斤△와 利沙礼가 (낸 뭐이다.)'

2007-11번. 古阤一古利村末那(앞면) 殆利夫稗(石)(뒷면) '古阤의 一古利村 末那(어떤 방향이나 위치의 지역을 표시하는 땅 또는 들)의 殆利夫가 낸 稗 1(石)이다.'

2007-14번. 古阤一古利村末那仇△(앞면) 稗石(뒷면) '古阤의 一古利村 末那(어떤 방향이나 위치의 지역을 표시하는 땅 또는 들)의 仇△가 낸 稗 1石이다.'

2007-17번. 古阤一古利村△~(앞면) 乃兮支稗石(뒷면) '古阤의 一古利村 △~와 乃兮支가 낸 稗 1石이다.'

2007-25번. 古阤一古利村阿那弥伊△久(앞면) 稗石(뒷면) '古阤의 一古利村 阿那(어떤 방향이나 위치의 지역을 표시하는 땅 또는 들)의 弥伊△久가 낸 稗 1石이다.'

2007-33번. 古阤一古利村末那沙見(앞면) 日糸利稗石(뒷면) '古阤의 一古利村 末那(어떤 방향이나 위치의 지역을 표시하는 땅 또는 들)의 沙見日糸利가 낸 稗 1石이다.'

2007-57번. 古阤夲波豆物烈智△(앞면) 勿大兮(뒷면) '古阤 夲波

(本原)인 豆物烈智와 △勿大兮가 (낸 뭐이다.)'

Ⅳ-595번. 古阤一古利村牟波(앞면) 阤ゝ支 稗麥(뒷면) '古阤 一
古利村의 牟波(本原)이며, 阤ゝ支가 낸 稗와 麥이다.'

Ⅴ-163번. 古阤一古利村牟波(앞면) 阤ゝ只稗麥(뒷면) '古阤 一
古利村의 牟波(本原)이며, 阤ゝ只가 낸 稗와 麥이다.'

Ⅴ-166번. 古阤伊未知上干一大今伐(앞면) 豆幼去(뒷면) '古阤의
伊未知 上干支와 一大今伐豆幼去가 낸 (뭐이다.)'

古阤 목간 16점은 모두 앞면과 뒷면으로 되어 있다. 여기에서는 古
阤+촌명+牟波(阿那, 末那)+인명+稗石으로 된 2007-11번, 2007-14
번, 2007-17번, 2007-25번, 2007-33번, 2007-57번 등의 6예가 있
다. 다음으로 古阤+촌명+인명+稗麥으로 된 20번, 28번, 2006-30번,
Ⅳ-593번, Ⅴ-163 등의 5예가 있다. 그 다음으로 古阤+촌명+인명으
로 된 것으로 2007-10번이 있다. 마지막으로 古阤+인명+외위명+인
명의 예가 Ⅴ-166번이다. 古阤一古利村, 古阤伊骨利村, 古阤密村, 古阤
新村, 古阤牟破豆△村은 古阤가 군명이므로 뒤에 나오는 一古利村, 伊
骨利村, 密村, 新村, 豆△村은 모두 행정촌이다.

다음은 甘文城의 목간에 대해서 조사할 차례가 되었다. 우선 관계
자료를 제시부터 하면 다음과 같다.

2번. 甘文城下麥甘文牟波王村(앞면) 文利村知利兮負(뒷면) '甘
文城 下의 麥을 甘文의 牟波(本原)인 王村文利村의 知利兮負가
(낸 것이다.)'

10번. 甘文牟波居村旦利村伊竹伊 '甘文의 牟波(本原)인 居村旦
利村의 伊竹伊가 낸 것이다.'

2006-1번. 甘文城下麥牟波大村毛利只(앞면) 一石(뒷면) '甘文城
下의 麥을 牟波(本原)인 大村의 毛利只가 낸 一石이다.'

2007-45번. 甘文城下(麥)米十一(斗)石(喙)大村卜只次持去 '甘文

城 下의 (麥)과 米 十一(斗)는 石(喙)大村의 卜只次持去가 낸 것
이다.'

V-165번. 甘文(城)下麥十五石甘文(앞면) 夲波加本斯(稗)一石之
(뒷면) '甘文(城) 下의 麥 十五石을 甘文의 夲波(本原)인 加本斯
(稗)一石之가 낸 것이다.'

2016-W94번. 甘文城下麥十五石甘文夲波(앞면) (伊)次只去之(뒷
면) '甘文城 下의 麥 十五石을 甘文 夲波(本原)인, (伊)次只去之
가 낸 것이다.'

甘文(城) 목간은 6점 가운데 5점이나 城下麥 목간이다. 夲波도 6점
가운데 5점에서나 나오고 있다. 甘文城下麥+보리량+甘文夲波+인명으
로 된 V-165번과 2016-W94번은 공통성이 있으나 나머지 4점은 공
통성이 없이 제각각이다. 甘文의 뒤에 나오는 王村文利村, 居村旦利村,
大村, 石(喙)大村은 모두 행정촌이다.

다음은 及伐城에 대해서 조사할 차례가 되었다. 우선 관계 자료부터
제시하면 다음과 같다.

8번. 及伐城秀乃巴稗 '及伐城의 秀乃巴가 낸 稗이다.'
42번. 及伐城立龍稗石 '及伐城의 立龍이 낸 稗 1石이다.'
74번. 及伐城只智稗石 '及伐城의 只智가 낸 稗 1石이다.'
80번. 及伐城△△稗石 '及伐城의 △△가 낸 稗 1石이다.'
2007-23번. 及伐城文尸伊稗石 '及伐城의 文尸伊가 낸 稗 1石
　　　　　　 이다.'
2007-24번. 及伐城文尸伊急伐尺稗石 '及伐城의 文尸伊와 急伐
　　　　　　 尺이[11] 낸 稗 1石이다.'

---

11) 急伐尺을 居伐尺과 같은 외위로 본 윤선태의 가설이 있으나 인명으로 보인다.
왜냐하면 관등명이라고 하면 2007-23목간에서 文尸伊로 인명만이 기록될 수
없기 때문이다.

2007-42번. 及伐城登奴稗石 '及伐城의 登奴가 낸 稗 1石이다.'
IV-590번. 及伐城日沙利稗石 '及伐城의 日沙利가 낸 稗 1石이다.'

及伐城 목간은 모두 8점이다. 及伐城은 『삼국사기』, 지리지에 나오는 及伐(山)郡 또는 岋山郡으로 영주시 일원에 있던 郡名이다. 모두 及伐城+인명+稗石(稗)로 되어 있다. 2007-24번만은 두 사람이 나오고 있어서 유사쌍둥이 목간이다. 유사쌍둥이 목간은 목간의 제작지가 及伐城이 아닌 성산산성이라는 중요한 증거가 된다.[12] 앞면과 뒷면으로 된 목간은 1점도 없다.

이제 仇伐의 목간에 대해 조사할 차례가 되었다. 우선 관련 목간의 자료부터 제시하면 다음과 같다.

7번. 仇伐干好律村卑尸稗石 '仇伐 干好律村의 卑尸가 낸 稗 1石이다.'
52. 仇伐阿那舌只稗石 '仇伐의 阿那(어떤 방향이나 위치의 지역을 표시하는 땅 또는 들)의 舌只가 낸 稗 1石이다.'
2007-6번. 仇伐末那刀礼奴(앞면) 弥次分稗石(뒷면) '仇伐 末那(어떤 방향이나 위치의 지역을 표시하는 땅 또는 들)의 刀礼奴와 弥次分이 낸 稗 1石이다.'
2007-37번. 仇伐阿那內欣買子(앞면) 一万買稗石(뒷면) '仇伐 阿那(어떤 방향이나 위치의 지역을 표시하는 땅 또는 들)의 內欣買子와 一万買가 낸 稗 1石이다.'
2007-48번. 丘伐稗石 '丘伐에서 낸 稗 1石이다.'
2016-W66번. 丘伐未那早尸智居伐尺奴(앞면) 能利智稗石(뒷면) '丘伐 未那(어떤 방향이나 위치의 지역을 표시하는 땅 또는 들)의 早尸智와 居伐尺과 奴能利智가 낸 稗 1石이다.'

---

12) 김창호, 『고신라 금석문과 목간』, 2018, 207쪽.

먼저 仇伐 목간은 모두 稗石으로 끝나고 있다. 仇伐 목간은 7번은 仇伐+촌명+인명+稗石으로 되어 있다. 다음 2007-6번과 2007-37번은 仇伐+末那(阿那)+두 명의 인명+稗石으로 되어 있다. 그 다음으로 52번 목간은 仇伐+阿那+인명+稗石으로 되어 있다. 그 다음으로 2007-48번 목간은 독특하게 仇伐+稗石으로 되어 있다. 마지막으로 2016-W66번 은 丘伐+末那+인명+인명+인명+稗石으로 구성되어 있다. 7번 목간에 서 구벌은 군명이므로 구벌 뒤에 나오는 干好律村은 행정촌명이다.

夷津(支城)의 목간을 조사할 차례가 되었다. 우선 관련 목간의 자료 부터 제시하면 다음과 같다.

30번. 夷津支阿那古刀羅只豆支(앞면) 稗(뒷면)
'夷津支의 阿那(어떤 방향, 위치의 지역을 표시하는 땅 또는 들) 의 古刀羅只豆支가 낸 稗이다.'
2006-4번. 夷津李波只那公末△稗 '夷津의 李波(本原)이며, 只那 公末가 낸 稗이다.'
2007-30번. 夷(津)支士斯石村末△△然(앞면) 麥(뒷면) '夷(津)支 士斯石村의 末△△然가 낸 麥이다.'
2007-44번. 夷津支城下麥王△巴珎兮村(앞면) 弥次二石(뒷면) '夷津支城 下의 麥은 王△巴珎兮村의 弥次가 낸 二石이다.'
2007-304번. 夷津支城下麥烏列支(負)(앞면) △△△石(뒷면) '夷 津支城 下의 麥을 烏列支(負)의 △△가 낸 △石이다.'

먼저 2007-44번과 2007-304번은 그 순서가 夷津支城+下麥+촌명+ 인명+보리의 양으로 똑 같다. 다음으로 30번은 夷津支+阿那+인명+稗 로 되어 있다. 그 다음으로 2006-4번은 夷津+李波+인명+稗로 되어 있다. 2007-30번은 夷(津)支+末那+촌명+인명+麥으로 되어 있다. 이 2007-30번 목간은 麥이 나오면서 城下麥 목간이 아닌 예로 중요하다. 夷津支城 다음에 나오는 士斯石村, 王△巴珎兮村, 烏列支(負)△은 모두 행정촌이다.

다음은 鄒文(村)에 대하여 조사할 차례가 되었다. 우선 관련 목간의 자료부터 제시하면 다음과 같다.

39번. 鄒文比尸河村尒利牟利 '鄒文 比尸河村의 尒利牟利가 (낸 뭐이다.)'

54번. 鄒文△△△村△夲石 '鄒文 △△△村의 △夲石이 (낸 뭐이다.)'

2006-17번. 鄒文村內旦利(魚) '鄒文村의 內旦利가 낸 (魚)이다.'

2007-52번. 鄒文(前)那牟只村(앞면) 伊△罜(뒷면) '鄒文 (前)那 (어떤 방향이나 위치의 지역을 표시하는 땅 또는 들)의 牟只村의 伊△罜이 (낸 뭐이다.)'

먼저 39번과 54번 목간은 鄒文+촌명+인명이다. 다음 2006-17번은 鄒文村+인명+魚[고기]로[13] 고기가 공진물에 나오는 유일한 예이다. 마지막으로 2007-52번 목간은 鄒文+前那+촌명+인명으로 구성되어 있다. 鄒文(村) 다음에 나오는 比尸河村, △△村, 牟只村은 모두 행정촌이다.

다음은 買谷村에 대하여 조사할 차례가 되었다. 우선 관련 목간의 자료부터 제시하면 다음과 같다.

2006-7번. 買谷村古光斯珎于(앞면) 稗石(뒷면) '買谷村의 古光과 斯珎于가 낸 稗 1石이다.'

2007-61번. 買谷村物礼利(앞면) 斯珎于稗石(뒷면) '買谷村의 物礼利와 斯珎于가 낸 稗 1石이다.'

이 두 목간은 買谷村+두명의 인명+稗石으로 구성되어 있다. 斯珎于

---

13) 고기는 생선을 말린 것으로 짐작된다.

의 경우는 두 목간에 모두 인명이 나와서 유사쌍둥이 목간이다. 이는 목간의 제작지가 성산산성이라는 단초가 된다. 왜냐하면 발송지인 買谷村에서 목간이 작성되었다면 斯珎于는 양 쪽 목간에서 나오지 않고, 한 쪽에서 나올 것이기 때문이다. 買谷村은 『삼국사기』, 지리지에 善谷縣 本高句麗買谷縣이라고 나와서 행정촌이다.

다음은 湏伐에 대하여 조사할 차례가 되었다. 우선 관련 목간의 자료부터 제시하면 다음과 같다.

77번. 湏伐本波居湏智 '湏伐 本波(本原)의 居湏智가 (낸 뭐이다.)'

한 점밖에 발굴되지 않았다. 湏伐=沙伐로 현재 경북 상주시 일대이다. 목간은 湏伐+本波+인명으로 구성되어 있다. 湏伐은 군명이다.

다음은 勿思伐에 대하여 조사할 차례가 되었다. 우선 관련 목간의 자료부터 제시하면 다음과 같다.

2007-15번. 勿思伐 豆只稗一石 '勿思伐의 豆只가 낸 稗 一石이다.'

한 점밖에 발굴되지 않았다. 勿思伐은 적성비에 勿思伐城幢主라고 나와서 그 위치를 충북 지역으로 볼 수가 있다.

다음은 鐵山에 대하여 조사할 차례가 되었다. 우선 관련 목간의 자료부터 제시하면 다음과 같다.

V-164. 三月中鐵山下麥十五斗(앞면) 左旅△阿礼村波利足(뒷면) '三月에 鐵山 下의 麥 十五斗를 左旅△阿礼村의 波利足이 낸 것이다.'

한 점밖에 발굴되지 않았다. 城下麥 목간에 속하는 것으로 三月中에라고 달이 표시되어 있다. 城下麥의 城은 전부 郡이므로 鐵山도 군으로 보아야 한다. 鐵山郡의 소속인 左旅△阿礼村은 행정촌이다.

다음은 比思(伐)에 대하여 조사할 차례가 되었다. 우선 관련 목간의 자료부터 제시하면 다음과 같다.

IV-597. 正月中比思(伐)古尸次阿尺夷喙(앞면) 羅兮落及伐尺幷作前瓷酒四斗瓮(뒷면) '正月에 比思(伐)의 古尸次 阿尺의 夷(무리, 동료)와 喙(部) 羅兮落 及伐尺(경위명)이 아울러 前瓷酒 四斗瓮을 만들었다.'

이 목간은 외위를 가진 지방민이 경위를 가진 喙部 출신의 왕경인과 함께 나오는 유명하다. 이렇게 지방민과 왕경인이 함께 인명과 관등명이 나오는 예는 이 목간이 처음이다. 比思(伐)은 나중에 州治가 설치되는 곳이므로 군으로 보아야 할 것이다.

다음은 王子寧(△)에 대하여 조사할 차례가 되었다. 우선 관련 목간의 자료부터 제시하면 다음과 같다.

2016-W155. 王子寧△改大村△刀只(앞면) 米一石(뒷면) '王子寧의 △改大村의 △刀只가 낸 米 一石이다.' 또는 '王子寧(△)의 改大村의 △刀只가 낸 米 一石이다.'

이 목간은 王子寧을 壬子年으로 읽어서 592년으로 보고 있다.[14] 단면 목간이나 양면 목간에서는 연간지가 나온 예가 없어서 따르기 어렵다. 함안 성산산성 4면 목간에서는 연간지가 나올 가능성이 있다. 王子寧 또는 王子寧(△)은 군명이고, (△)改大村은 행정촌명이다.

다음은 巴珎兮城에 대하여 조사할 차례가 되었다. 우선 관련 목간의 자료부터 제시하면 다음과 같다.

---

14) 손환일의 가설이다. 일설에는 532년으로 보기도 한다.

60. 巴珎兮城下(麥)~(앞면) 巴珎兮村~(뒷면) '巴珎兮城 下의 麥을
巴珎兮村의 누구가 (몇 石)낸 뭐이다.'

이 목간은 城下麥 목간이다. 城下麥 목간은 甘文城에서 5점, 夷津
支城에서 2점, 鐵山에서 1점, 巴珎兮城에서 1점 등 모두 9점이 나왔
다. 모두 ~城下麥의 ~城은 모두 郡으로 판단된다. 巴珎兮城도 군명이
고, 巴珎兮村은 행정촌명이다.

지명+지명+인명으로 된 목간은 郡名+行政村名+인명으로 판단된다.
그래서 다음과 같은 예가 나온다.

1번. 仇利伐 /上彡者村(앞면) 乞利(뒷면)
3번. 仇利伐/上彡者村 波婁
34번. 仇利伐/上彡者村 波婁
2016-W62번. 仇利伐/上彡者村△△△△

上彡者村은 행정촌으로『삼국사기』, 지리지의 康州 咸安郡 領縣인
召彡縣이다. 따라서 上彡者村도 행정촌으로 판단된다. 그렇다면 仇利
伐은 郡名이다.
伊伐支가 나오는 행정촌명을 조사할 차례가 되었다.

6번. 王松鳥多伊伐支乞負支 '王松鳥多 伊伐支의 乞負支가 낸 것이다.'
79번. 伊伐支△△波稗一 '伊伐支의 △△波가 낸 稗 一(石)이다.'
2006-25번. 王松鳥多伊伐支卜然 '王松鳥多 伊伐支의 卜然가 (낸
뭐이다.)'

여기에서 伊伐支는『삼국사기』지리지에 隣豊縣 本高句麗伊伐支縣이라고
나와서 행정촌이 틀림없다. 따라서 王松鳥多는 군명이다. 상삼자촌과

이벌지의 예에서 추론하면 지명+지명+인명으로 된 목간은 앞의 지명
은 군명, 뒤의 지명은 행정촌이다. 그래서 仇利伐, 古陁, 甘文城, 仇伐,
夷津(支城), 鄒文(村), 湏伐, 勿思伐, 王松鳥多, 盖弖, 鐵山, 比思(伐), 王
子寧(△), 巴珎兮城(물사벌과 비사벌 등은 지명+인명으로 되어 있음)은
모두 郡名으로 판단되고, 그 다음의 지명은 행정촌명이다. 한 번의 지
명만 나오는 買谷村은 행정촌으로, 及伐城은 군으로 판단된다. 왜냐하면
買谷村은 『삼국사기』 지리지에 善谷縣 本高句麗買谷縣이라고 나와서 행정
촌이고, 及伐城은 『삼국사기』 지리지에 岋山郡 本高句麗及伐山郡이라고
해서 郡名이다.

III. 동일한 촌명

동일한 촌명으로는 古陁에 가장 많이 나온다. 전부 양면으로 된 것
을 특징으로 하는 古陁에는 新村, △村, 密村을 제외하고 전부 伊骨利
村(一古利村)뿐이다.

20번 古陁伊骨利村(鄒)(앞면)
仇仍支稗麥(뒷면)
28번 古陁伊骨利村阿那衆智卜利古支(앞면)
稗麥(뒷면)
31번 古陁一古利村末那(앞면)
毛羅次尸智稗石(뒷면)
2006-30번 古陁伊骨村阿那(앞면)
仇利稿支稗麥(뒷면)
2007-11번 古陁一古利村末那(앞면)
殆利夫稗(石)(뒷면)
2007-14번 古陁一古利村末那仇△(앞면)
稗石(뒷면)

2007-17번 古阤一古利村△~(앞면)

乃兮支稗石(뒷면)

2007-25번 古阤一古利村阿那弥伊△久(앞면)

稗石(뒷면)

2007-33번 古阤一古利村末那沙見(앞면)

日糸利稗石(뒷면)

Ⅳ-595 古阤一古利村李波(앞면)

阤〻支稗麥(뒷면)

Ⅴ-163 古阤一古利村李波(앞면)

阤〻只稗麥(뒷면)

古阤 목간은 모두 앞면과 뒷면의 양면으로 되어 있다. 가장 흥미로운 점은 古阤 목간에서만 나오는 一古利村과 伊骨利村은 동일한 촌명인지 여부이다. 우선 2006-30번 목간의 伊骨村은 伊骨利村에서 利자가 빠진 동일한 촌명이다. 古阤에서만 나오는 一古利村과 伊骨利村은 음상사이므로 동일한 지명으로 판단된다.

仇利伐(22점의 예)과 丘利伐(2016-W89번)은 한자음이 꼭 같다. 仇伐(7번, 52번, 2007-6번, 2007-12번, 2007-37번)과 丘伐(2007-48번, 2016-W66번)은 한자음이 동일하다. 이는 남산신성비 제2비(阿旦兮村과 阿大兮村, 沙刀城과 沙戶城, 久利城과 仇利城가 크게 차이가 있음)의 14명 인명 표기 차이보다 함안 성산산성의 270여 명 인명 표기가 그 차이가 적다. 함안 성산산성에서는 一古利村이 伊骨利村으로 나오고 나머지 8예는 음은 같고 한자가 틀릴 뿐이다. 이렇게 정확한 한자로 지명을 적는 것은 성산산성에서 목간을 제작했기 때문으로 보인다.

○ 맺음말

먼저 단독 성촌명과 행정촌을 조사하였다. 단독으로 나오는 성촌명은 모두 행정촌으로 보았다. 고신라의 금석문과 목간에는 자연촌의 예가 없다.

다음으로 촌명만 단독으로 있는 경우도 행정촌으로 보았고, 郡名+행정촌명에 있어서는 仇利伐, 古阤, 甘文城, 仇伐, 夷津(支城), 鄒文(村), 湏伐, 勿思伐, 王松鳥多, 冠盖, 鐵山, 王子寧△, 巴珎兮城의 郡名 다음에는 행정촌이 온다고 보았다.

마지막으로 동일한 촌명을 조사하였다. 古阤에서만 나오는 一古利村과 伊骨利村은 음상사이므로 동일한 지명으로 판단된다. 仇利伐(22점의 예)과 丘利伐(2016-W89번)은 한자음이 꼭 같다. 仇伐(7번, 52번, 2007-6번, 2007-12번, 2007-37번)과 丘伐(2007-48번, 2016-W66번)은 한자음이 동일하다. 이는 남산신성비 제2비(阿旦兮村과 阿大兮村, 沙刀城과 沙戶城, 久利城과 仇利城가 크게 차이가 있음)의 14명 인명 표기 차이보다 함안 성산산성의 270여 명 인명 표기가 그 차이가 적다. 이렇게 정확한 한자로 지명을 적는 것은 성산산성에서 목간을 제작했기 때문으로 보인다.

제3장

지방 관아 목간의
성격

제1절 함안 성산산성의 城下麥 목간

○ 머리말

한국의 고대 목간은 종이가 없던 시대에 종이 대신에 나무를 깎아서 긴 사각형에 가깝게 만든 데에 붓으로 한자를 쓴 것이다. 1면에만 글씨가 있는 것이 있고, 앞면과 뒷면의 양면으로 된 것이 있고, 드물게는 4면으로 된 문서목간이 있다. 고구려의 예는 없고, 백제 사비성시대의 왕경과 지방 목간, 고신라의 왕경과 지방 목간, 통일신라의 왕경과 지방 목간 등이 있다. 목간의 대부분은 인명표기가 주류를 이루고 있다. 인명표기는 신라의 경우는 직명+출신지명+인명+관등명이고, 백제의 경우는 직명+부명+관등명+인명의 순서이다. 그래서 금석문과 목간을 연구하는 데에 있어서 인명표기의 중요성은 아무리 강조해도 지나치지 않다.

함안 성산산성 목간에는 城下麥 목간이 있다. 이를 공진물의 수납으로 甘文(城) 등을 그 예를 들었다. 목간의 제작지가 성산산성이 아닐 경우에 타당하나 성산산성일 경우에는 그렇게 볼 수가 없다. 성하맥 목간은 목간에 적힌 내용이 복잡하게 되어 있다. 그래서 어느 목간에서는 나오지 않고, 성산산성 목간에만 나오는 독특한 것이다. 그래서 공진물의 수납의 구체적인 예로 보았다. 10여 예가 나오는 성하맥 목간은 그 형식도 다양하다. 10여 개의 성하맥 목간의 어디에도 공진물의 수납이라는 구체적인 예는 없다. 오히려 성하맥 목간이 복잡하게 되어 있으며, 다른 곳의 지방 목간에는 없고, 성산산성에만 있을 뿐이다. 성하맥 목간 전체를 열심히 조사하면 성산산성 목간에만 성하맥 목간이 있는 지하는 이유를 알 수 있을 것이다. 이것이야말로 목간 연구에 있어서 기본이 되는 것이다. 성하맥 목간이 존재하는 이유를 알아야 한다. 그래야 성하맥 목간의 성격을 규명할 수 있다. 이를 금석문 자료에서나 성산산성 목간에서도 찾을 수 없고, 오로지 성산산성 성하맥 목간을 통해서만 찾을 수 있다.

여기에서는 城下麥 9점을 주된 대상으로 하기 위해 먼저 城下麥 목간의 판독과 해석을 살펴보고, 다음으로 주요 지명 속에서의 城下麥 목간을 살펴보고, 마지막으로 城下麥 목간의 검토를 하여 목간 연구에 조그만 디딤돌을 삼고자 한다.

Ⅰ. 城下麥 목간의 판독과 해석

종래 수송체계와 관련된 것으로 알려졌던 城下麥 목간은 모두 현재까지 9점이다.[1) 甘文城下麥 5예, 夷津支城下麥 2예, 巴珎兮城下(麥) 1예, 鐵山下麥 1예가 그것이다. 이들의 판독하고 해석을 살펴보기로 하자.

2번 목간 甘文城下麥甘文本波王村(앞면) 文利村知利兮負(뒷면)에 판독에 다른 견해가 없다. 60번 목간은 巴珎兮城下(麥)(앞면) 巴珎兮村(뒷면)으로 본 가설이 많으나[2) 巴珎兮城下(麥)(결락)(앞면) 巴珎兮村(결락)(뒷면)으로 보아야 한다. 2006-1번 목간 甘文城下麥本波大村毛利只(앞면) 一石(뒷면)에 대해서는 판독에 다른 이견이 없다.

2007-44.夷津支城下麥王△巴珎兮村(앞면) 弥次二石(뒷면)에 대해서는 다른 이견이 없다. 2007-45.甘文城下(麥)米十一(斗)石(喙)大村卜只次持去에 대해서는 5번째 글자를 稅자로 읽는 견해가 있으나[3) 麥자로 추

---

1) 65(036).甘文城下~(앞면) 河波△(뒷면) '甘文城下의 麥을 河波△ (낸 얼마이다)' 등도 있으나 완전한 인명표기로 된 것이 아니라 제외했다.
2) 국사편찬위원회 한국사데이터베이스에 근거할 때 윤선태, 이수훈, 전덕재의 견해이다.

독된다. 2007-304.夷津支城下麥烏列支負(앞면) △△△石(뒷면)만으로
제시되었다. V-164.三月中鐵山下麥十五斗(앞면) 左旅△河礼村波利足(뒷
면)에는 다른 이견이 없다. V-165.甘文下麥十五石甘文(앞면) 本波加本
斯(稗)一石之(뒷면)에도 다른 견해가 없다. 2016-W94.甘文城下麥十五
石甘文本波(앞면) 伊負只去之(뒷면)에도 별다른 이견이 없다. 지금까지
판독 결과와 전문의 해석문을 제시하면 다음과 같다.

2.甘文城下麥甘文本波王村(앞면) 文利村知利兮負(뒷면) '甘文城
下의 麥을 甘文의 本波(本原)인 王村文利村의 知利兮負가 (낸
것이다.)'

60.巴珎兮城下(麥)(결락)(앞면) 巴珎兮村(결락)(뒷면) '巴珎兮城
下의 麥 얼마는 巴珎兮村의 누가 낸 것이다.'

2006-1.甘文城下麥本波大村毛利只(앞면) 一石(뒷면) '甘文城 下
의 麥은 本波(本原)인 大村의 毛利只가 낸 一石이다.'

2007-44.夷津支城下麥王△巴珎兮村(앞면) 弥次二石(뒷면) '夷津
支城 下의 麥은 王智巴珎兮村의 弥次가 낸 二石이다.'

2007-45.甘文城下(麥)米十一(斗)石(喙)大村卜只次持去 '甘文城
下의 (麥)米 十一(斗)는 石(喙)大村의 卜只次持去가 낸 것이다.'

2007-304.夷津支城下麥烏列支負(앞면) △△△石(뒷면) '夷津支
城 下의 麥을 烏列支負△△가 (낸 몇 石이다.)'

V-164.三月中鐵山下麥十五斗(앞면) 左旅△河礼村波利足(뒷면)
'三月에 鐵山 下의 麥 五十斗를 左旅△河礼村의 波利足이 낸
것이다.'

V-165.甘文(城)下麥十五石甘文(앞면) 本波加本斯(稗)一石之(뒷
면) '甘文(城) 下의 麥 十五石을 甘文의 本波(本原)인 加本斯
(稗)一石之이 낸 것이다.'

---

3) 이수훈, 2012, 「성산산성 목간의 성하맥과 수송체계」 『지역과 역사』 30, 2012,
151쪽.

2016-W94.甘文城下麥十五石甘文牟波(앞면)   伊負只去之(뒷면)
'甘文城 下의 麥 十五石을 甘文 牟波(本原)이며, 伊負只去之가
낸 것이다.'

　　V-164 下의 아래에서 나오는 麥은 麥芽[엿기름]로 곡물을 糖化시키
는 원료로 사용된다. 이는 주로 양력 6월에 수확한다. 그런데 V-164.
三月中鐵山下麥十五斗(앞면) 左旅△河礼村波利足(뒷면)에서는 음력3월에
곧 양력 4월에 난 것으로 되어서 수송체계와는 관계가 없게 된다. 곧
양력 6월에 수확되는 보리를 양력4월에 공진물로 바지고 있어서 수송
체계와는 관계가 멀게 된다. V-164.三月中鐵山下麥十五斗(앞면) 左旅
△河礼村波利足가 十五斗를 양력 4월에 공진할 까닭이 없고, 양력4월
에 남은 보리를 표기한 물품꼬리표로 보인다.
　　이렇게 城下麥이외의 麥이 나오는 예는 2007-30번 夷(津)支(未)那石
村末△△烋 (앞면) 麥(뒷면)의 예와 2006-37번 ~△利村△△麥石의 예
밖에 없다. 이는 '2007-30번 夷(津)支의 土斯石村의 △△烋가 낸 麥
얼마이다.'로 해석된다. 이는 麥이 城下麥으로 표기되지 않음을 나타내
준다. 9번이나 나오는 城下麥과 그냥 麥의 차이가 궁금하다. 麥의 경
우는 다른 목간과 차이가 없다. 城下麥의 경우는 몇가지 방법으로 기
재하고 있다.
　　지명+城下麥+麥의 용량+맥을 내는 인명과 지명+城下麥+지명+麥을
내는 인명+麥의 용량을 적는 것으로 크게 나눌 수가 있다. 이러한 것
은 성산산성의 목간에서 특이한 것으로 공진물을 내는 수송체계로 해
석해 왔다. 주지하는 비와 같이 甘文 등의 지역은 경북 북부에 많이
위치하고 있어서 수송체계를 水運으로 보는 것은 타당할 것이다. 그렇
다면 독자적인 수송체계를 표시할 필요가 없다. 더구나 보리의 수확기
가 아닌 양력 4월이 V-164.三月中鐵山下麥十五斗(앞면) 左旅△河礼村
波利足(뒷면)이 명기되어 있어서 수확기의 곡물 표시와는 다르다. 여기
에서 중요한 점은 이 城下麥 목간은 甘文城下麥, 夷津支城下麥, 巴珎兮

城下(麥), 鐵山下麥이 전부이다. 仇利伐, 古陁, 勿思伐, 鄒文(村), 買谷村, 湏伐, 王松鳥多, 冐盖, 比思(伐), 王子寧(△) 등에서는 城下麥 목간이 없다는 사실이다. 그것도 9예 가운데 甘文 5예, 夷津支城 2예, 巴珎分城 1예, 鐵山 1예가 전부이다. 甘文이 절반 이상을 차지하고 있다.

II. 주요 지명 속에서의 城下麥 목간

적어도 郡으로 추정되는 지명은 仇利伐, 古陁, 甘文(城), 及伐城, 仇伐, 夷津(支)(城), 鄒文(村), 買谷村, 湏伐, 勿思伐, 王松鳥多, 冐盖, 鐵山, 比思(伐), 王子寧(△), 巴珎分城 등이다. 이들 지명의 특징을 조사해 보기로 하자. 먼저 仇利伐 목간에 대해 검토해 보기로 하자. 우선 설명의 편의를 위해 구리벌 목간과 추정 仇利伐 목간부터 제시하면 다음과 같다.

仇利伐[4]
1번 仇利伐 /上彡者村(앞면) 乞利(뒷면)
3번 仇利伐/上彡者村 波婁
4번 仇利伐 /仇失了一伐/尒利△一伐
5번 仇利伐 △德知一伐奴人塩
33번 仇利伐 /(彤)谷村/仇礼支 負

---

4) 추정 구리벌 목간은 다음과 같다.
　　17번 ~前谷村阿足只(負)
　　35번 ~內恩知奴人居助支 負
　　37번 ~內只次奴湏礼支 負
　　38번 ~比夕湏奴尒/先(利)支 (負)
　　2006-27번 ~末甘村/借刀利 負
　　2007-8번 ~一伐奴人毛利支 負(2007-31번 목간과 쌍둥이 목간이다)
　　2007-41번 목흔만(앞면)
　~△居利負(뒷면)

34번 仇利伐/上彡者村 波婁

36번 (仇利伐)/只卽智奴/於△支 負

2006-10번 (仇利伐) △△奴△△支 負

2006-24번 仇利伐 /比夕湏 奴 先能支 負

2006-31번 (仇利伐)~(앞면) 一古西支 負(뒷면)

2007-18번 仇利伐/(衫伐)只(村)/同伐支 (負)

2007-20번 仇(利伐)/~智

2007-27번 仇利伐/郝豆智 奴人/△支 負

2007-31번 仇利伐 仇陁知一伐奴人 毛利支 負

2007-53번 仇利伐/習彤村/牟利之 負

2007-55번 仇利伐 今尒次負

Ⅳ-495 仇利伐谷△△ (負)

Ⅳ-582 仇利伐記夲礼支 負

Ⅳ-587 仇利伐(앞면) △伐彡△村伊面於支 負(뒷면)

Ⅳ-591 仇(利伐) △△智(奴)人 △△△ 負

2016-W62 仇利伐/上彡者村△△△△

2016-W89 丘利伐/卜 今智上干支奴/△△巴支 負

2016-W92 仇利伐/夫及知一伐 奴人/宍巴礼 負

仇利伐 목간에는 1번 仇利伐 上彡者村(앞면) 乞利(뒷면), 3번과 34번 仇利伐/上彡者村 波婁(쌍둥이 목간), 33번 仇利伐 /(彤)谷村/仇礼支, 2016-W62 仇利伐/上彡者村△△△△와 같이 仇利伐+행정촌명+인명으로 된 것이 있다. 여기에서도 2가지로 적히고 있다. 곧 1번 목간처럼 앞면과 뒷면에 적힌 경우, 3번과 33번과 34번처럼 할서로 적힌 경우로 나눌 수 있다.

4번 仇利伐 /△阤△一伐/尒利△一伐처럼 仇利伐 출신의 두 사람이 할서로 적혀 있는 데에도 불구하고 仇失了一伐과 尒利△一伐로 외위를 가지고 있다. 이는 할서의 의미를 자연촌으로 볼 수 없는 중요한 근거가 된다. 왜냐하면 仇失了一伐과 尒利△一伐이 모두 郡의 행정촌 소속임을 나타내주고 있다.

5번 仇利伐 △德知一伐奴人塩도 仇利伐 목간에서 가장 중요한 것 가운데 하나이다. 이를 仇利伐을 경북 안동시 임하면 일대인 屈火郡, 屈弗郡, 曲城郡으로 보고,5) 塩자를 인명의 하나로 보았다. 이렇게 되면 고신라 금석문과 목간에서 塩자가 인명에 포함되는 유일한 예가 되고, 파실된 부분이 塩△△~負가 되어야 한다. 그러면 파실된 글자가 최소한 4자이상이나 되어 너무 많다. 5번 仇利伐 △德知一伐奴人塩에서 5번 仇利伐 △德知一伐奴人塩(負)로 負자가 파실된 것으로 볼 수가 있다. 이렇게 되면 奴人으로서 짐꾼이 함께하지 않는 유일한 예가 된다. 그래서 구리벌을 안동시 임하면 일대로 보고, 塩을 인명의 일부로 보기도 했다. 성산산성에 도착하기 전에6) △德知一伐奴人의 짐꾼이 죽어서 목간 공간에 짐꾼의 이름 대신에 그냥 塩이라고 표기했을 것이다. 그래서 仇利伐의 奴人은 울진봉평비의 奴人과 함께 소금 생산자로7) 판단된다. 또 1번 仇利伐 /上彡者村(앞면) 乞利(뒷면), 3번과 34번 仇利伐/上彡者村 波婁(쌍둥이 목간), 2016-W62 仇利伐/上彡者村△△△△의 상삼자촌은 『삼국사기』, 지리지의 康州 咸安郡 領縣인 召彡縣이다. 그래서 구리벌은 소금을 생산하므로 바다를 가져야 하므로 함안군에서 마산시에 이르는 지역이다. 그렇지 않고서는 적어도 郡으로 추정되는 古阤, 甘文(城), 及伐城, 仇伐, 夷津(支)(城), 鄒文(村), 買谷村, 湏伐, 勿思伐, 王松鳥多, 盰盖, 鐵山, 比思(伐), 王子寧(△), 巴珎兮城 등에서는 奴(人)이 나오지 않고 유독 仇利伐에서만 奴(人)이 나오는 이유를 풀 수가 없다. 따라서 5번 仇利伐 △德知一伐奴人塩을 5번 仇利伐 △德知一伐奴人塩 (負)로 보아야 된다.

36번 (仇利伐)/只卽智奴/於△支負, 2006-10번 (仇利伐) △△奴△△

---

5) 이경섭, 앞의 논문, 2011, 542~543쪽.
6) 이 5번 仇利伐 △德知一伐奴人塩(負)는 성산산성에 도착하고 나서 제작되었다.
7) 김창호, 『고신라 금석문과 목간』, 주류성출판사, 121쪽.

支負, 2006-24번 仇利伐/比夕湏 奴 先能支 負, 2007-27번 仇利伐/郝豆智奴人/△支負, 2007-31번 仇利伐 仇陁知一伐奴人 毛利支 負, Ⅳ-591 仇(利伐) △△智(奴)人 △△△ 負, 2016-W89 丘利伐/卜今智上干支奴/△△巴支 負이 한 그룹이 된다. 이 가운데에서 36번, 2006-24번, 2007-27번, 2016-W89은 할서로 적혀 있고, 2007-31번은 할서가 아니다. 다시 奴人으로 된 것과 奴로 된 것으로 나눌 수 있으나 이는 결국 같은 것이다.

2006-31번 (仇利伐)~(앞면) 一古西支 負(뒷면), 2007-55번 仇利伐今尒次負, Ⅳ-495 仇利伐谷△△ (負), Ⅳ-582 仇利伐記夲礼支 負가 仇利伐+인명+負로 한 그룹이 된다. 2006-31번만이 앞면과 뒷면에 기록하고 있고, 2007-55번, Ⅳ-495, Ⅳ-582는 한 면에만 기록하고 있다.

2007-18번 仇利伐/(衫伐)只(村)/同伐支 (負), 2007-53번 仇利伐/習肜村/毛利之 負, Ⅳ-587 仇利伐(앞면) △伐彡△村伊面於支 負(뒷면), 2016-W92 仇利伐/夫及知一伐奴人/宍巴礼 負들이 한 그룹이다. 이 목간들은 구리벌+행정촌명+인명+負이지만 앞면과 뒷면에 기록한 Ⅳ-587을 제외하면 한 면에 기록하고 있고, 2016-W92의 경우는 仇利伐+인명+관등명+負+인명으로 되어 있다.

또 7-18번, 7-53번, 2016-W92는 할서로 되어 있다.

古陁에 해당되는 행정촌명을 제시하면 다음과 같다.

20번 古陁伊骨利村△(앞면)

仇仍支稗麥(뒷면)

28번 古陁伊骨利村阿那衆智卜利古支(앞면) 稗麥(뒷면)

29번 古陁新村智利知一尺那△(앞면) 豆于利智稗石(뒷면)

31번 古陁一古利村末那(앞면) 毛羅次尸智稗石(뒷면)

2006-30번 古陁伊骨村阿那(앞면) 仇利稿支稗麥(뒷면)

2007-10번 古陁新村䂞斤△利(앞면) 沙礼(뒷면)

2007-11번 古陁一古利村末那(앞면) 殆利夫稗(石)(뒷면)

2007-14번 古阤一古利村末那仇△(앞면) 稗石(뒷면)

2007-17번 古阤一古利村△~(앞면) 乃兮支稗石(뒷면)

2007-25번 古阤一古利村阿那弥伊△久(앞면) 稗石(뒷면)

2007-33번 古阤一古利村末那沙見(앞면) 日糸利稗石(뒷면)

2007-57번 古阤本波豆物烈智△(앞면) 勿大兮(뒷면)

Ⅳ-595 古阤一古利村本波(앞면) 阤ゝ支 稗麥(뒷면)

Ⅴ-163 古阤一古利村本波(앞면) 阤ゝ只稗麥(뒷면)

Ⅴ-166 古阤伊未𣎴上干一大今伐(앞면) 豆幼去(뒷면)

　　古阤 목간은 모두 앞면과 뒷면으로 되어 있는 점이 그 특징이다. 상세히 조사해 보면 20번古阤伊骨利村△(앞면) 仇仍支稗麥(뒷면)는 古阤+촌명+인명+곡물로 구성되어 있다. 2007-10번 古阤新村㫜△利(앞면) 沙礼(뒷면)이 한 그룹이다. 古阤+행정촌명+인명으로 구성되어 있다. 28번 古阤伊骨利村阿那衆智卜利古支(앞면) 稗麥(뒷면), 2006-30번 古阤伊骨村阿那(앞면) 仇利稿支稗(뒷면), 2007-11번 古阤一古利村末那(앞면) 殆利夫稗(石)(뒷면), 2007-14번 古阤一古利村末那仇△(앞면) 稗石(뒷면), 2007-17번 古阤一古利村△~(앞면) 乃兮支稗石(뒷면), 2007-25번 古阤一古利村阿那弥伊△久(앞면) 稗石(뒷면), 2007-33번 古阤一古利村末那沙見(앞면) 日糸利稗石(뒷면), Ⅳ-595 古阤一古利村本波(앞면) 阤ゝ支 稗麥(뒷면), Ⅴ-163 古阤一古利村本波(앞면) 阤ゝ只稗麥(뒷면) 등이 한 그룹이다. 古阤+행정촌명+末那 등+인명+곡물명으로 이루어져 있다. 29번 古阤新村智利知一尺那△(앞면) 豆于利智稗石(뒷면)이 한 그룹이다. 이는 古阤+행정촌+인명+외위명+인명+곡물명으로 구성되어 있다. 31번 古阤一古利村末那(앞면) 毛羅次尸智稗石(뒷면)이 한 그룹이다. 古阤+행정촌명+인명+곡물명으로 구성되어 있다. Ⅴ-166 古阤伊未𣎴上干一大今伐(앞면) 豆幼去(뒷면)가 한 그룹이다. 古阤+행정촌명+외위+인명으로 구성되어 있다.

甘文(城)

2번 甘文城下麥甘文李波王村(앞면) 文利村知利兮負(뒷면)

10번 甘文李波居村旦利村伊竹伊

2006-1번 甘文城下麥李波大村毛利只(앞면) 一石(뒷면)

2007-45번 甘文城下(麥)米十一(斗)石(喙)大村卜只次持去

Ⅴ-165번 甘文(城)下麥十五石甘文(앞면) 李波加本斯(稗)一石之
(뒷면)

2016-W94번 甘文城下麥十五石甘文李波(앞면) (伊)次只去之(뒷면)

10번 목간을 제외하고 나머지 5점이 모두 城下麥 목간이다. 이 목
간은 甘文+李波+행정촌명+인명으로 구성되어 있다. 城下麥 목간은 크
게 세 가지로 나누어진다. 甘文城+城下麥+李波+행정촌명+인명의 예가
있고, 甘文城+城下麥+李波+행정촌명+인명+곡식량의 예가 있고, 甘文
城+城下麥+곡식량+李波+인명의 예가 있다.

及伐城

8번 及伐城秀乃巴稗

42번 及伐城立龍稗石

74번 及伐城只智稗石

80번 及伐城△△稗石

2007-23번 及伐城文尸伊稗石

2007-24번 及伐城文尸伊急伐尺稗石

2007-42번 及伐城登奴稗石

Ⅳ-590 及伐城日沙利稗石

及伐城명 목간은 주로 及伐城+인명+稗石으로 구성되어 있다. 8번
목간만이 稗로 끝나고 있다. 2007-23번 及伐城文尸伊稗石와 2007-24
번 及伐城文尸伊急伐尺稗石에서 文尸伊는 동일인으로 2007-24번은 유

사 쌍둥이 목간으로 유명하다.

仇伐
7번 仇伐干好律村卑尸稗石
52번 仇伐阿那舌只稗石
2007-6번 仇伐末那沙刀礼奴(앞면) 弥次分稗石(뒷면)
2007-37번 仇伐阿那內欣買子(앞면) 一万買稗石(뒷면)
2007-48번 丘伐稗石
2016-W66번 丘伐未那早尸智居伐尺奴(앞면) 能利智稗石(뒷면)

仇(丘)伐 목간은 전부 稗石으로 끝나고 있다. 7번 仇伐干好律村卑尸
稗石은 仇伐+행정촌명+인명+稗石으로 구성되어 있고, 52번 仇伐阿那
舌只稗石은 仇伐+阿那+인명+稗石으로 구성되어 있고, 이와 비슷한 것
으로 2007-37번 仇伐阿那內欣買子(앞면) 一万買稗石(뒷면)이 있고,
2007-6번 仇伐末那沙刀礼奴(앞면) 弥次分稗石(뒷면)은 仇伐+末那+인명
+인명+稗石으로 구성되어 있고, 이와 유사한 것으로 2007-37번 仇伐
阿那內欣買子(앞면) 一万買稗石(뒷면)이 있고, 2007-48번 丘伐稗石은
丘伐+稗石으로[8] 구성되어 있고, 2016-W66번 丘伐未那早尸智居伐尺奴
(앞면) 能利智稗石(뒷면)은 丘伐 +未那+인명+인명+인명+稗石으로 각각
이루어져 있다.

夷津(支)(城)

---

8) 이렇게 지명+稗石으로 구성되어 있는 목간은 2007-34번 목간의 伊夫兮
村稗石, 2007-36번 목간의 栗村稗石, 2007-39번 목간의 眞村稗石 등이
있다. 이는 생산지에서 목간을 만들지 않았다는 증거가 된다. 생산지 목간
을 제작했다면 개별로 목간을 작성했을 것이기 때문이다. 특히 郡으로 추
정되는 2007-48번 목간의 丘伐稗石은 주목해야 할 것이다. 郡을 단위로
稗石이 쓰여 있다는 점은 주목할 필요가 있다. 목간을 생산지에서 작성했
다면 丘伐稗石과 같은 형식의 목간은 절대로 나올 수가 없다.

22번 夷津支士斯尒利知

30번 夷津支阿那古刀羅只豆支(앞면) 稗(뒷면)

2006-4번 夷津牟波只那公末△稗

2007-30번 夷(津)支士斯石村末△△烋(앞면) 麥(뒷면)

2007-44번 夷津支城下麥王△巴珎兮村(앞면) 弥次二石(뒷면)

2007-304번 夷津支城下麥烏列支負(앞면) △△△石(뒷면)

　　夷津(支城)은 두 개가 城下麥 목간이고, 3개가 일반 목간이다. 30번
과 2006-4번과 같이 夷津支+牟波 등+인명+稗로 구성되어 있거나
2007-30번과 같이 夷津支+末那+행정촌명+인명+麥으로 구성되어 있
다. 2007-30번은 城下麥을 제외하고 麥이 나오는 유일한 예이다.9) 城
下麥은 대개 夷津支+城下麥+행정촌명+인명+곡식량으로 되어 있다.

　　鄒文(村)

39번 鄒文比尸河村尒利牟利

54번 .鄒文△△△村△牟石

2006-17번 鄒文村內旦利(魚)

2007-52번 鄒文(前)那牟只村(앞면) 伊△習(뒷면)

　　鄒文(村) 목간은 39번 鄒文比尸河村尒利牟利과 54번 .鄒文△△村△
牟石과 같이 鄒文+행정촌명+인명으로 구성되거나 2006-17번 鄒文村
內旦利(魚)과 같이 鄒文村+인명+고기로 구성되거나 2007-52번 鄒文
(前)那牟只村(앞면) 伊△習(뒷면)과 같이 鄒文+前那+행정촌+인명으로
각각 구성되어 있다. 2007-52번만이 앞면과 뒷면으로 되어 있다.

　　買谷村

2006-7번 買谷村古光斯珎于(앞면) 稗石(뒷면)

---

9) 2006-37번 ~△利村△△麥石도 이에 들어갈 수 있을지도 모르겠다.

2007-61번 買谷村物礼利(앞면)　斯珎于稗石(뒷면)

買谷村은 두 점의 목간밖에 없다. 두 점 모두 앞면과 뒷면으로 구성되어 있다. 2006-7번 買谷村古光斯珎于(앞면) 稗石(뒷면)과 2007-61번 買谷村物礼利(앞면) 斯珎于稗石(뒷면)은 모두 買谷村+인명+인명+稗石으로 구성되어 있고, 두 목간에서 공통으로 나오는 斯珎于은 동일인이다. 따라서 斯珎于는 유사 쌍둥이 목간이다.

湏伐
77번 湏伐夲波居湏智
湏伐 목간은 단 1점이다. 77번 湏伐夲波居湏智이 그것이다. 湏伐+夲波+인명으로 나올 뿐이다.
勿思伐
2007-15번 勿思伐 豆只稗一石

勿思伐도 한 점뿐이다. 勿思伐+인명+稗一石이 목간의 전부이다. 勿思伐은 勿思伐城幢主는 545년이나 그 직전에 세워진 적성비에 나온다.

王松鳥多
6번 王松鳥多伊伐支乞負支
2006-25번 王松鳥多伊伐支卜焸

6번 王松鳥多伊伐支乞負支와 2006-25번 王松鳥多伊伐支卜焸는 王松鳥多+伊伐支+인명으로 구성되어 있다. 伊伐支는 『삼국사기』, 지리지에 隣豊縣 本高句麗伊伐支縣이라고10) 해서 행정촌이11) 틀림없다.

---

10) 현재 경북 영주시 부석면 일대이다.
11) 79번 伊伐支△△波稗一의 예가 더 있다.

尒盖
50번 尒盖陽村末稗石
2007-4번 尒盖次尒利△尒稗
2007-16번 尒盖尒(欲)弥支
2007-22번 尒盖奈夷利稗

50번 尒盖陽村末稗石은 郡+행정촌으로 구성되어 있다. 2007-4번 尒盖次尒利△尒稗, 2007-16번 尒盖尒(欲)弥支, 2007-22번 尒盖奈夷利稗를 비교할 때, 2007-16번 목간의 끝 글자는 稗자로 복원될 것이다. 이들 목간은 모두 尒盖+인명+稗로 되어 있다.

鐵山
Ⅴ-164 三月中鐵山下麥十五斗(앞면) 左旅△河礼村波利足(뒷면)

鐵山명 목간은 城下麥류의 목간 1점밖에 없다. 三月中+지명+下麥+곡식량+행정촌명+인명으로 구성되어 있다.

比思(伐)
Ⅳ-597 正月中比思(伐)古尸次阿尺夷喙(앞면)
羅兮落及伐尺幷作前瓷酒酒斗瓮(뒷면)

이 목간은 比思(伐)이 나온 유일한 예이고, 함안 성산산성 목간의 소속이 경북 북부라는 데에 대한 확실한 반대되는 증거로 중요하다.

王子寧△
2016-W155 王子寧△改大村△刀只(앞면) 米一石(뒷면)

이 목간은 壬子年으로 읽어서 연간지로 읽기도 하나[12] 양면 목간에

서 연간지가 나온 예가 없어서 따르기 어렵다. 이 목간은 군명+행정
촌명+인명+米一石으로 이루어져 있다.

    巴珎兮城
    60번 巴珎兮城下(麥)(결락)(앞면)
    巴珎兮村(결락)(뒷면)

    巴珎兮城下麥 목간은 60번 목간밖에 없다. 巴珎兮+城下麥+곡식량+
행정촌명+인명으로 구성된 것으로 추정된다.

    六部名
    Ⅳ-597 正月中比思(伐)古尸次阿尺夷喙(앞면)
    羅兮落及伐尺幷作前瓷酒四斗瓮(뒷면)
    2016-W104 沙喙部負

    함안 성산산성 목간에서 부명이 나오는 예는 두 자료밖에 없다. Ⅳ
-597에서는 왕족인 喙(部) 출신의 인명이 나오고, 2016-W104에서는
왕비족인[13] 沙喙部가 나온다. 또 2016-W104에서는 負가 나와서 仇
利伐이외의 목간에서 負가 나오는 최초의 예가 된다.

Ⅲ. 城下麥 목간의 검토

    우선 城下麥 목간 9점을 상세히 살펴보기 위해 다시 한 번 전부 제
시하면 다음과 같다.

    2번 甘文城下麥甘文本波王村(앞면) 文利村知利兮負(뒷면)

---

12) 손환일의 견해이다.
13) 김창호, 『고신라 금석문과 목간』, 2018, 169~177쪽.

60번 巴珎兮城下(麥)(결락)(앞면) 巴珎兮村(결락)(뒷면)

2006-1번 甘文城下麥本波大村毛利只(앞면) 一石(뒷면)

2007-44번 夷津支城下麥王△巴珎兮村(앞면) 弥次二石(뒷면)

2007-45번 甘文城下(麥)米十一(斗)石(喙)大村卜只次持去

2007-304번 夷津支城下麥烏列支負(앞면) △△△石(뒷면)

Ⅴ-164 三月中鐵山下麥十五斗(앞면) 左旅△河礼村波利足(뒷면)

Ⅴ-165번 甘文(城)下麥十五石甘文(앞면) 本波加本斯(稗)一石之
(뒷면)

2016-W94번 甘文城下麥十五石甘文本波(앞면) 伊次只去之(뒷면)

城下麥 목간은 甘文城 5예, 夷津支城 2예, 鐵山 1예, 巴珎兮城 1예
로 모두 9예다. 2007-45번 목간을 제외하면 8점이 모두 양면 목간이
다. 양면 목간이 모두 나온 古阤 목간(16점)에서는 城下麥이 나온 바
없다. 양면 목간은 城下麥 목간의 한 특징이다. Ⅴ-164 목간에서 三月
中이 나와서 목간의 제작이 산지가 아닌 도착지인 성산산성에서 이루
어졌을 가능성을 크게 해 준다. 왜냐하면 보리의 수확은 양력으로 6월
이기 때문이다. 양력4월(음력3월)은 보리가 다 떨어져서 국가에 공납
할 것이 없다.[14)]

城下麥 목간은 城下麥을 제외하면 다른 목간과 큰 차이가 없다. 城
下麥 목간에서 가장 큰 특징은 城下麥이 있다는 점이다. 城下麥 목간
이 아닌 목간에서 麥이 나오는 드문 예인 2007-30번 夷(津)支(末)那石
村末支(下仇)(앞면) 麥(뒷면)이나 2006-37번 ~△利村△△麥石과 비교
할 때, 麥이 맨 뒤에 나오고, 城下麥으로 앞에 나오는 차이밖에 없다.
~城下麥은 麥의 생산지로 판단된다. ~城下麥이 麥의 생산지라면 城下
麥 목간은 일반 목간과의 차이는 생산지를 기재하는 것밖에 없다. 그
렇다면 城下麥 목간은 82명의 인명 표기와는 달리 ~城下麥으로 보리

---

14) 城下麥 목간을 鐵山下麥 목간에 따를 때 수급체계와는 관련이 없다고 판단된
   다. 보리는 음력 5월에 수확하여 음력 3월에는 공진할 수 없기 때문이다.

의 생산지를 표기하고 있다. 이는 고식 인명 표기 방식으로 판단된다. 그래서 ~城下麥식으로 麥의 생산지를 표기했을 것이다. 보리 생산지를 쉽게 표현하기 위해 ~城下麥식으로 麥의 생산지를 구체적으로 나타내고 있다. V-164 三月中鐵山下麥十五斗(앞면) 左旅△河礼村波利足(뒷면)에서는 城자가 생략되고 있어서 城下麥 목간보다는 새로운 형식이다. 따라서 城下麥 목간은 수송 체계와는 관련이 없고, 성산산성에서 생산지가 구체적으로 표기된 고식 목간의 잔존 예로 판단된다. 城下麥 목간은 그래서 모두가 복잡하게 되어 있고, 앞면과 뒷면으로 되어 있고, 다른 목간에서는 유례 없는 생산물의 표시인 ~城下麥으로 앞에 온다.

○ 맺음말

먼저 城下麥 9점을 검토하기 위해 판독을 검토하고 전체를 해석하였다. V-164.三月中鐵山下麥十五斗(앞면) 左旅△河礼村波利足(뒷면)를 주목하여 양력으로 4월은 보리의 수확기인 양력 6월보다 2개월 빨라서 공진물의 납부와는 관계가 없다고 보았다.

다음으로 82개의 성산산성 지명 속에서 城下麥 목간의 지명을 검토하였다. 仇利伐, 古陁, 甘文(城), 及伐城, 仇伐, 夷津(支)(城), 鄒文(村), 買谷村, 湏伐, 勿思伐, 王松鳥多, 帰盖, 鐵山, 比思(伐), 王子寧(△), 巴珎兮城 등의 지명은 모두 郡이고, 그 아래 성촌명은 행정촌으로 보았다. 가령 仇利伐을 보드라도 奴(人)이나 負가 나오는 것과 나오지 않는 것, 할서로 쓰인 것과 그렇지 않는 것, 양면인 것과 단면인 것 등 그 예가 다양하다.

마지막으로 城下麥 목간을 검토하였다. 城下麥은 ~城下麥에서 생산물이 나온다. 이는 城下麥 목간에만 있고, 73개의 성촌명에는 나오지 않는다. 이는 생산물이 앞에 표시되는 고식의 목간이다. 그래서 복잡하게 기록되고 있다.

제2절 함안 성산산성 목간의 성격

ㅇ 머리말

함안 성산산성 목간은 1998년 27점의 목간이 공개되었다.[1] 2004
년『韓國의 古代木簡』을[2] 간행하면서 116점의 목간이 보고되었다. 단
일 유적에서는 가장 많은 목간이 나왔다. 2006~2008년까지의 목간
152점이 공개되었다.[3] 그 때까지의 목간을 집성하여『韓國木簡字典』까
지 나왔다.[4] 2017년에도 목간이 공개되고 있다.[5] 현재까지 330여점
의[6] 목간이 나왔다. 단일 유적에서는 가장 많은 목간이 출토되었고,
그 내용도 가장 풍부하다.

함안 성산산성 목간의 연구는 1999년 11월 〈함안 성산산성 출토

---

1) 김창호,「咸安 城山山城 出土 木簡에 대하여」『咸安 城山山城』I , 1998. 글자가
   판독될 수 있는 목간은 모두 24점이다.
2) 국립창원문화재연구소,『韓國의 古代木簡』, 2005.
3) 이경섭,「성산산성 출토 신라 짐꼬리표[荷札] 목간의 地名 문제와 제작 단위」
   『신라사학보』23, 2011, 536쪽에 따르면, 2006~2007년에 116점, 2008년에
   36점이 각각 출토되었다고 한다.
4) 국립가야문화재연구소,『韓國木簡字典』, 2011. 여기에서는 성산산성에서 나온
   224점의 목간이 수록되어 있다.
5)『경향신문』, 2017년 1월 4일자. 23점의 목간이 새로 발굴했다고 한다. 1점 사
   면 목간은 그 내용이 신문을 통해 알려졌다.
6) 지금까지 공개된 목간에서 보면, 윤선태,「한국 고대목간의 연구현황과 과제」
   『신라사학보』38, 2016, 392쪽에서 310점(?)이 나왔다고 하였고, 2017년 1월
   4일에 23점이 공개되어 함안 성산산성에서 출토된 목간의 총수는 2017년 1월
   4일 현재 333점 가량 된다. 국사편찬위원회 한국사데이트베이스에 따르면 묵흔
   이 있는 것과 제첨축을 포함하여서 글자가 있는 목간의 수는 229점이다. 여기
   에서는 글자가 적힌 270여 점을 대상으로 한다.

목간의 내용과 성격〉이란 제목으로 국제학술회의가 열려 국제화가 되었다.[7] 그 동안의 연구 성과를 정리한 논문도 나왔다.[8] 그 개요는 대체로 560년경에 작성되었으며, 荷札이라는 것이다. 함안 성산산성 목간은 신라사 연구에 있어서 일급 사료인 1차 자료로 그 중요성은 새삼 재언을 요하지 않는다. 성산산성 목간의 최초 보고자로서[9] 경험을 살려서 그 잘못된 점을[10] 바로 잡고, 성산산성 목간연구에 대해 조그마한 디딤돌이라도 만들고자하는 가벼운 마음이다.[11]

먼저 지금까지 연구에서는 2009년까지의 연구 성과를 중심으로 살펴보겠다. 신라 함안 성산산성 출토 목간의 성격에는 명적설·신분증설·하찰설 등의 다양한 가설이 있다. 이를 비판적으로 소개하고 검토하였다. 마지막으로 물품꼬리표설에는 8가지의 근거를 제시해 성산산성 목간의 성격을 성산산성에서 제작하여 물품에 달았던 것[물품꼬리표]

---

7) 한국고대사학회, 「함안 성산산성 출토 목간의 내용과 성격」(국제학술회의 발표요지). 여기에 실린 글들은 수정 보완되어 한국고대사학회, 2000, 『한국고대사연구』 19에 재수록 되어 있다.

8) 이용현, 「咸安 城山山城 出土 木簡」『한국의 고대목간』, 2004.
   이경섭, 「함안 성산산성 출토 목간의 연구현황과 과제」『신라문화』 23, 2004.
   전덕재, 「함안 성산산성 출토 목간의 연구현황과 쟁점」『신라문화』 31, 2008.

9) 김창호, 앞의 논문, 1998.

10) 김창호, 앞의 논문, 1998에서 잘못된 점은 다음과 같다. 먼저 稗一과 稗石을 彼日이란 외위명으로 보는 등 목간 해석에 잘못을 저질렀다. 다음으로 下麥을 下幾로 잘못 판독하여 경북 안동 豊山으로 보아서 지명 비정에 혼란을 야기시켰고, 이 이른바 城下麥 목간은 그 숫자가 현재 10예 이상이나 되어 下幾의 판독이 잘못되었고, 下麥의 판독이 정확하였음을 알 수 있다. 그 다음으로 추波를 후에 本原의 뜻으로 결정이 날 것을 알지 못하고, 성주로 비정하는 잘못을 범했다. 마지막으로 9호 목간을 竹尸弥牟ㅏ于支稗一(竹尸弥于牟支稗一)로 해석해야 됨을 竹尸△乎干支稗一로 잘못 읽어서 경위와 미분화된 외위인 干支가 나오는 6세기 전반을 하한으로 하는 이른 시기의 자료로 볼 여지를 남겼다.

11) 함안 성산산성 목간은 학술대회를 한지 20년이나 지났고, 목간의 발굴 양도 10배가 넘어서 다시 학술대회를 하여 중의를 모을 필요가 있다.

으로 보려고 한다.

Ⅰ. 지금까지의 연구

우선 함안 성산산성 목간 24점에 대해 稗一, 稗石, 稗를 彼日과 동일한 외위로 보면서 이를 남산신성비의 上人 집단과 동일한 것으로 보았다.12) 이어서 1999년 11월에 열린 국제학술심포지엄에서 함안 성산산성 목간에 관한 본격적인 논의가 이루어졌다. 여기에서 신라가 안라를 병합한 뒤 지방민을 동원하여 이곳을 축성하고 이후 '守城게 하였는데, 이러한 성을 지키는 임무에 동원된 여러 지역의 책임자들의 신분증이었다고 보았다.13) 또 軍籍으로 사용되었던 것으로 보기는 힘들며, 함안 지역을 축성하면서 분야별 책임자들의 인명을 기록한 명부라고 보았다.14) 또 신라 영내의 여러 지방에서 성산산성으로 가져온 물품에 붙어있던 荷札[짐꼬리표]로 보았다.15) 성산산성의 군량을 경북지역의 주민이 稗[피]를 貢進할 때의 付札[꼬리표]로 보았다.16) 이에 비해 秦·漢簡과 비교할 때 名籍 혹은 名簿로 제작되었을 것이라 추정하였다.17) 결국 심포지엄을 통해 종래 신분증설을 비롯한 명부·명적설과 하찰·물품부착설이 개진되었다.

심포지엄이 열린 직후인 1999년 12월에 함안 성산산성 목간을 일

---

12) 김창호, 앞의 논문, 1998,

13) 박종익, 「함안 성산산성 발굴조사와 목간」 『함안 성산산성 출토목간의 내용과 성격』, 1999.

14) 주보돈, 「함안 성산산성 출토 목간의 성격」 『함안 성산산성 출토목간의 내용과 성격』, 1999, 37쪽.

15) 이성시, 「한국 목간연구의 현황과 함안 성산산성 출토의 목간」 『함안 성산산성 출토목간의 내용과 성격』, 1999, 69쪽.

16) 平川南, 「함안 성산산성출토 목간」 『함안 성산산성 출토목간의 내용과 성격』, 1999.

17) 謝桂華, 「중국에서 출토된 魏晉代 이후의 漢文簡紙文書槪括」 『함안 성산산성 출토목간의 내용과 성격』, 1999, 148쪽.

부는 稗의 付札, 일부는 축성공사 및 병역과 관련되어 차출된 사람들을 기록하고, 이들의 이동을 보증해 준 役人의 名籍이라고 보았다.[18]

이듬해 전년말에 열린 심포지움의 내용이 2009년 9월에 활자화되었다.[19] 모두 심포지엄의 내용이 그대로 나와서 자기의 주장을 그대로 강조하고 있다. 함안 성산산성의 목간을 守城관련 책임자의 신분증으로 보고 있으나[20] 같은 목간에서 외위를 가진 자는 극히 적고, 외위가 없는 자가 많은 점이 문제이다. 성산산성 목간을 축성에 필요에 의해 작성된 名籍으로 보고 있으나[21] 稗, 麥 등의 곡물이 목간에 적혀 있는 점이 문제이다. 목간을 성산산성에 반입된 稗나 鹽에 부착된 荷札로 보기도 하나[22] 仇利伐/上彡者村波婁처럼 荷物이 없는 목간도 있는 점이 있어서 문제가 된다.

그 후 2002년 12월에 성산산성에서 추가로 목간 65점이 출토되었다. 이와 거의 같은 시기에 신분증설을 재주장하는 견해가 나왔다.[23] 곧 稗類가 관등명이라고 추정되는 점, 목간이 성산산성 자체 내에서 제작된 것이라는 점을 주요 근거로 하여 일본학자에 의해 주장되었던 荷札說에 반대하고 목간 함안 성산산성 자체에서 만들어진 신분증설을 주장하였다.

2005년은 목간 연구에 있어서 중요한 해이다. 7월에 국립창원문화재연구소(현 국립가야문화재연구소)에서 『한국의 고대목간』이라는 목간 도록을 발간하였다. 여기에서는 한국에서 출토된 목간의 실물 크기의 적외선사진을 실고 있다. 2017년에는 『한국의 고대 목간II』가 출간되어 함안 성산산성 목간 연구의 새 장을 열게 되었다.

18) 윤선태, 「함안 성산산성 출토 신라 목간의 용도」『진단학보』 88, 1999.
19) 한국고대사학회, 『한국고대사연구』 19, 1999.
20) 박종익, 「함안 성산산성 발굴조사와 목간」『한국고대사연구』 19, 1999, 25쪽.
21) 주보돈, 「함안 성산산성 출토목간의 성격」『한국고대사연구』 19, 1999, 59쪽.
22) 이성시, 「한국 목간연구의 현황과 함안 성산산성 출토의 목간」『한국고대사연구』 19, 1999, 107쪽.
23) 박종익, 「함안 성산산성 목간의 성격검토」『한국고고학보』 48, 2002, 152 ~ 153쪽.

II. 성산산성 목간 성격의 검토[24]

지금까지 함안 성산산성 목간에 대해서는 크게 짐과 관련된 것과 사람과 관련된 것으로 크게 나눌 수 있다. 짐과 관련된 것으로 보는 설은 荷札說로 보는 것이 있고, 사람과 관련된 것으로 보는 설로는 身分證說과 名籍說이 있다. 이 3설을 나누어서 하나씩 검토해 보기로 하자.

1) 신분증설

신분증설은 성산산성 목간의 稗石 등을 외위명인 彼日로 보고서 잘못 시작된 가설이다.[25] 신분증설에서는 稗石 등의 稗類가 외위 피일과 관련되는 관련이 있다고 보고 다음과 같이 주장하였다.[26]

왜 이러한 형식으로 기록이 남아 있을까. 축성 이후의 守城과 관련하여 나타난 근무자의 신분증일까. 즉 조선시대의 호패처럼 타지방에서 차출되어온 병사들의 신분증표는 아닐까? 명문 목간 24점 가운데 3점을 제외하면 모든 묵서가 목간 하단부에서 頭部방향으로 쓰인 점이다. 목간을 묶어두기[패용하기] 위한 두부의 홈이나 구멍이 있는 반대쪽에서부터 글자가 시작되는데, 이는 목간을 묶어두는 끈이 긴 상태에서 보여주기 위한 것이 아닐까 한다. 목간의 인명 표기를 보면 왕경인은 없고, 지방민만 나오고 있다. ~지방민이 갖는 외위는 一伐과 稗石(= 稗一)뿐이고, 이것을 명활산성비·남산신성비와 비교하면 上人집단으로 추정된다.

여기에서는 목간의 하단부에 있는 V자형 홈과 글자가 쓰인 방향, 또 목간의 기재된 내용을 근거로 목간을 상대방에게 보여주기 위해 만든 것으로 보는 듯하다. 이에 대해서는 다음과 같은 비판이 있다.[27]

---

24) 이 부분은 이용현, 『한국목간 기초연구』, 2006, 351~363쪽을 발췌하였다.
25) 김창호, 앞의 논문, 1998에서 처음으로 주장되었다.
26) 박종익, 앞의 논문, 1998, 183쪽.
27) 이성시, 앞의 논문, 1999, 60쪽.

첫째로 목간의 크기와 문자의 기재 방식이 너무도 기능적이지 못하다. 20~23cm가 넘는 것들도 있는데, 이를 허리에 늘어뜨릴 때는 몸을 움직이는데 방해가 되며, 보는 쪽은 글자가 반대 방향이 된다.

둘째로 하나의 목간에 복수의 지명과 복수의 인명이 기재되고 있는 것도 있어서 이를 한 개의 신분증으로 보기 어렵다.

셋째로 신분증이라면 관리에 의해 작성되었을 것이므로 현재의 목간보다는 좀 더 규격성이 있어야 할 것이다.

이러한 비판에도 불구하고 새로 발굴 조사된 65점의 함안 성산산성 목간 정보를 토대로 신분증설을 계속해서 주장하고 있다.[28] 이 가설은 함안 성산산성에서 목간이 제작되었다는 점을 근거로 삼고 있으나 그 중요한 근거는 다음과 같다.

첫째로 목간의 제작 과정을 나타내 주는 유물과 刀子와 붓이 함께 출토되고 있다.

둘째로 같은 내용, 같은 형식의 목간이 몇 점 확인되었다. 서로 하나씩 가지고 대조하기 위한 것으로 보았다. 이로 보아 현지에서 제작된 것이며, 그것은 신분확인용 목간이라고 할 수 있다.[29] 이상을 근거로 성산산성 목간이 현지에서 제작된 것이며. 그것은 신분확인용목간이라는 것이다.

먼저 5점 정도의 쌍둥이 목간으로 성을 출입할 때와 나갈 때 사용된 신원 확인용 목간으로 보기에는 20~23cm를 넘는 목간이 있어서 언 듯 따르기 어렵다. 다음으로 목간 자체가 신분과 荷物를 나타내는 것은 틀림없지만 신분확인용으로 보기에는 그 크기나 荷物의 표기가 있어서 따르기 어렵다.

2) 名籍說
명적설을 주장하고 있는 것은 최초로 소개된 24점의 함안 성산산성

---

28) 박종익, 앞의 논문, 2002.
29) 박종익, 앞의 논문, 2002, 154쪽.

목간의 내용을 통해 나온 가설로 그 중요한 견해는 다음과 같다.30)

첫째로 함안 성산산성의 인명을 분석해 보면, 왕경인(6부인)은 없고, 지방민만이 나오고 있다.

둘째로 지방민이 갖는 외위는 一伐과 稗石(稗一)뿐이고, 이는 명활산성비·남산신성비와 비교하면 上人집단으로 추정된다.

이는 그 뒤의 새로운 자료의 출현으로 모두 무너진 가설이고,31) 稗石(稗一)을 彼日로 본 것은 이 가설이 안고 있는 치명적인 약점이다. 성산산성의 지방민이 명활산성비·남산신성비의 上人집단과는 전혀 관련이 없다. 명적설은 그 뒤에도 나왔다.32) 여기에서는 다음과 같은 이유를 근거로 명적설을 주장하고 있다.

첫째로 함안 성산산성을 축조하면서 그 분야별 책임자들의 인명표기를 기록한 명부라는 점이다.

둘째로 축성 작업 및 그를 끝내고 난 뒤 작성되었을 비문의 기초자료로서도 활용되었을 가능성이 크다.

셋째로 가장 빈번하게 보이는 仇利伐 출신자들이 동문을 담당했을 가능성이 크다.

넷째로 하나의 목간에 2인씩이 기재된 사례도 있어서 개인별로 소지할 수 있는 용도의 것은 아니다. 軍籍과 관련하여 개인이 소지한 것이라면 일시에 한 곳에 폐기될 리가 없을 것이므로 군적용은 아니다.33)

첫째 번 견해에서 분야별 책임자의 인명을 기록했다고 하나 축성의 분야별 책임자는 남산신성비의 上人집단으로 대표되지만 성산산성의

---

30) 김창호, 앞의 논문, 1998.
31) IV-597(183).正月中比思(伐)古尸次阿尺夷喙(앞면) 羅兮落及伐尺幷作前瓷酒四斗瓮(뒷면) '正月에 比思(伐)의 古尸次 阿尺의 夷(무리)와 喙(部) 羅兮落 及伐尺(경위명)이 아울러 前瓷酒 四斗瓮을 만들었다.'의 예에서 보면 탁부 출신의 라혜락이 급벌척이란 경위를 가지고 있다.
32) 주보돈, 앞의 논문, 1999.
33) 이용현, 앞의 책, 2006.

목간에는 통설처럼 上人집단이 없어서 문제이다.

둘째 번 견해에서 축성 작업 및 그를 끝내고 난 뒤 작성되었을 비문의 기초 자료로서도 활용되었을 가능성이 크다고 했으나 성산산성의 전면적인 발굴에도 불구하고 비석은 발견되지 않았다.

셋째 번 견해에서 가장 빈번하게 보이는 仇利伐 출신자들이 동문을 담당했을 가능성이 크다고 했으나 그 근거는 제시하지 않고 있다.

넷째 번 견해에서 하나의 목간에 2인씩이 기재된 사례도 있어서 개인별로 소지할 수 있는 용도의 것은 아니다라고 했으나 명적이라면 개인별 소유가 원칙이다.

명적설의 근거는 稗石(稗一) 등 稗類가 곡물 이름이 아니라 외위라는 가설에서 출발하였다. 그런데 새로 발굴된 65점의 목간에는 성산산성 72(042)호 목간에는 ~△一伐稗라고 명기되어 있어서 稗類를 더 이상 외위명으로 볼 수가 없다.

또 稗石(稗一) 등 稗類로 끝나는 목간은 荷札(付札)임을 인정하면서 그 이외의 일부목간에 대해서는 명적으로 파악한 절충설이다.[34] 여기에서는 목간을 A류와 B류로 구분하고, 그 가운데에서 A류가 명적, B류가 荷札이라고 하였다. B류는 稗石(稗一) 등 稗類가 들어있는 목간이고, A류는 그렇지 않은 목간이다. A류의 특징을 다음과 같이 보았다.

첫째로 각 지역에서 성산산성의 축성공사나 병역과 관련하여 차출된 사람들 곧 '役人의 名籍'이다.

둘째로 이후 이 목간은 함안의 관청에서 역이 끝날 때까지 개인 신상 관련의 명부로서 활용하다 폐기된 것이다.

그 근거로 다음과 같은 3가지를 들었다.

첫째로 A류 목간이 모두 구멍이나 ∨자홈이 있어 서로 묶고 정리할 수 있는 형태의 것이다.

둘째로 목간의 제작기법·형태·기재양식·필체 등에서 A류를 다시 a

---

34) 윤선태, 앞의 논문, 1999.

·b·c로 구분하여 그 사이의 뚜렷한 지역성을 설정할 수 있다.

셋째로 둘째의 b의 경우 追記가 있어 목간이 이동된 뒤에 함안의 행정관이 이를 재이용되는 과정에서 기록된 것으로 볼 수 있다.

B류 목간이 대개 구멍이나 ∨자홈이 있어 서로 묶고 정리할 수 있는 형태의 것이 문제이고, 이들 목간은 함안의 관청에서 역이 끝날 때까지 개인 신상 관련의 명부로서 활용하다 폐기된 것이라고 한다면 동문지 밖의 습지에서 일괄 유물로 발굴되는 이유를 알 수가 없다. A류와 B류로 나누는 것은 그 분류 자체가 잘못된 것이다. A류를 패류가 들어있는 목간과 B류를 그렇지 않는 목간으로 보고 있으나 米나 麥이 나오는 목간도 명적으로 보아야 할 것이다.

3) 荷札說

함안 성산산성의 하찰설은 일인학자에 의해 주장되었다.[35] 7~8세기 목간이 주축을 이루는 일본의 성과를 6세기의 성산산성 목간에 적용할 수 있을지 의문이다. 이 하찰설에서는 목간의 모양에 주목하여 목간에 구멍이 있거나 홈이 파여 있을 경우 이를 모두 移動物에 부착된 것으로 보았다. 또 5(244)번 목간의 마지막 글자를 塩자로 확정하고 稗이외의 공진물을 하나 더 늘였다. 전체적으로 성산산성의 목간은 지명+인명+관등명의 구조가 아니라 지명+인명+관등명+물품명으로, 다시 말해 지명+인명+외위명+물품명+수량으로 구성되고 있는 하찰이라고 하였다.[36]

함안 성산산성 목간의 형상(=모양·형태)과 기재 양식으로 보아 대개가 거의 동일한 성격의 것이며, 物品付札 즉 물품에 붙는 꼬리표라고 하였다.[37] 稗石의 石은 一石의 合字로 稗石은 稗一石으로 해석할 수

---

35) 平川 南, 앞의 논문, 1999.
    이성시, 앞의 논문, 1999.
36) 이성시, 앞의 논문, 2000.
37) 平川 南, 앞의 논문, 2000.

있으며, 稗一은 稗一石의 줄인 형태라 하였다. 아울러 공진물 부착에서 물품이 생략되는 예가 일본 목간에서 보이는 점을 들고서 이를 지명+인명+관등명 형식의 목간도 그러한 형식에 속하는 것으로 보았다.

그런데 3(222)번 목간처럼 목간에 구멍이 없거나 홈이 파여 있지 않을 경우에도 荷札로 볼 지가 의문이다. 또 하찰설을 함안 산성성산 목간에 적용할 때 목간에 구멍이 있거나 홈이 파여 있을 때 이외의 근거가 없다. 또 목간에 구멍이 있거나 홈이 파여 있을 때, 목간의 밑에 구멍이 있고, 홈이 파인 이유에 대한 설명이 없다.

Ⅲ. 物品꼬리표설

함안 성산산성 목간이 성산산성이외의 지역에서 만들어졌다면 荷札이고, 성산산성에서 제작되었다면 物品꼬리표로 해석할 수밖에 없다. 荷札說은 7~8세기 일본 목간에서 얻어진 결론에서 나온 것으로 6세기의 성산산성 목간에는 적용에는 한계가 있다. 6세기의 목간이 거의 없는 일본 예에 의거해서 6세기의 신라 목간을 풀이하는 것은 한계가 있다. 또 단편적 사료인 성산산성의 목간으로 그 제작지를 살펴보는 것은 한계가 있다. 바꾸어 말하면 荷札說에서 함안 성산산성 이외의 지역에서 목간이 제작되었다고 증명하기도 어렵다.

여기에서는 8가지의 예를 들어서 성산산성의 제작지를 검토해 보고자 한다.

첫째로 지명의 한자가 잘못되어 있는 점이 거의 없는 점이다.

20번 古陁伊骨利村△(앞면)　仇仍支稗麥(뒷면)
28번 古陁伊骨利村阿那衆智卜利古支(앞면)　稗麥(뒷면)
31번 古陁一古利村末那(앞면)　毛羅次尸智稗石(뒷면)
2006-30번 古陁伊骨村阿那(앞면)　仇利稿支稗麥(뒷면)
2007-11번 古陁一古利村末那(앞면)　殆利夫稗(石)(뒷면)

2007-14번　古阤一古利村末那仇△(앞면)　稗石(뒷면)

2007-17번　古阤一古利村△~(앞면)　乃亇支稗石(뒷면)

2007-25번　古阤一古利村阿那弥伊△久(앞면)　稗石(뒷면)

2007-33번　古阤一古利村末那沙見(앞면)　日糸利稗石(뒷면)

Ⅳ-595　古阤一古利村牟波(앞면)　阤〻支 稗麥(뒷면)

Ⅴ-163　古阤一古利村牟波(앞면)　阤〻只稗麥(뒷면)

　　古阤 목간은 모두 앞면과 뒷면의 양면으로 되어 있다. 가장 흥미로운 점은 古阤 목간에서만 나오는 一古利村과 伊骨利村은 동일한 촌명인지 여부이다. 우선 2006-30번 목간의 伊骨村은 伊骨利村에서 利자가 빠진 동일한 촌명이다. 古阤에서만 一古利村과 伊骨利村은 음상사이므로 동일한 지명으로 판단된다.38)

　　仇伐(7번, 52번, 2007-6번, 2007-12번, 2007-37번)과 丘伐(2007-48번, 2016-W66번), 仇利伐(5번 등 다수)과 丘利伐(2016-W89번)을 제외하면 음만으로 동일한 지명을 표기한 예가 없다. 이는 남산신성비 제2비(阿旦亇村과 阿大亇村, 沙刀城과 沙戶城, 久利城과 仇利城 가 크게 차이가 있음)의 14명 인명 표기 차이보다 함안 성산산성의 229명 인명 표기가 그 차이가 적다. 함안 성산산성에서는 一古利村이 伊骨利村으로 나오고 나머지 4예는 음은 같고 한자가 틀릴 뿐이다. 이렇게 정확한 한자로 지명을 적는 것은 성산산성에서 목간을 제작했기 때문으로 보인다. 그렇지 않고 각 지방에서 제작되었다면 牟波, 阿那, 前那, 末那, 未那 등의 지명이 같을 수가 없다. 따라서 목간은 성산산성에서 제작되었다고 본다.

　　둘째로 유사 쌍둥이 목간 2점의 예로 들 수가 있다.

　　2006-7번.　買谷村古光斯珎于(앞면)　稗石(뒷면)　'買谷村의 古光

_____

38) 동일한 지명이 아니면 목간이 성산산성에서 제작되었다는 입론은 더 설득력을 갖게 된다.

과 斯珎于가 낸 稗 1石이다.'

2007-61번. 買谷村物礼利(앞면) 斯珎于稗石(뒷면) '買谷村의 物礼利와 斯珎于가 낸 稗 1石이다.'

2007-23번. 及伐城文尸伊稗石 '及伐城의 文尸伊가 낸 稗 1石이다.'

2007-24번. 及伐城文尸伊鳥伐只稗石 '及伐城의 文尸伊와 鳥伐只가 낸 稗 1石이다.'

斯珎于의 경우다. 斯珎于는 2006-7번 목간에서는 古光과 2007-61번 목간에서는 物礼利와 각각 공진물을 함께 내고 있다. 이 경우 斯珎于는 산지에서 稗石을 낸다고 목간을 만들었다면 독립되게 斯珎于만의 목간이 있어야 된다. 2007-23번과 2007-24번의 목간에서 文尸伊는 공통적으로 나와서 쌍둥이 목간이 아닌 유사 쌍둥이 목간이다. 이 경우 文尸伊의 공물이 양분된 점이 주목된다. 이 경우 文尸伊의 공진물이 稗石을 초과하기 때문으로 볼 수가 있다. 이는 목간이 성산산성에서 제작되었다는 근거가 된다.

셋째로 산지의 달이 나오는 목간을 통해서 목간의 산지를 추정할 수 있다.

V-164. 三月中鐵山下麥十五斗(앞면) 左旅△阿礼村波利足(뒷면) '三月에 鐵山 下의 麥 五十斗을 左旅△阿礼村의 波利足이 낸 것이다.'

三月에 보리는 나오지 않는다. 보리는 양력 6월에 생산된다. 따라서 음력 3월과 보리의 공진과는 관계가 없다. 그래서 三月[양력 4월]에 보리를 정확하게 양을 정하여 공진물을 적을 수 있는 것은 보리의 생산지가 아닌 소비지인 함안 성산산성으로 판단된다.

넷째로 왕경인과 지방민이 한 목간에 나오므로 왕경에서 작성했는지, 지방에서 작성했는지를 알 수 없다.

IV-597. 正月中比思(伐)古尸次阿尺夷喙(앞면) 羅兮落及伐尺幷作前瓷酒四斗瓮(뒷면) '正月에 比思(伐)의 古尸次 阿尺의 夷(무리, 동료)와 喙(部) 羅兮落 及伐尺(경위명)이 아울러 前瓷酒 四斗瓮을 만들었다.'

이 목간의 比思(伐)의 古尸次 阿尺의 동료와 喙(部) 羅兮落 及伐尺(경위명)이 함께 나와서 어디에서 목간을 작성했는지 알 수 없어서 성산산성에서 목간이 작성되었다고 보는 쪽이 타당할 것이다.

다섯째로 목간에 구멍이 있거나 홈이 파여 있을 경우에도 荷札에서만 필요한 것이 아니라 물품꼬리표에서도 홈이 필요하다. 이 경우 목간에 구멍이 없거나 홈이 파여 있지 않을 경우도 쉽게 그 이유를 해결할 수 있다. 목간을 가마니 등에 물품에 위에 놓거나 꼽아 두어서 그렇다고 해석할 수 있다.

여섯째로 양쪽에 홈이 파져 있고 목흔이 전혀 없는 2006-34번과 같은 이른바 예비용 목간이 성산산성에서 발견되었다. 긴사각형(일본 용어: 단책형)의 미사용 목간이 있는 점이다. 2007-I처럼 하단부가 완형인데, 삼각형의 홈이 파져있지 않고 있다. 이는 위의 목간들이 성산산성에서 제작된 것이지 생산지에서 만들어져서 예비용으로 가져올 이유가 없는 것이다.

일곱째로 목간이 출토된 동문지 부근의 내부 저습지에서 미완성의 목제품 및 많은 목재 찌꺼기[治木片]들이 두껍게 압착되어 있던 현장 상황이다. 계속해서 묵서용 붓, 목간 등을 제작하기 위하여 原木을 治木하거나 묵서의 지우개로 사용한 것으로 추정되는 刀子 및 그 칼집, 도자의 자루 부분, 묵서용 붓 등이 보고되었다는 점이다.

여덟째로 2016-W104의 沙喙部負나 IV-597의 喙(部) 羅兮落 及伐尺(경위명)이 나와서 6부인도 목간을 만들어서 가지고 왔다고 생각되지 않는 점이다.

이상과 같은 8가지의 이유에서 함안 성산산성 목간이 공진물의 생산지가 아닌 성산산성에서 제작되었다고 추정하는 바이다.

○ 맺음말

먼저 지금까지 나온 함안 성산산성 목간의 연구사를 일별하였다.

다음으로 함안 성산산성 목간의 성격을 기존설·신분증설·명적설·하찰설 비판·하찰설 등으로 비판적으로 검토하였다. 하찰설의 중요한 근거는 목간에 구멍이 있거나 홈이 파진 것이다. 그 외에는 뚜렷한 근거가 없다.

마지막 물품꼬리표설에는 8가지의 이유가 있어서 함안 성산산성에서 목간이 제작된 것으로 보고, 성산산성 목간은 荷札이 아닌 물품꼬리표로 성산산성에서 제작된 것으로 보았다.

제3절 함안 성산산성 목간으로 본
신라의 지방 통치 체제

ㅇ 머리말

한국의 고대 목간은 종이가 없던 시대에 종이 대신에 나무를 깎아서 긴 사각형에 가깝게 만든 데에 붓으로 한자를 쓴 것이다. 1면에만 글씨가 있는 것이 있고, 앞면과 뒷면의 양면으로 된 것이 있고, 드물게는 4면으로 된 문서목간이 있다. 고구려의 예는 없고, 백제 사비성 시대의 왕경과 지방 목간, 고신라의 왕경과 지방 목간, 통일신라의 왕경과 지방 목간 등이 있다. 목간의 대부분은 인명표기가 주류를 이루고 있다. 인명표기는 신라의 경우는 직명+출신지명+인명+관등명이고, 백제의 경우는 직명+부명+관등명+인명의 순서이다. 그래서 금석문과 목간을 연구하는 데에 있어서 인명표기의 중요성은 아무리 강조해도 지나치지 않다.

고신라의 지방제도는 주군성촌제로 되어 있으며 주에 軍主, 군에 幢主, 성촌에 道使가 각각 파견되는 것으로 이해해 왔다. 곧 군주는 △△州軍主로 표기된 예가 없고 당주도 △△郡幢主로 표기된 예가 없다. 겨우 나오는 것이 주명이 나오는 예로는 上州行使大等과 下州行使大等란 주명뿐이고, 군명이 나오는 예로는 于抽悉支阿西河郡使大等이란 뿐이다. 그래서 △△州軍主, △△郡幢主이란 지명이 없어서 군주는 지방행정의 장임을 의심하지 않았으나 당주는 의심해 왔다. 행정성촌의 장으로 불리는 도사는 지명이 성촌이 끝난 곳이 있어서 쉽게 받아지고 있으나 남산신성비 제1비에서는 성촌으로 끝나지 않는 지명 뒤에 道使

가 오고 있다. 또 남산신성비 제5비에는 ~道使幢主란 직명이 있어서 당주는 군의 장, 도사는 행정촌의 장으로 보기도 어렵다. 고신라 지방 제도는 주의 장, 군의 장을 규정하기가 어렵다. 더구나 성촌의 장을 논하기는 아직까지 시기상조인 느낌이 든다. 곧 군의 장이 누구인지 하는 문제와 성촌의 장이 누구인지 하는 문제는 대단히 어렵다. 여기 에서는 창녕비 등의 금석문 자료와 함께 고신라 지방통치조직에 대해 살펴보고자 한다.

여기에서는 먼저 함안 성산산성의 지배통치와 관련된 자료를 제시 하고, 다음으로 성산산성 목간의 작성 시기를 살펴보고, 마지막으로 목간으로 본 신라의 지방 통치를 살펴보고자 하겠다.

I. 자료의 제시

〈구리벌〉

1번. 仇利伐 /上乡者村(앞면) 乞利(뒷면) '仇利伐 上乡者村의 乞利가 낸 뭐이다.'

3번. 仇利伐/上乡者村 波婁 '仇利伐 上乡者村의 波婁가 낸 뭐이다.'

4번. 仇利伐/仇失了一伐/尒利△一伐 '仇利伐의 仇失了 一伐과 尒利△ 一伐이 낸 뭐이다.'

5번. 仇利伐△德知一伐奴人 塩 (負) '仇利伐의 △德知 一伐이며 奴人인 그가 소금[塩]의 負를 낸 것이다.'

33번. 仇利伐/(形)谷村/仇礼支 負 '仇利伐 形谷村의 仇礼支가 낸 負이다.'

34번. 仇利伐/上乡者村 波婁 '仇利伐 上乡者村의 波婁가 낸 뭐 이다.'

36번.(仇利伐)/只郎智奴/於△支 負 '仇利伐의 只郎智가 奴이고, 그의 짐꾼인 於△支가 짐을 졌다.'

2006-10번.(仇利伐)/△△△奴/△△支 負 '仇利伐의 △△△가

奴이고, 그의 짐꾼인 △△支가 짐을 졌다.'

2006-24.仇利伐/ 比多湏 奴 先能支 負 '仇利伐의 比多湏의 奴
이고, 그의 짐꾼인 先能支의 負이다.'

2007-27번. 仇利伐/ 郝豆智奴人/△支 負 '仇利伐의 郝豆智가
奴人이고, 그의 짐꾼인 △支가 짐을 졌다.'

2007-53번. 仇利伐/習肜村/ 牟利之 負 '仇利伐 習肜村의 牟利
之의 負이다.'

Ⅳ-587번. 仇利伐/△伐彡△村 伊面於支 負 '仇利伐 △伐彡△村
의 伊面於支의 負이다.'

Ⅳ-591.仇(利伐) △△智(奴)人 △△△ 負 '仇(利伐)의 △△智가
(奴)이고, 그의 짐꾼인 △△△의 負이다.'

 2016-W62번. 仇利伐/上彡者村△△△△ '仇利伐 上彡者村의
△△△가 △(낸 뭐이다.)'

2016-W89.丘利伐/卜今智上干支 奴/△△巴支 負 '丘利伐의 卜
今智 上干支이며, 奴이고, 그의 짐꾼인 △△巴支가 負를 진다.'

2016-W92.仇利伐/夫及知一伐 奴人/宍巴礼 負 '仇利伐의 夫及
知가 一伐이고, 奴人이고, 그의 짐꾼인 宍巴礼가 짐을 진다.'

〈 고타 〉

20번. 古阤伊骨利村△(앞면) 仇仍支稗麥(뒷면) '古阤 伊骨利村
의 △仇仍支가 낸 稗와 麥이다.'

28번. 古阤伊骨利村阿那衆智卜利古支(앞면) 稗麥(뒷면)
'古阤 伊骨利村의 阿那(어떤 방향이나 위치의 지역을 표시하는
땅 또는 들)의 衆智와 卜利古支가 낸 稗와 麥이다.'

29번. 古阤新村智利知一尺那△(앞면) 豆于利智稗石(뒷면)
古阤 新村의 智利知 一尺과 那△의 豆于利智가 낸 稗 1石이다.'

31번. 古阤一古利村末那(앞면) 毛羅次尸智稗石(뒷면)
'古阤 一古利村의 末那(어떤 방향이나 위치의 지역을 표시하는
땅 또는 들)의 毛羅次尸智가 낸 稗 1石이다.'

2006-30번. 古阤伊骨村阿那(앞면) 仇利稿支稗麥(뒷면) '古阤 伊骨村의 阿那(어떤 방향이나 위치의 지역을 표시하는 땅 또는 들)의 仇利稿支가 낸 稗와 麥이다.'

2007-10번. 古阤新村局斤△利(앞면) 沙礼(뒷면) '古阤 新村의 局斤△利와 沙礼가 (낸 뭐이다.)'

2007-11번. 古阤一古利村末那(앞면) 殆利夫稗(石)(뒷면) '古阤의 一古利村 末那(어떤 방향이나 위치의 지역을 표시하는 땅 또는 들)의 殆利夫가 낸 稗 1(石)이다.'

2007-14번. 古阤一古利村末那仇△(앞면) 稗石(뒷면) '古阤의 一古利村 末那(어떤 방향이나 위치의 지역을 표시하는 땅 또는 들)의 仇△가 낸 稗 1石이다.'

2007-17번. 古阤一古利村△~(앞면) 乃兮支稗石(뒷면) '古阤의 一古利村의 △~乃兮支가 낸 稗 1石이다.'

2007-25번. 古阤一古利村阿那弥伊△久(앞면) 稗石(뒷면) '古阤의 一古利村 阿那(어떤 방향이나 위치의 지역을 표시하는 땅 또는 들)의 弥伊△久가 낸 稗 1石이다.'

2007-33번. 古阤一古利村末那沙見(앞면) 日糸利稗石(뒷면) '古阤의 一古利村 末那(어떤 방향이나 위치의 지역을 표시하는 땅 또는 들)의 沙見日糸利가 낸 稗 1石이다.'

2007-57번. 古阤夲波豆物烈智△(앞면) 勿大兮(뒷면) '古阤 夲波(本原)인 豆物烈智와 △勿大兮가 (낸 뭐이다.)'

Ⅳ-595번. 古阤一古利村夲波(앞면) 阤ۈ支 稗麥(뒷면) '古阤 一古利村의 夲波(本原)이며, 阤ۈ支가 낸 稗와 麥이다.'

Ⅴ-163번. 古阤一古利村夲波(앞면) 阤ۈ只稗麥(뒷면) '古阤 一古利村의 夲波(本原)이며, 阤ۈ只가 낸 稗와 麥이다.'

Ⅴ-166번. 古阤智伊未矜上干一大兮伐(앞면) 豆幼去(뒷면) '古阤의 伊未矜 上干(支)와 一大兮豆幼去가 낸 (뭐이다.)'

〈 감문성 〉

2번. 甘文城下麥甘文李波王村(앞면) 文利村(知)利兮負(뒷면) '甘文城 下의 麥을 甘文의 李波(本原)인 王村文利村의 (知)利兮負가 (낸 뭐이다.)'

10번. 甘文李波居村旦利村伊竹伊 '甘文의 李波(本原)인 居村旦利村의 伊竹伊가 낸 뭐이다.'

2006-1번. 甘文城下麥李波大村毛利只(앞면) 一石(뒷면) '甘文城 下의 麥을 李波(本原)인 大村의 毛利只가 낸 一石이다.'

2007-45번. 甘文城下(麥)米十一(斗)石(喙)大村卜只持去 '甘文城 下의 (麥)과 米 十一(斗)는 石(喙)大村의 卜只持去가 낸 것이다.'

V-165번. 甘文(城)下麥十五石甘文(앞면) 李波加本斯稗一石之(뒷면) '甘文(城) 下의 麥 十五石을 甘文의 李波(本原)인 加本斯와 稗一石之이 낸 것이다.'

2016-W94번. 甘文城下麥十五石甘文李波(앞면) (伊)次只去之(뒷면) '甘文城 下의 麥 十五石을 甘文 李波(本原)인, (伊)次只去之가 낸 것이다.'

〈 급벌성 〉

8번. 及伐城秀乃巴稗 '及伐城의 秀乃巴가 낸 稗이다.'

42번. 及伐城立龍稗石 '及伐城의 立龍이 낸 稗 1石이다.'

74번. 及伐城只智稗石 '及伐城의 只智가 낸 稗 1石이다.'

80번. 及伐城△△ 稗石 '及伐城의 △△가 낸 稗 1石이다.'

2007-23번. 及伐城文尸伊稗石 '及伐城의 文尸伊가 낸 稗 1石이다.'

2007-24번. 及伐城文尸伊急伐尺稗石 '及伐城의 文尸伊와 急伐尺이 낸 稗 1石이다.'

2007-42번. 及伐城登奴稗石 '及伐城의 登奴가 낸 稗 1石이다.'

IV-590번. 及伐城日沙利稗石 '及伐城의 日沙利가 낸 稗 1石이다.'

〈 구벌 〉

7번. 仇伐干好律村卑尸稗石 '仇伐 干好律村의 卑尸가 낸 稗 1石이다.'

52번. 仇伐阿那舌只稗石 '仇伐의 阿那(어떤 방향이나 위치의 지역을 표시하는 땅 또는 들)의 舌只가 낸 稗 1石이다.'

2007-6번. 仇伐末那沙刀礼奴(앞면) 弥次分稗石(뒷면) '仇伐 末那(어떤 방향이나 위치의 지역을 표시하는 땅 또는 들)의 沙刀礼奴와 弥次分이 낸 稗 1石이다.'

2007-37번. 仇伐阿那內欣買子(앞면) 一万買稗石(뒷면) '仇伐 阿那(어떤 방향이나 위치의 지역을 표시하는 땅 또는 들)의 內欣買子와 一万買가 낸 稗 1石이다.'

2007-48번. 丘伐稗石 '丘伐에서 낸 稗 1石이다.'

2016-W66번. 丘伐未那早尸智居伐尺奴(앞면) 能利智稗石(뒷면) '丘伐 未那(어떤 방향이나 위치의 지역을 표시하는 땅 또는 들)의 早尸智와 居伐尺과 奴能利智가 낸 稗 1石이다.'

〈 이진지성 〉

30번. 夷津支阿那古刀羅只豆支(앞면) 稗(뒷면)
'夷津支의 阿那(어떤 방향, 위치의 지역을 표시하는 땅 또는 들)의 古刀羅只豆支가 낸 稗이다.'

2006-4번. 夷津李波只那公末△稗 '夷津의 李波(本原)이며, 只那公末△이 낸 稗이다.'

2007-30번. 夷(津)支士斯石村末△△然(앞면) 麥(뒷면) '夷(津)支의 士斯石村의 末△△然가 낸 麥이다.'

2007-44번. 夷津支城下麥王△巴珎兮村(앞면) 弥次二石(뒷면) '夷津支城 下의 麥은 王△巴珎兮村의 弥次가 낸 二石이다.'

2007-304. 夷津支城下麥烏列支負(앞면) △△△石(뒷면) '夷津支城 下의 麥을 烏列支負△가 (낸 몇)石이다.'

〈 추문촌 〉

39번. 鄒文比尸河村尒利牟利 '鄒文 比尸河村의 尒利牟利가 (낸

뭐이다.)'

54번. 鄒文△△△村△牟石 '鄒文 △△△村의 △牟石이 (낸 뭐이다.)'

2006-17번. 鄒文村內旦利(魚) '鄒文村의 內旦利가 낸 (魚)이다.'

2007-52번. 鄒文(前)那牟只村(앞면) 伊△(習)(뒷면) '鄒文(前)那(어떤 방향이나 위치의 지역을 표시하는 땅 또는 들)의 牟只村의 伊△(習)가 (낸 뭐이다.)'

〈 수벌 〉

77번. 湏伐牟波居湏智 '湏伐 牟波(本原)의 居湏智가 (낸 뭐이다.)'

〈 물사벌 〉

2007-15번. 勿思伐 豆只稗一石 '勿思伐의 豆只가 낸 稗 一石이다.'

〈 왕송조다 〉

6번. 王松鳥多伊伐支乞負支 '王松鳥多 伊伐支의 乞負支가 낸 뭐이다.'

2006-25번. 王松鳥多伊伐支卜然 '王松鳥多 伊伐支의 卜然가 (낸 뭐이다.)'

〈 骨盖 〉

50번. 骨盖陽村末稗石 '骨盖 陽村의 末이 낸 稗 1石이다.'

2007-4번. 骨盖次尒利△尒稗 '骨盖 次尒利△尒가 낸 稗이다.'

2007-16번. 骨盖尒欲(弥支) '骨盖의 尒欲(弥支)가 낸 (稗)이다.'

2007-22번. 骨盖奈夷(利)稗 '骨盖의 奈夷(利)가 낸 稗이다.'

〈 철산 〉

Ⅴ-164. 三月中鐵山下麥十五斗(앞면) 左旅△河礼村波利足(뒷면) '三月에 鐵山 下의 麥 五十斗를 左旅△河村의 波利足이 낸 것이다.'

〈 비사벌 〉

Ⅳ-597. 正月中比思(伐)古尸次阿尺夷喙(앞면) 羅兮落及伐尺幷作前瓷酒四斗瓮(뒷면) '正月에 比思(伐)의 古尸次 阿尺의 夷(무리, 동료)와 喙(部) 羅兮落 及伐尺(경위명)이 아울러 前瓷酒 四斗瓮을 만들었다.'

〈왕자녕(△)〉

2016-W155. 王子寧△改大村△刀只(앞면) 米一石(뒷면) '王子寧의 △改大村의 △刀只가 낸 米 一石이다.' 또는 '王子寧(郡)의 改大村의 △刀只가 낸 米 一石이다.'

〈파진혜성〉

60. 巴珎兮城下(麥)~(앞면) 巴珎兮村~(뒷면) '巴珎兮城 下의 (麥을) 巴珎兮村의 누구가 (몇 石)낸 뭐이다.' 또는 '巴珎兮城 下의 (麥) (~石을) 巴珎兮村의 누구가 낸 것이다.'

仇利伐이 郡名임은 1번 목간 仇利伐上彡者村乞利, 3번과 34번 목간의 3번. 仇利伐/上彡者村 波婁, 2016-W62번 仇利伐/上彡者村△△△△에서 上彡者村은 『삼국사기』, 지리지 康州 咸安郡 領縣인 召彡縣이다. 따라서 仇利伐은 군명이다.

及伐城은 『삼국사기』 권35, 지4, 지리지2에 나오는 岋山郡 本高句麗及伐山郡이라고 나오는데 현재 영주시 부석면 일대이다.

伊伐支는 『삼국사기』, 지리지에 隣豊縣 本高句麗伊伐支縣이라고 나오고 있는데, 경북 영주시 부석면일대이다. 伊伐支의 앞에 나오는 王松鳥多는 군명이다.

甘文은 창녕비(561년)에 甘文軍主가 있던 곳이다. 『삼국사기』 권34, 지3, 지리1에 開寧郡 古甘文小國也라고 나오는 김천시 개령면이다.

古阤는 『삼국사기』 권34, 지3, 지리1에 나오는 古昌郡 本古陀耶郡으로 현재의 안동시 일대이다.

及伐城은 남산신성비 제9비에 나오는 伋伐郡과 동일한 지명이다.

『삼국사기』권35, 지4, 지리2에 나오는 岋山郡 本高句麗及伐山郡이라고 나오는데, 현재의 영주시 부석면 일대이다.

仇伐은 소지마립간7년(485년)에 축성했다는 仇伐城과 같은 지역으로 『삼국사기』권34, 지3, 지리1에 나오는 仇火縣과 동일한 곳으로 현재의 의성군 단촌면 일대이다.

須伐은 확실하지 않지만 상주의 고명인 沙伐과 같은 것으로 볼 수가 있다.[1]

이상은 감문성 지역에 속하는 군명과 행정촌명들이다. 그 밖의 왕송조다, 冏盖, 철산, 파진혜성, 이진지성, 구리벌, 왕자녕(△)는 그 정확한 위치를 알 수가 없다. 행정촌명이면서 위치를 알 수 있는 자료로 買谷村이 나온다. 買谷村은『삼국사기』권35, 지4, 지리2에 나오는 善谷縣 本高句麗買谷縣이라고 나오는데, 현재의 안동시 도산면과 예안면 일대이다.

II. 성산산성 목간의 작성 시기

함안성산 목간에는 연간지나[2] 연호가[3] 나오지 않아서 연대 설정에

---

1) 貞元十四年銘(798년) 永川菁堤碑에 沙喙部의 沙喙을 須喙(喙은 이체)라고 표기한 예가 있다(金昌鎬, 「永川 菁堤碑 貞元十四年銘의 再檢討」『韓國史研究』43, 1983). 그래서 沙伐과 須伐은 통하게 된다.

2) 손환일, 「한국 목간에 사용된 주제별 용어 분류」『신라사학보』26, 2012, 379쪽에서는 乙亥란 연간지가 성산산성 65번 목간에 나온다고 하였다. 乙亥는 555년이 되나 잘못 읽은 것으로 판단된다. 곧 한 면 또는 두 면으로 된 함안성산산성 목간에서는 연간지가 나온 예가 없기 때문이다. 또 손환일은『동아일보』인터넷 판 2017년 3월 6일자에 의하면, 2016-W155 목간에서 王子寧△改大村△刀尒(앞면) 米一石(뒷면)을 壬子年△△大村△刀尒(앞면) 米一石(뒷면)으로 판독하고서, 壬子年을 532년 또는 592년으로 주장하고 있으나 따르기 어렵다. 만약에 판독이 옳다면 592년설은 대가야 멸망인 562년보다 늦어서 592년 당시에 성산산성을 축조했다고 보기 어려워 성립될 수가 없고, 532년설은 금관가야의 스스로 신라에 귀부하여 멸망한 해이고, 안라국도 532년에 신라에 귀부해 항복했다면 문헌에 기록이 남았을 것인데, 그 기록이 없어서 성립되기

어려움이 대단히 크다. 우회적인 방법이긴 하지만, 성산산성 목간에 나오는 관등명을 고신라의 금석문과 비교해 연대를 검토할 수밖에 없다. 一伐이란 외위가 몇 번 나오지만 4번 목간의 仇利伐/仇失了一伐/尒利△一伐,[4] 5번 목간의 仇利伐△德知一伐奴人 塩, 14번 목간의 大村伊息知一伐, 72번 목간의 △一伐稗, 2007-8번 목간과 2007-31번 목간[쌍둥이 목간]의 仇利伐 仇阤知一伐奴人 毛利支 負, 2007-21번 목간의 ~豆留只一伐 등이 나오지만 별로 연대 추정에 도움이 되지 않는다. Ⅳ-597번 正月中比思(伐)古尸次阿尺夷喙(앞면) 羅兮落及伐尺幷作前瓷酒四斗瓮(뒷면)의 阿尺, 29번 古阤新村智利知一尺那△(앞면) 豆于利智稗石(뒷면)의 一尺, 2016-W92.仇利伐/夫△知一伐/宍巴礼 負의 阿尺, 一尺, 一伐 등은 연대 설정에 결정적인 도움이 되지 않는다. 一伐은 봉평비(524년)에 나오는 것이 그 연대가 가장 빠르다. 一伐 이외에 봉평비와 목간에는 一尺과 阿尺도 나온다. 이들 一伐과 一尺과 阿尺이란 외위명은 524년 작성의 봉평비에 나온다. 23번 목간의 ~△知上干支나 Ⅴ-166번의 古阤未㱋上干一大兮伐(앞면) 豆幼去(뒷면)나[5] 2016-W89번 丘利伐/卜今智上干支奴/△△巴支 負에서[6] 干支로 끝나는 외위명이 나와서 그 시기는 551년의 명활산성비에서 나온 下干支에 근거할 때,

---

어렵다. 따라서 壬子年의 판독은 잘못된 것으로 성립될 가능성이 전혀 없다. 이 목간은 王子寧△(郡)의 改大村(행정촌) △刀只가 쌀 1석을 냈다로 해석되거나 王子寧(군)의 △改大村(행정촌) △刀只가 쌀 1석을 냈다로 해석된다.

△표시는 글자는 분명히 있으나, 읽을 수 없는 글자의 표시이다.

앞으로 사면으로 된 문서 목간에서 연간지가 나올 가능성이 있다. 1면 또는 앞뒷면으로 된 물품꼬리표 목간에서는 연간지가 나올 가능성은 전혀 없다. 앞으로 발굴 조사가 기대되는 바이다.

3) 성산산성 목간에서 연호가 나올 가능성도 있을 것이다. 왜냐하면 신라의 최초의 연호는 建元으로 536년에 開元했기 때문이다. 성산산성의 신축이 540년경이라서 더욱 그러하고, 年干支도 4면 목간에서 나올 가능성이 있다.

4) /표시는 할서[두 줄로 쓰기]를 표시하는 것으로 본고 전체에 적용된다.

5) 古阤未㱋上干은 540년경에 上干이란 외위가 있었음을 증명하고 있다.

6) 양석진·민경선, 「함안 성산산성 출토 목간 신자료」 『목간과 문자』 14, 2015에 의거하였다.

551년이 하한이다. 종래 오작비(578년) 제③행의 大工尺仇利支村壹利
力兮貴干支△上△壹△利干를[7] 大工尺인 仇利支村의 壹利力兮貴干支와
△上△壹△利干으로 분석해 왔으나 大工尺인 仇利支村의 壹利力兮貴干
과 支△上(干)과 壹△利干으로 본 견해가 나왔다.[8] 이렇게 보는 쪽이
오히려 타당할 것 같다. 그러면 금석문에서 관등명의 끝에 붙는 干支
의 支자가 소멸하는 시기를 명활성비의 작성 시기인 551년으로 볼 수
가 있다.

2017년에 새로 발표된 목간에는 다음과 같은 것이 있다.[9]

2016-W150. 三月中眞乃滅村主憒怖白(제1면)
△城在弥卽尒智大舍下智前去白之(제2면)
卽白先節六十日代法稚然(제3면)
伊毛罹及伐尺寀言△法卅代告今卅日食去白之(제4면)

'三月에 眞乃滅村主인 憒怖白이[10] △城(성산산성?)에 있는 弥卽
尒智 大舍下智의 앞에 가서 아뢰었습니다. 곧 아뢴 앞선 때에 六
十日代法은 稚然(未熟)하였습니다. 伊毛罹 及伐尺의 寀(祿俸)에
말하기를 △法 卅代를 고하여 이제 卅日食을 먹고 갔다고 아뢰었습
니다.'

---

7) 판독은 한국고대사회연구소, 『역주 한국고대금석문』II,(신라 I, 가야편),
   1992, 98쪽에 따랐다.
8) 전덕재, 앞의 논문, 2007, 69쪽.
9) 최장미, 「함안 성산산성 제17차 발굴조사 출토 목간 자료의 검토」 『목간
   과 문자』 18, 2017.
10) 촌주는 냉수리비(443년)에 村主 臾支 干支로 처음 등장하고, 창녕비(561
   년)에 村主 奀聰智 述干와 村主 麻叱智 述干으로 나온다. 그 다음에 남산
   신성비(591년) 제1비에 村上村主 阿良村 今知 撰干과 郡上村主 柒吐村
   △知尒利 上干이 나오고, 파실되어 일부가 없어진 제5비에 向村主 2명이
   나올 뿐이다. 이들 6세기 村主에서는 인명이 공반하고 있다. 따라서
   2016-W150. 목간에서 촌주도 眞乃滅村主憒怖白까지 끊어서 眞乃滅村主
   (지명+직명)+憒怖白(인명)으로 보아야 할 것이다.

大舍下智란 관등명은 524년의 봉평비의 小舍帝智나 525년의 울주
천전리서석 원명의 大舍帝智와 통하여 함안 성산산성 목간의 연대를
520년대로 볼 수가 있다. 성산산성 목간에는 연대 설정에 중요한 자
료가 더 있다. 그 자료를 제시하면 다음과 같다.

그런데 Ⅳ-597번 목간에 正月中比思(伐)古尸次阿尺夷喙(앞면) 羅兮落
及伐尺幷作前瓷酒四斗瓮(뒷면)을[11] 해석하면, 正月에[12] 比思(伐)의 古尸
次 阿尺(외위)의 夷와[13] 喙(部)의 羅兮落 及伐尺이 함께 만든 前瓷酒의
四斗瓮이다란 뜻이 된다. 따라서 及伐尺은 외위가 아니라 경위가 된다.
及伐尺이 경위명이므로 2016-W150 목간의 伊毛羅 及伐尺도 경위를
가진 인명이다.

위의 급벌척(경위)이 언제 소멸되어 신라 관등제가 완성되었는지가
문제가 된다. 『日本書紀』, 欽明日王23년(562년) 봄 정월조 기사, 즉 신
라가 임나관가를 공격하여 멸망시켰다. 一本에 이르기를 21년(560년)
에 임나를 멸망시켰다. 임나를 加羅國, 安羅國, 斯二岐國, 多羅國, 率麻
國, 古嵯國, 子他國, 散半下國, 乞飡國, 稔禮國의 十國으로 보고, 560년
에 안라국이 신라에 투항했다고 보았다. 이 견해도 『삼국사기』의 기록
인 법흥왕대(514~53 9년) 阿尸良國(안라국) 정복설을 무시하고, 『일본
서기』에 의해 신라 목간의 연대를 560년으로 보았다. 이렇게 함안 성
산산성의 목간 연대를 560년으로 보게 되면, 신라의 관등제도 560년
에 완성되게 된다. 신라의 관등제는 545년이나 그 직전에 세워진 적

---

11) 전덕재, 「한국의 고대목간과 연구동향」 『목간과 문자』 9, 2012, 24쪽에서 正
月에 比思伐 古尸次 阿尺과 夷喙, 羅兮△, 及伐只 등이 함께 어떤 술 4개(또는
4斗의) 瓮을 만들었다고 해석하였다. 及伐尺(及伐只)을 인명으로 보고 있다.

12) 正月中은 六月中(Ⅳ-600호 목간), 十一月(Ⅳ-602호 목간), 三月中(Ⅴ-164과
216-W150) 등이 함께 확인되고 있는데, 이는 성산산성에서 단 기일 내에 축
성이 쉬지 않고, 지속적으로 실시되었음을 의미한다. 왜냐하면 음력 正月인 한
겨울에도 공진물을 바치고 축성을 하고 있기 때문이다.

13) 『禮記』에 나오는 在醜夷不爭에서와 같이 무리 또는 동료를 나타내는 것으로 보
인다. 이 글자에 대한 신중한 판독이 요망된다. 이 글자가 及伐尺이 경위냐
외위냐의 분기점이 될 수가 있기 때문이다.

성비 단계에는 완성되었다고 본다. 그러면 안라국은 539년에 신라에
정복되었다는 기록은 설득력이 있다. 경위와 외위의 완성도 540년경
으로 볼 수가 있다.

Ⅲ. 고신라 자료로 본 신라의 지방 통치

신라 중고 지방관제는 州郡制였다는 데에는 이론이 없다. 이 州郡制
는 여러 차례의 변화 과정을 거쳐 통일 후 九州五小京制로 완비되었
다. 중고의 지방 제도는 지금까지 적지 않은 업적이 쌓여 있으며,[14]
이로써 대체적인 윤곽은 파악할 수 있게 되었다. 중고의 지방에 州·
郡·村(城)이 존재하였으며, 이에 대응하여 軍主·幢主·道使라 불리는 지
방관이 파견되었다고 이해되어 왔다.

---

14) 今西 龍,「新羅上州下州考」『新羅史研究』, 1933.
　　藤田亮策,「新羅九州小京考」『朝鮮學報』5, 1953.
　　末松保和,「新羅幢停考」『新羅史の諸問題』, 1954.
　　韓沽劢,「고대국가 성장과정에 있어서의 대복속민정책(상)」『역사학보』12,
　　1960.
　　임병태,「신라소경고」『역사학보』35, 1967.
　　村上四男,「新羅の歃良州(良州)について」『朝鮮學報』48, 1968.
　　이종욱,「남산신성비를 통해서 본 신라의 지방통치체제」『역사학보』64,
　　1974.
　　신형식,「신라군주고」『백산학보』19, 1975.
　　山尾幸久,「朝鮮三國の軍區組織」『古代朝鮮と日本』, 1975.
　　末松保和,「新羅の郡縣制」『學習院大學研究年報』12, 1975.
　　이기동,「신라하대의 패강진」『한국학보』4, 1976.
　　浜田耕策,「新羅の城·村設置と郡縣制の施行」『朝鮮學報』84, 1976.
　　주보돈,「신라 중고의 지방통치조직에 대하여」『한국사연구』23, 1979.
　　김주성,「신라하대의 지방관사와 촌주」『한국사연구』41, 1983.
　　木村誠,「新羅時代の郷」『歷史評論』403, 1983.
　　이수훈,「신라 중고기 주의 구조와 성격」『부대사학』12, 1988.
　　이수훈,「신라 촌락의 성격」『한국문화연구』6, 1993.
　　이수훈,「신라 촌락의 입지와 성·촌명」『국사관논총』48, 1993.

그런데 남산신성비 제5비에서 ~道使幢主란 관직명이 나와서 위의
결론은 전면 재검토되어야 할 것이다. 幢主가 郡의 장이 되기 위해서
는 지명+郡幢主으로 된 직명이 되어야 한다. 마찬가지로 軍主에 있어
서도 지명+州軍主란 직명이 나와야 된다. 그러한 직명은 軍主나 幢主
모두에서 나오지 않고 있다. 甘文軍主를 감문주군주로 보지 않는 연구
자는 없었다. 마찬가지로 남산신성비 제1비의 奴含道使나 제2비의 阿
旦兮村道使도 郡의 장일 가능성이 있다.

여기에서는 먼저 고신라 지방관이 가장 많이 나오는 창녕비의 지방
관을 살펴보고, 다음으로 軍主에 대해 살펴보고, 그 다음으로 使大等에
대해 살펴보고, 마지막으로 幢主·邏頭·道使에 대해 살펴보겠다.

1) 창녕비의 地方官

고신라 지방관의 시발점은 창녕비이다. 창녕비 제⑤·⑥행에 大等与
軍主幢主道使与外村主란 구절이 주목된다. 이는 고신라 지방관제 해결
의 실마리를 쥐고 있다. 이 구절은 단독으로 해결이 어렵고, 창녕비의
인명 분석표와 대비해 해결해야 함으로 창녕비의 인명 분석표부터 제
시하면 다음의〈표 1〉과 같다.

〈표 1〉 창녕비의 인명 분석표

직명	부명	인명	관등명
(大等)	~	~智	葛文王
위와 같음	~	~	~
위와 같음	(沙喙)	屈珎智	大一伐干
위와 같음	沙喙	△△智	一伐干
위와 같음	(喙)	(居)折(夫)智	一尺干
위와 같음	(喙)	(內禮夫)智	一尺干
위와 같음	喙	(比次)夫智	迊干

위와 같음	沙喙	另力智	迊干
위와 같음	喙	△里夫智	(大阿)干
위와 같음	沙喙	都設智	(阿)尺干
위와 같음	沙喙	△△智	一吉干
위와 같음	沙喙	忽利智	一(吉)干
위와 같음	喙	珎利△次公	沙尺干
위와 같음	喙	△△智	沙 尺
위와 같음	喙	△述智	沙尺干
위와 같음	喙	△△△智	沙尺干
위와 같음	喙	比叶△△智	沙尺干
위와 같음	本彼	夫△智	及尺干
위와 같음	喙	△△智	(及尺)干
위와 같음	沙喙	刀下智	及尺干
위와 같음	沙喙	△尸智	及尺干
위와 같음	喙	鳳安智	(及尺)干
△大等	喙	居七夫智	一尺干
위와 같음	喙	△未智	一尺干
위와 같음	沙喙	吉力智	△△干
△大等	喙	未得智	(一)尺干
위와 같음	沙喙	乇聰智	及尺干
四方軍主 比子伐軍主	沙喙	登△△智	沙尺干
漢城軍主	喙	竹夫智	沙尺干
碑利城軍主	喙	福登智	沙尺干
甘文軍主	沙喙	心麥夫智	及尺干
上州行使大等	沙喙	宿欣智	及尺干
위와 같음	喙	次叱智	奈末
下州行使大等	沙喙	春夫智	大奈末

위와 같음	喙	就舜智	大舍
于抽悉支河西阿郡使大等	喙	比尸智	大奈末
위와 같음	沙喙	湏兵夫智	奈末
旨爲人	喙	德文兄	奈末
比子伐停助人	喙	覓薩智	大奈末
書人	沙喙	導智	奈舍(大舍)
村主		奕聰智	述干
위와 같음		麻叱智	述干

大等은 22명의 大等 집단을 가리킴이 분명하다. 軍主는[15] 4명의 四方軍主임이 분명하다. 外村主는 2명의 村主임이 분명하다. 幢主·道使는 그 직명이 나오지 않아서 2명씩이 나오는 上州行使大等과 下州行使大等과 于抽悉支河西阿郡使大等을 주목하였다. 이를 범칭론 등으로 해결하려는 노력 등이 있었으나 학계의 의견 일치는 아직 도래되지 않고 있다. 于抽悉支河西阿郡使大等도 1개의 군으로 보거나[16] 于抽(영해·울진), 悉支(삼척), 河西阿(강릉)인 3개의 군으로 보기도[17] 한다. 使大等의 경우 북한산비에 4명이나 같은 직명을 갖고 있어서 법칭론 등은 성립될 수가 없다. 또 大等与軍主幢主道使与外村主를 해석하면 大等과 軍主·幢主·道使와 外村主가 된다. 大等, 軍主, 外村主는 찾을 수 있으나 幢主와 道使는 찾을 수 없다. 이 당주와 도사는 지방관이 확실하며, 그 앞에는 지명이 온다고 생각된다. 지금까지 군주, 당주, 도사의 앞에

---

15) 5세기 금석문인 중성리비(441년)와 냉수리비(443년)에서는 道使는 나오나 軍主는 나오지 않는다. 6세기 금석문인 524년의 봉평비, 545년이나 그 직전에 세워진 적성비, 561년의 창녕비, 561~568년의 북한산비, 568년의 마운령비와 황초령비에서는 반드시는 道使가 없어도 軍主는 꼭 나온다. 왜 이렇게 차이가 큰지 그 이유를 봉평비와 냉수리비의 21년 차이로는 설명할 수가 없다. 냉수리비의 건비 연대를 443년으로 보아서 적어도 81년의 차이는 있어야 된다.

16) 이수훈, 「신라 중고기 군의 형태와 성(촌)」『고대연구』1, 1988.

17) 김창호, 『고신라 금석문의 연구』, 2007, 178쪽.

는 지명이 올 뿐, 인명이 온 예는 없었다.

 2) 軍主

군주는 중성리비(441년), 냉수리비(443년)에서는 보이지 않고 있다. 5세기 신라에서는 아직까지 州가 설치되지 않았고, 軍主란 지방관도 없었다. 지방제의 미성숙도를 엿볼 수 있다.

다음으로 봉평비에는 悉支軍主가 나오는데, 524년의 悉支(三陟) 州治는 『삼국사기』와 『삼국유사』에는 나오지 않고 있다. 실지군주는 금석문에 나오는 최초의 군주이다.

그 다음으로 545년 직전에 세위진 적성비에는 군주가 高頭林城在軍主等이라서 복수(2명)로 된 유일한 예이다. 이 고두림은 충북 단양 하리에 있는 온달성이다. 이 州治 역시 문헌에는 없는 것이다. 高頭林城在軍主等도 『삼국사기』와 『삼국유사』에는 없는 군주이다. 더구나 군주가 복수인 경우도 주목된다.

그 다음으로 561년의 四方軍主인 比子伐軍主, 漢城軍主, 碑利城軍主, 甘文軍主를 들 수가 있다. 軍主의 보좌로서 比子伐停助人를 들 수가 있다.

그 다음으로 561~568년의 북한산비의 南川軍主를 들 수가 있다. 국가 차원의 금석문 가운데 인명이 가장 적게 나와서 지방관도 남천군주뿐이다.

마지막으로 568년의 마운령비와 황초령비에서는 파실된 일명의 軍主와[18] 그 보좌관인 助人이 나온다. 이 두 비석을 끝으로 국가 차원의 금석문은 종언을 고하게 되어 지방관도 더 이상 나오지 않는다.[19]

軍主의 가장 큰 특징은 모든 軍主가 △△(△)軍主로 기재되지 △△州軍主로 기재되지 않는 점이다. 이 점은 幢主와 道使가 郡의 장이 될 수가 있게 한다. 곧 △△幢主나 △△道使가 나오면 △△郡幢主나 △

18) 마운령비와 황초령비에 나오는 △△軍主는 達忽軍主로 복원되는지도 알 수 없다.
19) 6세기 금석문에는 軍主가 반드시 나오나 5세기 금석문에서는 나오지 않고 있다.

△郡道使로 나와야 한다고 郡의 장이 아니라고 보았다. 軍主의 앞에서는 어느 예에서나 州자는 없어도 괜찮았다.

3) 使大等

먼저 창녕비에 나오는 上州行使大等·下州行使大等·于抽悉支河西阿郡使大等의 使大等에 대한 선학들의 견해부터 일별해 보기로 하자.

첫째로 〈표 1〉에서 2명씩의 사대등 가운데 앞에 있는 宿欣智及干支·春夫智奈末·比尸智大奈末 등을 中代의 州助로 뒤에 있는 次叱智奈末·就舜智大舍·湏兵夫智奈末 등을 長史로 비정한 견해가 있다.[20] 둘째로 (行)使大等을 단순히 軍主의 輔佐官으로 본 견해가 있다.[21] 셋째로 (行)使大等을 道使로 보고, 사방군주 앞에 나오는 두 개의 △大等을[22] 당주일 가능성을 시사한 견해가 있다. 넷째로 중고 지방통치조직을 이원적으로 파악하고서 州行使大等을 주의 민정관으로, 郡使大等을 군의 민정관으로 파악한 견해가 있다.[23] 다섯째로 (行)使大等을 〈표 1〉에서 찾아야 한다는 전제아래 당주와 도사의 汎稱으로 본 견해가 있다.[24]

첫째 견해에서 사대등을 州助·長史로 파악한 것은 재고의 여지가 있는 듯하다. 중고의 예속관은 창녕비와 마운령비·황초령비에 근거할 때, 助人이고,[25] 당주의 예속관은 적성비의 勿思伐城幢主使人이란 직명에 근거하면 使人이다. 따라서 주조와 장사의 전신은 사대등이 아니라 助人과 使人일 가능성이 크기 때문이다. 둘째의 견해에서 (行)使大等을 군주의 보좌관으로 보고 있으나 창녕비의 上州行使大等의 직명을 가진

20) 今西 龍, 『新羅史研究』, 1933, 484~485쪽.
21) 藤田亮策, 『朝鮮學論考』, 1963, 344쪽.
22) 이기백, 「대등고」 『역사학보』 17·18, 1962 : 『신라정치사회사연구』 재수록, 75쪽. 三池賢一, 「〈三國史記〉職官志外位條解釋」 『北海道駒澤大學研究紀要』 5, 103쪽에서도 (行)使大等을 道使에 비정하고 있다.
23) 木村 誠, 「新羅郡縣制の確立過程と村主制」 『朝鮮史研究會論文集』 13, 1976, 18쪽.
24) 주보돈, 「신라 중고의 지방통치조직에 대하여」 『한국사연구』 23, 1979, 5쪽.
25) 山尾幸久, 「朝鮮三國のエホリのミヤケ研究序說」 『古代朝鮮と日本』, 1975, 176쪽에서 이미 軍主의 官이고, 州助에 해당하는 것으로 밝히고 있다.

宿欣智及尺干은 감문군주의 관등과 꼭 같아서 얼른 납득이 되지 않는다. 세 번째의 견해에서 (行)使大等을 도사로 비정하면, 도사도 州에 파견된 모순을 안고 있다. 네 번째 가설과 다섯 번째 가설은 현재 학계에서 가장 널리 인정되고 있음으로 단락을 바꾸어 검토해 보기로 하자. 먼저 于抽悉支河西阿郡使大等란 직명 가운데 于抽悉支河西阿郡을 한 개의 군으로 보았다. 于抽는 영해·울진, 悉支는 삼척, 河西阿는 강릉에 비정되고 있어서26) 3개의 군으로 보아야 된다. 왜냐하면 于抽悉支河西阿郡使大等·上州行使大等·下州行使大等에서 (行)使大等을 제거하면 于抽悉支河西阿郡·上州·下州가 남아서 于抽悉支河西阿郡을 한 개의 군으로 보기보다는 3개의 군으로 보아야 한다. 또 창녕비의 건립(561년) 이전인 441년의 중성리비에서는 奈蘇毒只道使, 443년의 냉수리비에서는 耽湏道使, 524년의 봉평비에서는 居伐牟羅道使, 悉支道使, 536년을 상한으로 하는 월지 출토비에서는 ~村道使 등이 나왔고, 幢主는 545년이나 그 직전인 적성비에서 勿思伐城幢主, 鄒文村幢主의 예가 있어서 범창론은 성립될 수가 없다.

다시 앞으로 돌아가 이원론에서 말하는 사대등의 民政官說에 대해 조사해 보자. 이원론은 창녕비에 나오는 사대등의 통치 지역이 군주의 통치 지역이 완연히 구별된다는 전제아래 전자(사대등)를 민정, 후자 (군주)를 군정의 지방관으로 본 것에서 출발하였다.27) 이 견해에 따르면28) 사대등의 통치 지역은 사대등의 통치 지역은 上州, 下州, 于抽悉支河西阿郡의 3군이 되며, 군주의 통치 지역은 比子伐, 漢城, 甘文, 碑利城의 4지역이 된다는 것이다. 창녕비만으로 四方軍主와 (行)使大等의 통치 구역을 따로 구분하는 것은 확실한 근거가 없다. 또『삼국사기』, 지리지, 尙州火王郡條에 火王郡 本比自火郡一云比子伐 眞興王十六年置州 名下州란 구절 등에 의해, 창녕비에 나오는 上州와 甘文을, 下州와 比

---

26) 末松保和, 앞의 책, 1954, 305쪽.
27) 末松保和, 앞의 책, 1954, 339쪽.
28) 木村 誠, 앞의 논문, 1976, 18쪽.

子伐을 각각 동일한 것으로 본 견해가 있다.29) 결국 上州=甘文, 下州=比子伐, 于抽悉支河西阿郡=碑利城으로 보아야 할 것이다.

중고의 통치조직을 이원적으로 보는 다른 견해에 대해서30) 살펴보기로 하자. 이 견해에서는 州·郡·村에 대응되는 軍政·民政의 장을 각각 軍主와 州行使大等, 幢主와 郡使大等, 外村主와 道使로 파악하였다.31) 이 견해에서 州·郡·村에 비정된 6명의 지방관은 조선 시대의 지방관의 수보다 많아서 따르기 어렵다. 또 大等与軍主幢主道使与外村主에서 군주·당주·도사·외촌주는 언급하고 있으나 行使大等이나 郡使大等은 언급이 없는 점도 문제이다.

行使大等이나 郡使大等은 모두 그 정체를 알 수가 없다. 州行使大等나 3군의 郡使大等은 명칭상으로는 州의 장이 되어야 한다. 실제로는 비자벌군주 등 4주의 장이 군주 이면서도 州行使大等처럼 비자벌주군주식으로 된 군주는 524년 봉평비의 실지군주이래 없다. 우리는 주의 장은 당연히 군주로 문헌의 결론에 따라서 군주라 보았다. 그 어느 누구도 上州行使大等·下州行使大等에서 상주와 하주가 나와도 이를 주의 장관이라고 부르지 않았다.

4) 幢主 · 邏頭 · 道使

신라 금석문에 있어서의 幢主와 道使는 각각 郡과 村(城)에 파견된 지방관으로 이해되어 왔다. 이 점은 중고의 통치 조직을 일원적으로 보거나 이원적으로 보거나 관계없이 일치하고 있다. 幢主·道使란 직명은 창녕비의 隨駕人名에는 보이지 않고, 大等与軍主幢主道使与外村主에서 보일 뿐이다. 도사는 지명이 수반된 예를 남산신성비에서 볼 수가 있었으나 幢主의 경우는32) 1978년 단양적성비의 발견으로 지명을 수

---

29) 今西 龍, 앞의 책, 1933, 290쪽.

30) 木村 誠, 앞의 논문, 1976.

31) 木村 誠, 앞의 논문, 1976, 18쪽.

32) 幢主는 월성 해자 목간에도 알려진 바 있으므로 상세한 것은 김창호, 「고신라 금석문의 地方官制」『신라금석문』, 2020, 262쪽 참조.

반한 당주가 알려지게 되었다.33) 당주는 勿思伐城幢主, 鄒文村幢主의 2예로 이는 남산신성비 제5비의 ~道使幢主와 함께 당주가 지명이 같이 나오는 유일한 예이다. 邏頭는 남산신성비 제1비의 阿良邏頭, 남산신성비 제4비의 (古生)邏頭가 각각 비문의 인명 표기에 처음으로 등장하고 있다. 다음은 道使는 그 예가 많고 해서 단락을 바꾸어서 살펴보기로 하자.

먼저 道使는 441년의 중성리비에서 奈蘇毒只道使가, 443년의 냉수리비에서 耽湏道使가, 524년의 봉평비에서 居伐牟羅道使와 悉支道使가, 536~540년인 월지 출토비의 ~村道使가, 남산신성비 제1비의 奴含道使와 營坫道使가, 남산신성비 제2비의 阿大兮村道使와 仇利城道使와 答大支村道使가, 남산신성비 제5비의 ~道使幢主가, 624년의 송림사 전탑지 출토의 道使가, 668년 이성산성 목간의 南漢山城道使와 須城道使가 각각 나오고 있다. 당주와 도사의 관계에 있어서 남산신성비 제5비의 ~道使幢主란 직명을 볼 때, 당주는 군의 장, 도사는 행정촌의 장이란 결론은 성립될 수가 없다. 당주와 도사는 대등한 관계이고, 남산신성비 제1비의 阿良邏頭, 남산신성비 제4비의 (古生)邏頭가 각각 비문의 인명 표기에 처음으로 등장하고 있는 邏頭도 도사나 당주와 같은 유형의 직명으로 보인다. 따라서 幢主, 邏頭, 道使는 모두 郡의 장으로 볼 수밖에 없다. 幢主, 邏頭, 道使의 차이점은 지금까지의 자료로는 알 수가 없다.34)

당주와 도사는 창녕비 제⑤·⑥행에 大等与軍主幢主道使与外村主라고

---

33) 이기백, 「단양적성비발견의 의의와 왕교사부분의 검토」, 『사학지』 12, 1978, 26쪽.
34) 其俗呼城曰健牟羅 그 나라 풍습에 성(城)은 건모라(健牟羅)라고 부른다.
其邑在內曰啄評 안에 있는 마을은 탁평(啄評)이라고 부른다.
在外曰邑勒 밖에 있는 마을은 읍륵(邑勒)이라고 부른다.
亦中國之言郡縣也 이 말도 중국 말로 군현(郡縣)이라는 뜻이다.
國有六啄評 나라 안에 여섯 탁평(啄評)과
五十二邑勒 쉰 두 읍륵(邑勒)이 있다(『양서』, 신라전).
六啄評은 6부이고, 五十二邑勒은 52郡으로 보인다.

나온다. 분명히 州의 장인 軍主와 村主사이에 당주와 도사가 있다. 이들 관직을 해석할 때, 우리는 △△郡幢主나 △△郡道使로 되어 있지 않아서 군의 장으로 보지 않았다. 앞에서 살펴본 대로 軍主의 앞에도 州가 있는 예는 없다. 州는 上州行使大等·下州行使大等에서 나온 예가 있다. 그렇다면 고신라 금석문에서 郡이 나온 예로는 于抽悉支河西阿郡使大等, 남산신성비 제1비의 郡中村主, 남산신성비 제2비의 郡中上人, 남산신성비 제9비의 郡上人이 있을 뿐이다. 그렇다면 州의 장인 軍主와 촌의 장인 촌주사이에 있는 당주와 도사는 당연히 군의 장이 될 수밖에 없다. 우리는 당연히 △△郡幢主나 △△郡道使로 나올 것으로 기대했고, 군이 있으면서 군의 장은 없는 것으로 보았다.

함안 성산산성 목간에 의해 성산산성의 목간 연대인 540년경의 지방관을 살펴보기는 어렵다. 甘文은 창녕비(561년)에 甘文軍主가 있던 곳이다. 『삼국사기』 권34, 지3, 지리1에 開寧郡 古甘文小國也라고 나오는 김천시 개령면이다.

古阤는 『삼국사기』 권34, 지3, 지리1에 나오는 古昌郡 本古陀耶郡으로 현재의 안동시 일대이다.

及伐城은 남산신성비 제9비에 나오는 伋伐郡과 동일한 지명이다. 『삼국사기』 권35, 지4, 지리2에 나오는 岋山郡 本高句麗及伐山郡이라고 나오는데, 현재의 영주시 부석면 일대이다.

須伐은 확실하지 않지만 상주의 고명인 沙伐과 같은 것으로 볼 수가 있다.[35]

仇利伐, 勿思伐城, 鄒文村, 夷津(支城)은 『삼국사기』, 지리지에서 동일한 지명내지 비슷한 지명을 전혀 찾을 수가 없다.

물사벌성과 추문촌은 545년 직전에 세워진 적성비에도 나온다. 곧 鄒文村幢主, 勿思伐城幢主란 직명 속에 나온다. 이들은 모두 적성비에

---

35) 貞元十四年銘(798년) 永川菁堤碑에 沙喙部의 沙喙을 須喙(喙은 이체)라고 표기한 예가 있다(金昌鎬, 「永川 菁堤碑 貞元十四年銘의 再檢討」『韓國史研究』43, 1983). 그래서 沙伐과 須伐은 통하게 된다.

서 高頭林城在軍主等의 휘하에 소속된 것으로 보인다. 물사벌성과 추문촌의 위치를 잘 알 수가 없지만, 高頭林城在軍主等의 고두림성에 대해서는 그 위치를 경북 안동으로 보아 왔으나36) 충북 단양군 영춘면 栢子里에서 단양에서 영춘으로 가는 길목에, 고두름고개[재]가 있다. 하리에 소재한 온달산성으로 가는 재의 이름이 현재까지도 고두름고개[재]라고 해 단양 영춘 하리의 온달성이 州治가 설치되었던 고두림성임이 분명하다.37) 추문촌당주과 물사벌성당주도 고두림성재군주등의 휘하에 있었으므로 그 지명의 소재지를, 험난한 소백산맥을 지나서 멀고 먼 경북 북부 지역이라기보다는 국경의 최전선인 같은 소백산맥의 북쪽인 충북에 있었다고 보아야 될 것이다. 지명이 전부 上州의 관할인 경북 북부 지역이 아닌 자료로 Ⅳ-597번 목간에 正月中比思(伐)古尸次阿尺夷喙(앞면) 羅兮落及伐尺幷作前瓷酒四斗瓮(뒷면)라고 해서 후일의 下州에 해당되는 바사(벌)을38) 들 수가 있다. 따라서 물사벌성과 추문촌은39) 어느 곳인지는 확실히 알 수 없지만, 경북 북부 지방이 아닌 충북 지방에 있어야 할 것이다.

甘文, 比思(伐), 古陁, 及伐城, 須伐, 仇利伐, 勿思伐城, 鄒文村, 夷津(支城)은 적어도 군이라고 판단된다. 이들 지역에는 幢主, 邏頭, 道使가 파견된 곳이다. 함안 성산산성 목간에서는 幢主, 邏頭, 道使가 나오지 않고 지명만 나올 뿐이다. 540년 당시에는 545년이나 그 직전에 세

---

36) 武田幸男,「眞興王代における新羅の赤城經營」『朝鮮學報』93, 1979, 19쪽. 뚜렷한 근거가 없이 안동의 고명이 古昌郡, 古陁耶郡의 古자인데에 근거하였다.
37) 김창호, 『고신라 금석문의 연구』, 2007, 182쪽.
38) 上州인 甘文州 관할 밖의 확실한 예로서 중요하다.
    이 목간에 대해 윤선태, 앞의 논문, 2016, 402쪽에서는 上州는 식량, 下州는 노동력을 나눠 부담하였던 것은 아닐까 모르겠다고 하였으나, 218번 목간에서 노동력의 부담이 아닌 술을 공진물로 내고 있기 때문에 따르기 어렵다.
39) 武田幸男, 앞의 논문, 1979, 19쪽에서 추문을 소백산맥 이남의 경북 북부 지역에서 비정하여 召文國 곧 聞韶郡(의성)일 것으로 추정하였다. 고두림성을 안동으로 볼 때에는 가능성이 있으나 고두림성이 충북 단양 하리의 온달성이므로 성립되기 어렵다. 추문촌당주가 있던 추문촌은 충북에 있었을 것이다.

워진 적성비의 지방 통치조직이 있었다고 판단되어 軍主, 幢主, 道使와 助人·使人은 있었을 것이다. 앞으로 地名+郡+幢主 또는 지명+군+邏頭 또는 지명+군+道使의 지방관의 직명이 나올 것이다. 또 王松鳥多, 鐵山, 比思(伐), 王子寧△, 巴珎兮城도 郡일 가능성이 있다. 이들 지역에서도 幢主, 邏頭, 道使가 파견되었을 가능성이 있다.

○ 맺음말

먼저 구리벌, 고타, 감문(성), 급벌성, 구벌, 이진(지성), 추문촌, 수벌, 물사벌, 왕송조다, 弓盖, 비사벌, 왕자녕(△), 파진혜성의 행정촌 자료를 제시하였다.

다음으로 함안 성산산성의 목간 연대를 경위명의 大舍下智, 及伐尺이 나오고, 외위에 上干支도 나옴을 근거로 목간의 연대를 560년으로 보면 이들이 소멸된 때도 560년으로 보아야 된다. 신라에서 관등제의 완성은 늦어도 적성비의 건비 연대인 545년이나 그 직전으로 보인다. 함안 성산산성 목간 연대의 하한은 540년경으로 판단된다.

창녕비의 地方官 부분에서는 창녕비 제⑤·⑥행에 나오는 大等与軍主幢主道使与外村主란 구절과 창녕비의 인명 분석표 직명과 대비했다. 大等, 軍主, 村主는 대비가 가능하나 幢主와 道使는 찾을 수 없었다. 軍主 부분에서는 지명+州+軍主로 된 직명이 단 1예도 없음에도 불구하고 甘文軍主 등의 四方軍主를 군주로 보아왔다. 軍主의 예에 따를 때 郡의 장인 幢主·邏頭·道使도 군의 장일 가능성이 있다. 使大等 부분에서는 上州行使大等·下州行使大等·于抽悉支河西阿郡使大等의 使大等에 대해 선학들의 견해를 두루 살펴보았으나 뚜렷한 결론은 없는 듯하다. 幢主·邏頭·道使 부분에 대해서는 명칭이 다른 데에도 불구하고 뚜렷한 차이점은 알 수가 없다. 남산신성비 제5비에 ~道使幢主란 직명이 나와서 서로 간에 상하 관계는 아닌 듯하다.

제4절 二聖山城 출토 木簡의 작성 연대

○ 머리말

최근에 들어와 한반도에서는 고구려를 제외한 백제와 신라 목간들이 저습지에서 출토되고 있다. 월지에서 목간이 우리나라에서 최초로 알려진 이래로[1] 백제 왕궁지로 추정되는 부여 관북리 유적과 경주의 월성 해자 등에서도 목간의 출토가 알려진 바 있다.[2] 이들 목간 가운데 월지 출토 목간에 대해서는 상세한 검토가 나와 洗宅이란 文翰機構 명문이 통일 신라의 정치 제도사의 접근에 중요한 단서가 되고 있다.[3]

신라 수도 중심부에서 멀리 떨어진 경기도 이성산성에서 신라의 목간이 출토되었다.[4] 이성산성의 목간은 앞으로 여러 가지에서 상세히 검토되어야 하겠지만 언 듯 보건데 종래의 금석문에 나오는 인명 표기 자체와는 다른 방식의 직명들이 나오고 있다.

여기에서는 이성산성 목간의 중요성에 비추어 충분한 검토가 미흡한 듯해, 이에 대한 소개와 함께 인명 표기를 중심으로 몇 가지 소견

---

1) 1975년 3월에 월지가 발굴되기 시작했다.
2) 월지 출토의 목간에 대해서는 이기동, 「안압지에서 출토된 신라목간에 대하여」 『경북사학』 1, 1979에 상세히 소개되어 있다.
경주문화재연구소, 『월성해자시굴조사보고서』 1985, 124쪽에는 △字茗作乙이란 목간이 소개되어 있고, 권태현, 「백제의 목간과 도연에 대하여」 『초우황수영박사고희기념미술사학논총』, 1988, 596쪽에 ~本我自 등의 목간이 소개되고 있다.
3) 이기동, 『신라 골품제사회와 화랑도』, 1984, 233쪽 참조.
4) 한양대학교·경기도, 『이성산성』-3차발굴보고서-, 1991.

을 밝혀 보고자 한다.

Ⅰ. 목간의 판독

경기도 하남시 춘궁동 36번지 일대에 위치한 二聖山에 이성산성이 있다. 이성산성에 대한 발굴조사는 한양대학교 발굴 조사팀에 의해 1986년 8월8일부터 1991년 2월23일에까지 3차에 걸쳐서 실시되었다. 목간이 출토된 곳은 성의 남동쪽으로 지형이 낮은 부분에 위치한 성벽 가까이에 있는 1차 저수지의 피트(4×4m의 구획으로 나눈 피트 가운데 하나임)의 표토하 318cm 지점에서 출토되었다(여기에서의 표토하란 원래의 지표를 기준으로 하였음). 이는 1차 저수지의 바닥에서 1m정도의 높이에 해당된다. 목간은 이미 출토될 때 3등분된 상태였으며, 아래쪽의 일부는 파실되었다.

목간의 형태는 좁고 길쭉한 장방형이나 면이 정연하지 않고 조금의 굴곡이 있으며, 다른 목간에서 많이 보이는 끈으로 묶기 위한 홈은 없다. 표면 색깔은 황금빛을 띠고 있으며, 부분적으로 흑화 현상이 진행되고 있었다. 이 목간에는 전면, 측면, 후면의 3면에 세로로 墨書가 쓰여 있다. 전체 글자 수는 아래쪽의 짤려 나간 부분을 제외하고 모두 30자를 좀 넘는 듯하나 정확히는 알 수 없다. 적외선 사진과 목간의 현 상태에서 판독할 수 있는 글자의 총수는 25자이다. 전면과 측면은 묵서가 선명하게 남아 있어서 판독이 가능하지만 후면은 묵서의 잔존 상태가 좋지 못해 글자의 판독이 어렵다. 우선 설명의 편의를 위해 원 보고자의 판독문부터 소개하면 다음과 같다.[5]

전면: 戊辰年正月十二日朋南漢城道使~(缺失)
측면: 湏城道使村主前南漢城△△~(缺失)

---

[5] 한양대학교·경기도, 앞의 책, 1991, 164쪽.

후면: △△浦△△△△△△~(缺失)

전면에 있어서 戊자부터 道자까지의 총 13자의 판독에는 전혀 다른 이견이 없다. 14번째 글자를 使자로 추독하는 원보고서의 견해에 따른 다.

측면 총 10자의 판독은 1번째 湏자부터 10번째 城부터 이견이 없 다. 11번째 글자는 火자로 읽는 견해에 따른다.6)

후면은 글자의 파실이 심해 3번째 글자인 浦자를 제외하고 읽을 수 없다.

이상의 판독 결과를 제시하면 다음과 같다.

전면: 戊辰年正月十二日朋南漢城道(使)~(缺失)
측면: 湏城道使村主前南漢城火△~(缺失)
후면: △△浦△△△△△△~(缺失)

II. 목간의 연대

이성산성 목간 연대의 실마리를 제공하고 있는 것은 戊辰年이란 연 간지이다. 목간의 제작지는 村主라는 직명이나7) 이성산성의 출토 유물 이 신라 일색인 점에서 보면 삼국 중 신라일 가능성이 크다. 신라의 이성산성 점령 시기를 고려할 때, 그 상한 시기를 550년을 소급할 수 가 없다.8) 그러면 戊辰年은 608년, 668년, 728년 등이 그 대상이 된 다. 728년의 경우는 통일 신라의 지방 제도가 완비된 이후이므로 그 대상에서 제외해야 할 것이다.9)

---

6) 이성시, 「한국목간연구의 형황과 함안 성산산성출토의 목간」『한국고대사연구』 19, 2000, 88쪽.
7) 村主란 직명은 아직까지 고구려나 백제 금석문에서 발견된 예가 없다.
8) 신라에 있어서 진흥왕(540~576년) 이전의 신라 영토로 볼 수가 없다.
9) 728년 당시에 있어서는 南漢城使나 湏城道使란 직명은 존재가 불가능하다.

원보고자는 戊辰年을 608년으로 추정하고 있는데 그 근거는 다음과 같다.10)

첫째로 신라에서 道使와 관련된 자료는 6세기에서 7세기 초의 것들이며, 통일 이후에는 지방 제도의 개편으로 촌은 단순히 자연 부락을 지칭하는 것으로 의미가 바뀌었다.

둘째로 묵서의 서체가 6~7세기 초의 필법을 따르고 있다.

셋째로 공반되는 출토 유물이 통일기 이전의 것들인 점이다.

위의 근거 중 첫 번째에 있어서 신라에서 道使는 6세기에서 7세기 초에 걸쳐서 보인다는 점부터 조사해 보자. 신라에 있어서 道使란 직명은 『삼국사기』 등 문헌 기록에는 나온 바 없고, 금석문 자료에서만 나오고 있다. 그 하한은 남산신성비의 건립인 591년에 집중적으로 나오고, 624년의 송림사의 전탑에서 단독으로 道使가 나온 바 있다.11) 7세기란 연대 설정은 타당한 것으로 사료된다.

두 번째 근거는 목간에 사용된 서체가 해서체인 바, 그 서체는 중국 당나라 시대에 편찬된 『翰苑』의 서체와 유사하다는 점이다. 『한원』은 당의 張楚金이 撰하고, 雍公叡가 註를 붙인 일종의 事類賦로 원래는 30권이었으나 蕃夷部 1권만 남고 나머지 29권은 모두 일실되고 없다. 蕃夷部 1권은 9세기경에 筆寫되어서 현재까지 전해져 오고 있어서 필체의 비교로 연대를 추정하는 것은 불가능하다.12)

그 뒤에 신라의 縣令과 縣制의 성립에 근거해서 戊辰年이 608년과 668년일 가능성이 있고, 그 가운데 608년일 가능성이 더 있다는 견해가 나왔다.13) 이 견해 자체는 남산신성비에 나오는 道使가 파견된 곳에 통일이후 縣制가 실시되었다는 전제하에서 출발하였다. 사실 524년의 봉평비에서 悉支軍主와 悉支道使가 동시에 나오고 있어서 道

---

10) 한양대학교·경기도, 앞의 책, 1991, 443쪽.
11) 김창호, 「경북 칠곡 송림사의 창건 연대」『한국 고대 불교고고학 연구』, 2007, 281쪽.
12) 주보돈, 「이성산성 출토의 목간과 도사」『경북사학』 14, 1991, 4~5쪽.
13) 주보돈, 앞의 논문, 1991.

使가 파견된 행정촌이 일률적으로 縣이 되었다는 데에는 많은 문제가 있지만14) 통일후의 縣制가 성립된 때를 전후해서 道使란 직명이 없어 진다는 결론에는 문제가 있다. 목간의 연대 설정을 縣制의 성립이란 시점에서 문헌에 너무 집착하여 연대를 설정한 감이 있다.

목간의 연대를 추정하는 데에 중요한 것은 戊辰年이란 연간지가 중요하다. 이 목간이 신라 목간임은 재언을 요하지 않는다. 戊辰年이란 연간지는 608년과 668년으로 한정된다. 목간의 제작지 문제는 목간의 내용을 통해 검토할 수밖에 없다. 목간의 측면에 나오는 道使나 村主 란 직명에서 보면 신라에서 제작되었을 가능성이 크다. 측면의 湏城道 使村主前南漢城~에서 湏城道使村主로 크게 끊을 수 있다. 이때에 湏城 道使村主의 의미가 문제이다. 湏城道使村主가 湏城道使·湏城村主의 뜻 인지 아니면 湏城道使와 村主란 뜻인지가 궁금하다. 의미상으로는 전 자도 가능하다. 이렇게 湏城道使·湏城村主로 나누면 540년경의 성산산 성 목간의 眞乃滅村主와 함께 통일신라 이전에 금석문에서 지명이 붙 는 촌주를 더하게 된다. 냉수리비에서는 1명의 촌주가 나오고, 창녕 비·남산신성비 제1비에서는 2명의 촌주가 짝을 지어 나오고 있다. 湏 城道使·湏城村主로 해석할 수도 있다.

湏城道使村主를 후자의 방법대로 해석하면 湏城道使와 村主가 된다. 이때에도 촌주앞에 지명이 붙거나 짝을 이루지 않고 있다.

위의 목간에서 연대 설정에 중요한 자료는 戊辰年正月十二日이란 연 월일이다. 보통 戊辰年만으로 연대를 설정해 왔으나 戊辰年正月十二日 이란 연월일이 중요하다. 왜냐하면 석성의 축조는 겨울은 피하기 때문 이다. 이를 알아보기 위해 고대 신라의 역역의 시기를 알기 쉽게 제시 하면 다음의 〈표1〉과 같다.

---

14) 가령 남산신성비 제5비에 ~道使幢主란 직명이 나와서 당주를 군의 장으로, 도 사를 현의 장으로 보기도 어렵다.

<표 1> 금석문에 보이는 역역 시기

碑銘		陽曆
永川菁堤碑	丙辰銘	536년3월15일
	貞元十四年銘	798년3월5일~5월4일
明活山城碑		551년12월28일~552년1월31일
大邱戊戌塢作碑		578년5월7일
南山新城碑		591년3월26일

신라 금석문에 나타난 역역 시기는 대개 양력으로 3월에서 5월까지이다. 이때가 농한기이고 땅과 돌이 얼지 않아서 작업하기에 좋다. 명활산산성비의 551년 12월 28일에서 552년 1월 31일까지는 古陁門 근처가 무너져서 부득이하게 돌을 쌓았음을 알 수가 있다. 戊辰年正月十二日이란 연월일도 『二十史朔閏表』에서 찾으면 양력으로 608년 2월 3일과 668년 3월 1일이 된다. 그러면 戊辰年正月十二日이란 연월일은 축성 기간에 주었기 보다는 축성이 끝나고 그 뒤에 사용한 것으로 보아야 할 것이다. 따라서 戊辰年正月十二日은 608년이라기 보다는 축성이 종료된 이후인 668년으로 보아야 할 것이다.

위의 목간에서 연대 설정에 중요한 자료는 戊辰年이란 연간지이다. 이 戊辰年을 608년 또는 668년으로 보아 왔다. 戊辰年이 정말로 7세기의 것인지 여부를 7세기 신라 금석문 자료를 통해 검토해 보자. 7세기 신라 금석문의 인명 표기에 대해서는 部名의 소멸 시기가 문제가 되고 있다. 『삼국사기』,문무왕21년조의 遺詔曰~律令格式有不便者卽便改張이란 구절에 근거해 부명의 소멸 시기를 잡는 견해가 있다.15)

---

15) 이문기, 「금석문자료를 통하여 본 신라의 6부」, 『역사교육논집』, 2, 1981, 108 ~109쪽.
이문기, 「신라 중고기 군사조직 연구」, 경북대학교 대학원 사학과 박사학위논문, 1991, 132쪽.
고신라 병제는 고고학적인 접근도 필요한 바, 이에 대해서는 김창호, 「북한산신라에 있어서 7세기 금석문 자료중 인명에 관한 것이 많지 않기 때문에 이 문제의 가부를 따지기는 어렵다. 7세기인 603년의 울주 천전리서석 계해명이 있다. 이의 전문을 제시하면 다음과 같다.

④	③	②	①	
行	婦	沙	癸	1
時	非	喙	亥	2
書	德	路	年	3
	刀	凌	二	4
	遊	智	月	5
		小	六	6
		舍	日	7

이 명문은 543년으로 보기도 하나[16] 小舍에 帝智, 第 등이 붙지 않아서 603년이다.[17] 이는 癸亥年(603년) 2월 6일에 사탁부 路凌智小舍의 婦인 非德刀가 놀러갈 때에 썼다가 된다. 이 명문으로 인해서 603년까지는 인명 표기에 부명이 있었다고 보아도 좋다. 그러면 인명 표기에서 부명은 언제 사라진 것일까? 부명의 소멸 시기에 대한 접근 방법으로 지금 경주시 서악동에 남아 있는 太宗武烈大王陵碑에 주목하고자 한다. 신라 인명 표기는 661년 태종무열왕비부터 크게 바뀐다.[18] 그것을 알 수 있는 자료로 문무왕릉비를 들 수가 있다. 태종무열왕비와 꼭 같은 인명 표기로 짐작되는 682년 7월 25일에 건립된 문무왕릉비에는[19] 비문을 지은 사람(奉 敎撰)은 及湌[20]國學少卿臣金△

비에 보이는 갑병 문제」『문화재』25, 1992 참조.
16) 국사편찬위원회 한국사데이터베이스의 울주 천전리서석 계해명조 참조.
17) 武田幸男, 「金石文からみた新羅官位制」『江上波夫敎授古稀記念論集』, 歷史篇, 1977.
18) 태종무열왕릉비에는 귀부와 이수가 남아 있어서 비문에 나오는 인명 표기는 문무왕릉비의 인명과 꼭 같다고 판단된다.
19) 김창호, 「문무왕릉비에 보이는 신라인의 조상인식-태조성한의 첨보-」『한국사연구』53, 1986.

△이고, 쓴 사람(奉 敎書?)한 사람은 大舍臣韓訥儒이다.[21] 찬자의 이름
은 망실되어 알 수 없다. 이 비에는 관등명+(직명)+臣+姓名이 온다.[22]
이 인명 표기의 특징은 출신지명이 없다는 점과 金△△의 金이나 韓訥
儒의 韓처럼 중국식 姓이 인명에 나타나는 점이고, 지금까지 보아온
직명+출신지명+인명+관등명의 인명 표기와는 다르게 중국식으로 표기
하고 있다.

그러면 인명 표기에서 부명은 언제 사라진 것일까? 신라 금석문에
서 부명이 사라진 예로 673년의 계유명아미타삼존불비상이 있다. 이
의 인명을 분석해 도시하면〈표 2〉와 같다.

〈표 2〉계유명아미타삼존불비상의 인명 분석표

비면의 표시	인명	관등명	비고
向左側面	△△	彌△次	及伐車(及干)?
	△△正	乃末	
	牟氏毛	△△	乃末로 복원
	身次	達率	백제 관등명
	日△	△	大舍로[23] 복원
	眞武	大舍	
	木△	大舍	
背面	与次	乃末	
	三久知	乃末	
	豆兔	大舍	
	△△	△	大舍로 복원

20) 조판 때문에 湌자로 쓴 湌자는 삼수 변(氵)이 아니고 부서진 뼈 알 변(歹)이다.
21) 奉 敎書의 敎書는 복원해 넣은 것이다.
22) 金△△의 金과 韓訥儒의 韓은 성으로 보인다. 신라의 姓은 661년경에 생긴 것
　으로 해석해도 좋을 것이다. 중국 사서에 나타나기는 眞興王을 金眞興(『北齊
　書』에 처음으로 나오고 있다)이라고 부르는 것이 최초라고 한다.

	△△	△△	△師로 복원
	△△	大舍	
	夫△	大舍	
	上△	△	大舍로 복원
	△△	△	大舍로 복원
	△△	△師	
	△△	大舍	
	△△	大舍	
	△力	△	大舍로 복원
	△久	大舍	
	△惠	信師	
	△夫	乃末	
	林許	乃末	
	惠明	法師	
	△△	道師	
	普△	△△	△師로 복원
向右側面	△△	△	大舍로 복원
	△△	大舍	
	使三	大舍	
	道作公		公이 관등명류?
正面	△氏	△△	인명인지 여부?
	述況	△△	인명인지 여부?

계유명아미타삼존불비상에 대해 미술사적인 접근을 통해 673년임이 밝혀졌다. 〈표 2〉에 나오는 인명 표기를 통해 검토해 보자. 癸酉年을

---

23) 원래는 大舍의 합자로 한 글자이나 조판상 어려움 때문에 大舍로 적었다. 이하 大舍는 모두 같다.

1갑자 올려서 613년으로 보려고 하면 그 당시 정치적 상황으로는 達率이란 백제의 관등명과 乃末·大舍 등의 신라 관등명이 같은 비문에 공존할 수가 없다. 癸酉年을 한 갑자 내려서 733년으로 보면 達率이란 백제 관등명을 지닌 사람의 나이가 백제 멸망 당시인 660년에 30살이라고 가정해도 733년에는 103살이 되어 성립하기 어렵다.[24] 따라서 癸酉年은 673년일 수밖에 없다.

〈표 2〉에 나타난 인명 표기에 대해 살펴보기로 하자. 먼저 눈에 쉽게 띄는 것으로 達率身次란 인명 표기이다. 이는 達率이란 백제 관등명과 신차란 인명이 모인 인명 표기이다. 관등명+인명의 순서는 신라 중고 금석문의 인명 표기 방식인 인명+관등명과 차이가 있다. 達率身次란 인명 표기는 백제 금석문의 인명 표기 방식을 알 수 있는 자료이다. 곧 백제 금석문의 인명 표기 방식이 직명+출신지명+관등명+인명의 순서로 기재됨을 알려주는 유일한 자료이다.[25]

다음으로 〈표 2〉에 나오는 대부분의 인명은 인명+관등명의 순서로 기재되어 있고, 직명과 출신지명은 없다. 〈표 2〉의 자료는 인명 표기가 기록된 한두 명의 예가 아니고, 30명 가량이나 나오는 인명 표기에도 불구하고 출신지명인 부명이 나오는 예는 단 1예도 없다. 물론〈표 2〉의 인명들은 원래는 백제인들이었으나 673년에 신라에서 백제인에게 준 신라에서 관등명 백제인에게 준 신라 관등명을 갖고 있다. 곧 『삼국사기』 권40, 잡지, 職官下에 百濟人位 文武王十三年(673년) 以百濟來人授內外官 其位次視在本國官銜 京官 大奈麻本達率 奈麻本恩率 大舍本德率~이란 구절에서 그러한 사실을 알 수 있다. 673년에 백제인들

---

24) 김창호, 「계유명아미타삼존불비상의 명문」 『신라문화』 8, 1991, 140쪽.
25) 백제의 금석문 인명 표기 방식은 고구려와 같음을 알 수 있다. 또 지금은 임혜경, 「미륵사지 출토 백제 문자자료」 『목간과 문자』 13, 2014에만 해도 금제소형판에 中部德率支受施金壹兩의 中部(출신부명) 德率(관등명) 支受(인명), 청동합에 上部達率目近의 上部(출신부명) 達率(관등명) 目近(인명) 등이 있어서 백제 금석문의 인명 표기가 직명+출신부명+관등명+인명의 순서임을 쉽게 알 수가 있다.

에게 신라의 경위를 줄 때에 이미 喙部·沙喙部 등의 부명을 사용하지는 않았을 것이다. 그렇게 된 경우인 탁부와 사탁부를 사용한 경우에는 계유명아미타삼존불비상의 조상 자체가 백제 故地에서 이루어지지 않았을 것이다. 만약에 부명이 인명 표기에 포함되었을 경우에는 신라의 수도였던 경주에서 조상이 이루어졌을 것이다. 계유명아미타삼존불비상은 백제 고지인 연기 지방에서 백제의 유민 기술자에 의해 만들어졌다. 이 비문에 적힌 인명들은 대부분 백제 유민이들지만 신라식 관등명을 갖고 있다. 이와 꼭 같은 예를 癸酉銘三尊千佛碑像에 의해서도 찾을 수 있는 바, 이의 인명을 분석해 제시하면 다음의 〈표3〉과 같다.

〈 표 3 〉 癸酉銘三尊千佛碑像의 인명 분석표

人名	職名
△弥次	乃末
牟氏	大舍
△生	大舍
△仁次	大舍
△宣	大舍
贊不	大舍
貳使	大舍
△△△	大舍
△非	(大舍)

〈표2〉와 〈표3〉에 나타난 인명들은 673년에 작성된 백제 유민들이 신라에서 받은 신라의 관등명이 대부분이다. 이 시기에 있어서의 신라 왕경인 출신의 인명에도 부명이 없는 예를 제시하면 다음과 같다.

上元二年乙亥三月卅日加貝谷巳世大阿干~(675년, 울주 천전리서
석 상원2년명)

巳世大阿干의 부분이[26] 인명 표기이지만 인명과 관등명만이 나오고
있고, 직명과 부명은 없다. 〈표 2〉와 〈표 3〉 그리고 상원2년명의 인
명 표기에서 부명이 사라진 이유는 무엇일까? 7세기 전반 금석문은
울주 천전리서석 癸亥銘의 603년밖에 없어서 뚜렷한 결론을 내릴 수
없지만 지금 우리가 가지고 있는 자료를 가지고 그 이유를 추론해 보
기로 하자. 7세기 후반에 있어서 신라 금석문의 인명 표기는 출신지명
(부명)이 생략되는 등 상당한 변화가 불가피했다. 곧 660년 백제 멸망
과 668년 고구려 멸망 때, 고구려와 백제의 유민들에게 경위를 주었
지만 6부명을 기록하지는 않았을 것이다. 이러한 상황속에서 무열왕릉
비문의 작성시에도 인명 표기 자체가 중국식으로까지 바뀌는 큰 변화
가 있었다고 추정된다. 673년에 작성된 계유명아미타삼존불비상과 계
유명삼존천불비상의 명문에 나타난 인명 표기에서 그 뚜렷한 증거를
잡을 수 있다. 이들 명문에서 신라 경위를 소유한 사람들은 원래 백제
멸망 후 신라의 지배하에 놓이는 과정에서 신라의 경위(관등)를 수여
받은 백제의 유민들이라 한다.[27] 673년경부터 백제나 고구려의 유민
들에게도 외위가 아닌 경위를 주었다. 신라의 경위를 받은 이들 백제
계 유민들의 인명 표기에 신라의 6부명을 기록할 수가 없었고, 백제의
부명을 적을 수도 없었다. 고구려의 경우도 마찬가지였을 것이다. 그
래서 유민들의 인명 표기에는 출신부명이 생략되었다. 나아가서 신라
인들도 인명 표기에 부명을 기록하지 않았다고 판단되는 바, 울주 천
전리서석 上元2년(675년)명의 巳世大阿干이 그 좋은 예이다. 巳世는

---

26) 이 부분에 대한 다른 판독도 한국고대사회연구소, 『역주 한국고대금석문』(Ⅱ),
   1992, 169쪽에 있다.
27) 진홍섭, 「계유명아미타삼존불비상에 대하여」 『역사학보』 17·18, 1962, 103~105
   쪽.

大阿干이란 관등명에서 보면 신라의 진골 출신이다. 탁부나 사탁부 출신으로 짐작되지만 부명은 기록하지 않고 있다. 調露二年漢只伐部君若小舍~三月三日作康(?)~[개행]에서[28] 조로2년(680년)에 한지벌부란 부명이 나오기도 한다. 이는 주류는 아닐 것이고, 661년경 태종무열왕비문이 작성되면서 부명이 없어지는 등 인명 표기에 크다란 변화가 있었다.

이상과 같은 7세기 금석문의 인명 표기에 대한 대체적인 흐름속에서 이성산성 목간의 인명 표기에 대해 검토해 보자. 이성산성의 목간에서 인명 표기와 관련되는 부분은 측면의 湏城道使村主이다. 이 부분은 앞에서 살펴본 것처럼 湏城道使와 (湏城)村主로 나누어진다. 湏城道使와 (湏城)村主의 부분은 각각 직명이므로 측면에서는 前南漢城火~의 부분이 남게 된다. 이는 남한성의 벌 앞에서로 해석된다.

이 목간을 새로운 자료와 비교해 보자. 1997년 여름에 송림사 마당에서 글자가 음각된 명문석이 습득되어 현재 위덕대학교 박물관에 전시되고 있다. 가로 7.8cm, 세로 8.7cm, 높이 1.4cm인 방형의 직육면체인 명문석은 전면이 마연되어 있다. 명문은 앞면에 우에서 좌로 기록되어 있다. 이 명문들은 글자를 새기고 나서도 글자가 있는 면이 마연되었기 때문에 글자를 읽기 매우 힘들다.

제①행은 모두 5자이다. 1번째 글자인 道자는 쉽게 읽을 수 있다. 2번째 글자인 使도 쉽게 읽을 수 있다. 3~5번째 글자는 읽기가 어렵다. 이 부분은 신라 중고 인명 표기 방식에 따르면[29] 부명이 올 자리이므로 신라 6부의 부명과 관련지어서 판독해 보자. 3번째 글자는 沙의 일부 자획이 남아 있다. 4번째 글자는 자획이 없다. 5번째 글자는 阝만 남아 있으나, 部로 읽을 수가 있다. 그렇다면 4번째 글자도 喙자로 추독이 가능하다.

---

28) 調露2년(680년) 漢只伐部의 君若 小舍가 (감독했고,) 三月三日에 作康(?)이 만들었다로 해석된다.
29) 김창호, 「신라 중고 금석문의 인명 표기(Ⅰ)」『大丘史學』 23, 1983.

제②행은 모두 7자이다. 1번째 글자는 자획이 뚜렷하나 읽을 수 없다. 2~5번째 글자는 자흔조차 남아 있지 않다. 7번째 글자는 申자가 분명하다. 6번째 글자는 小식으로[30] 되어 있는 바, 申자와 함께 연간지이므로 甲, 乙, 丙, 丁, 戊, 己, 庚, 辛, 壬, 癸의 10자 가운데에서 찾으면 甲자에 가장 가깝다.

제③행은 모두 8자이다. 1번째 글자는 年자이다. 2번째 글자는 十자이다. 3번째 글자는 一자이다. 4번째 글자는 月자이다. 5번째 글자는 廿자이다. 6번째 글자는 一자이다. 7번째 글자는 日 자이다. 8번째 글자는 자획은 분명하나 읽을 수 없었다.

제④행은 모두 몇 자인지 정확하게 알 수가 없다. 1번째 글자는 大자이다. 6번째쯤에 一자가 있다. 이상의 판독 결과를 제시하면 다음과 같다.

④	③	②	①	
大	年	△	道	1
	十	△	使	2
	一	△	(沙)	3
	月	△	△	4
	廿	△	ß	5
一	一	小		6
	日	申		7
	△			8

여기에서는 은제 관식이 나온 송림사 전탑의 연대를 알아보기 위해서 먼저 사리장엄구 가운데 舍利器의 연판에 주목하고자 한다. 여기의 연판은 한 가운데를 오뚝하게 해서 분리하고 있다. 이러한 연판 형식은 고신라 기와에서 다량으로 출토되고 있다. 이 형식의 기와는 고구

---

30) 小자는 가운데 부분의 가장 긴 획이 아래로 직선으로 되어 있으나 조판상 小으로 표기하였다.

려나 백제 양식에서 벗어나, 신라화한 기와로 보고 있다. 그 제작 시기는 대개 584년경에 제작되기 시작하여 7세기 전반 경까지 계속 제작되고 있다고 한다.[31] 물론 기와의 문양과 금동판의 문양을 비교하는 것은 다소 문제가 있으나,[32] 그 연대를 600년경으로 보아도 될 것이다.

다음으로 銀製鍍金樹枝形裝飾具(은제 관식)와 비슷한 형식의 것으로 부여 하황리, 남원 척문리, 논산 육곡리, 나주 흥덕리 등 6세기 백제 고분에서 출토된 바 있고,[33] 그 사용 시기는 6세기가 중심이나 7세기까지 사용되었을 가능성도 제기되고 있어서[34] 송림사에서 나온 은제 관식의 연대를 600년경으로 볼 수가 있다.

마지막으로 명문의 분석을 통해 은제 관식의 연대를 조사해 보자. 명문의 道使(沙喙部)△△△△△에서 道使는 직명, (沙喙部)는 출신부명, △△△는 인명, △△는 관등명이다. 道使는 441년에 작성된 중성리비의 奈蘇毒只道使, 443년에 작성된 냉수리비의 耽須道使, 524년에 작성된 봉평비의 居伐牟羅道使, 悉支道使, 561년에 작성된 창녕비의 道使, 591년에 작성된 남산신성비의 奴含道使, 營坫道使(이상 제1비), 阿且兮村道使, 仇利城道使, 荅大支村道使(이상 제2비), ~道使幢主(제5비), 668년으로 추정되는 二聖山城 출토 목간의[35] 南漢山城道使, 湏城道使

---

31) 김성구, 「新羅瓦當의 編年과 그 特性」『기와를 통해 본 고대 동아시아 삼국의 대외교섭』, 2000, 160쪽.

32) 馬目順一, 「慶州飾履塚古墳新羅墓의 硏究-非新羅系遺物의 系統과 年代-」『古代探叢』1, 1980에서 식리총의 연대를 475~500년 사이로 보았다. 여기에서 출토된 식리에는 연주문이 있는데, 기와고고학에서는 연주문이 있으면 통일 신라로 편년하고 있다. 재질이 다른 유물을 통한 연대 설정은 주의가 요망된다. 특히 고분 고고학에서 금속기를 토기가 서로 다른 지역의 절대 연대 설정에 이용되고 있으나 조심하지 않으면 안 된다. 가령 풍소불 등자에 의해 등자의 상한을 415년으로 보아 왔으나 태왕릉(414년)에서 더 발전한 금동투조목심등자가 나와서 문제가 되고, 98호 남분의 연대도 402년으로 볼 수밖에 없어서 금속기에 의한 연대 설정은 재고되어야 한다.

33) 최종규, 「百濟 銀製冠飾에 關한 考察-百濟金工(1)-」『美術資料』47, 1991, 88~91쪽.

34) 최종규, 앞의 논문, 1991, 92쪽.

등으로 인명 표기가 아닌 창녕비의 예를 제외하면 지명과 함께 나오고 있다. 본 명문에서는 道使가 단독으로 나오고 있다. 이 道使를 보면 명문의 작성 연대는 州郡縣制가 확립되는 685년이 하한이다.36) 沙喙部란 부명에 근거할 때, 그 하한은 661년이다.37) 명문에 나오는 (甲)申年과 관련지우면, 624년, 564년, 504년, 444년 등이 대상이 되나, 사리기의 연판 무늬, 은제 관식의 연대를 참작하면, 624년만이 그 대상이 될 수가 있다.

이 송림사 전탑지의 인명 표기는 道使(직명)+沙△部(출신부명)+△△△(인명)+△△(관등명)이 된다. 이 금석문에서는 道使만 나올 뿐, 지명+道使로는 나오지 않고 있다. 624년임에도 부명이 보이는 점은 주목된다. 이는 이성산성 목간의 연대를 608년으로 보기에는 문제가 있음을 나타내주고 있다.38) 이성산산성 목간의 戊辰年正月十二日이 양력으로 608년이 아닌 668년이39) 되어야 추운 겨울에 성을 축조하는 일과 관련이 없고, 경비를 서는 등의 일을 하는데 필요한 전달 문서로서의 기능을 했다고 사료된다.

목간의 출토지는 표토하 318cm이고, 1차 저수지 바닥에서 1m정도의 높이에 해당된다고40) 하였다. 이 정도의 토사가 쌓이려고 하면 608년은 불가능하고, 668년이 되어야 가능할 것이다.

이제 명문 전체를 해석할 차례가 되었다. 전문을 다시 한 번 제시하면 다음과 같다.

---

35) 김창호, 「二聖山城 출토의 木簡 年代 問題」『韓國上古史學報』10, 1992.
36) 藤田亮策, 『朝鮮學論考』, 1963, 339쪽.
37) 태종무열왕릉비의 건립인 661년에 부명이 없어진 것으로 판단된다.
38) 608년으로 보면 인화문토기도 그 시기가 608년 전후이기 때문에 608년은 정확히 말하면 戊辰年正月十二日이므로 608년에는 겨울이라 목간에서와 같이 토목 일을 할 수 없게 된다.
39) 김창호, 『고신라 금석문과 목간』, 2018, 233쪽 등에서 戊辰年을 608년으로 본 바 있으나 이는 잘못된 것이므로 668년으로 바로 잡는다.
40) 한양대학교·경기도, 앞의 책, 1991.

전면: 戊辰年正月十二日朋南漢城道(使)~(缺失)
측면: 湏城道使村主前南漢城火△~(缺失)
후면: △△浦△△△△△△~(缺失)

668년 정월 12일에 벗인(또는 벗과) 남한성도사와 ~와 수성도사와 촌주는 남한산성의 벌 앞에서 ~했다가 된다.

○ 맺음말

목간에 기록된 내용은 이성산성에서 어떤 중대한 일이 발생하여 주변 지역의 道使들이 모여 논의하는 과정에서 목간이 기재되었을 것으로 추정한 견해가 있다.[41] 이 견해 자체는 대단히 좋은 착상이나 추측의 단계를 벗어나지 못했다. 또 묵서명 자체의 해석에는 거의 접근을 하지 못하고 있다. 이성산성 주변 지역의 道使들이 모여 논의하는 과정에서 중대한 일을 기록하게 되었다면 목간에 그러한 내용이 기록된 까닭이 궁금하다. 넓은 나무판이나 종이 등에 기록하는 것이 오히려 상세히 기록할 수 있지 않을까? 월지 출토 목간의 경우와 같이 일직이나 숙직 또는 간단한 근무 상황을 적은 패찰류가 목간의 본래 용도이다.[42] 목간의 내용은 戊辰年正月十二日에 벗인 南漢城道使와 ~와 湏城道使와 村主가 南漢城의 들 앞에서 ~했다로 판단된다. 南漢城의 들 앞에서 할 수 있는 것은 열병식이나 훈련으로 판단된다.

목간의 연대는 먼저 송림사 전탑의 명문석에서 道使(沙)△部가 나와서 직명+부명+인명+관등명의 순서로 기재되는 바 그 시기는 624년이다. 이성산성 목간은 부명이 없어서 신라 금석문에서 부명이 소멸되는 661년을 소급할 수 없다. 다음으로 戊辰年正月十二日의 연월일이 한겨울이라(양력으로 608년 2월 3일) 이산산성의 축조할 때인 608년은

---

41) 한양대학교·경기도, 앞의 책, 1991, 444쪽.
42) 이기동, 앞의 논문, 1979, 124쪽.

어렵고, 공사가 끝난 668년(양력으로 668년 3월 1일)이 타당하다고
본다.

제5절 성산산성 목간의
本波·阿那·末那 등에 대하여

○ 머리말

한국 함안 성산산성은 목간의 보고이다. 경위 及伐尺 등 다른 곳에서는 없던 것이 나오고 있다. 本波, 阿那, 末那, 前那, 未那 등도 문헌이나 다른 목간 등에서는 없는 자료이다. 그래서 다양한 각도에서 연구되어 왔으나 학계에서 의견의 일치는 보지 못하고 있다. 지명설과 어떤 물품의 발송 책임자로 대립하고 있으나 전자가 우세한 듯하다. 지명설에서도 구체적으로 어떤 지명인지는 잘 모르고 있다. 本波는 本原으로 의견의 일치를 보고 있지만 阿那, 末那, 前那, 未那 등은 그 의미를 잘 모르고 있다.

阿那, 末那, 前那, 未那 등은 那가 끝에 공통적으로 나와서 땅이나 들을 가리키는 것은 분명하지만 그 세부적인 차이나 구체적인 의미는 잘 모르고 있다. 함안 성산산성 목간에서 지명이 분명한 단어 뒤에 本波, 阿那, 末那, 前那, 未那 등이 오는 것밖에 알 수 없고, 그 실체는 파악할 수도 없다. 本波, 阿那, 末那, 前那, 未那 등은 지명 뒤에 오거나 두 개의 지명 사이에 끼여서 나온다. 그 의미가 무엇인지를 검토해 보기로 하겠다.

여기에서는 먼저 本波, 阿那, 末那, 前那, 未那에 대한 지금까지의 연구 성과를 살펴보고, 다음으로 伊伐支와 上彡者村이 주는 의미를 살펴보고, 그 다음으로 .奴(人) 목간이 가르쳐 주는 전제 조건을 살펴보고, 그 다음으로 本波 목간을 검토해 보고, 그 다음으로 阿那 목간을 검토해 보고, 그 다음으로 未那 목간을 검토해 보고, 그 다음으로 前那목간과 未那목간을 검토해 보고, 마지막으로 지명 사이에 끼여 있는 本波, 阿那, 前那를 검토해 보기로 하겠다.

Ⅰ. 지금까지의 연구

2007년 처음으로 本波 등에 새로운 가설이 나왔다.[1) 함안 성산산성 목간에는 本波가 공통적으로 전하는 것이 여럿이 있다는 전제아래 이를 소개하면 다음과 같다.

2(236).甘文城下麥甘文本波王村(앞면) 文利村(知)利兮負(뒷면)
10(225).甘文本波居村旦利村伊竹伊
2006-1(064).甘文城下麥本波大村毛利只(앞면) 一石(뒷면)
77(046).湏伐本波居湏智
2006-4(066).夷津本波只那公末△稗

여러 목간에 공통적으로 전하는 本波는 본래 波 즉 彼 지역이란 뜻으로서 어떤 행정촌의 發源이 되는 원마을(자연취락)을 가리키는 개념으로 이해된다고 하였다.

28(001).古阤伊骨利村阿那(衆)智卜利古支(앞면) 稗麥(뒷면)
30(003).夷津支阿那古刀羅只豆支(앞면) 稗(뒷면)
45(018).夷津阿那休智稗
52(024).仇伐阿那舌只稗石

阿那는 천변의 평야에 위치한 취락을 가리키는 용어로 짐작되나 확

---

1) 전덕재, 「함안 성산산성 목간의 내용과 중고기 신라의 수취체계」 『역사와 현실』 65, 2007.

신이 서지 않는다. 다만 그것이 자연촌보다 규모가 작은 취락을 가리키는 것은 분명한 듯하다고 하였다.

같은 해 12월에 負, 本波, 奴人에 대한 가설이 나왔다.[2] 여기에서는 성산산성의 목간은 연대를 561년경으로 보고, 그 용도를 하찰로 보고 나서, 本波가 甘文本波뿐만 아니라 夷津本波, 須伐本波로 서로 다른 지방에서 나와서 本洞(발원지)일 가능성은 희박하다. 결국 本波는 경북 성주의 지명이다. 本波는 신라 시대에 비교적 흔한 지명이었다. 本波는 音假字일 가능성이 크다. 本이나 波자가 音讀字일 가능성은 희박하다. 本波가 무엇을 의미하는지는 도출할 수 없다고 하였다.

2008년에 本波(本彼)의 本原설이 나왔다.[3] 여기에서의 중요한 근거는 다음과 같다.

1) 고구려와 백제의 지명들와 비교하여 신라의 지명들에서는 '-原'이라는 지명어미를 찾아보기 어렵다. 신라 지명으로 소개된 예들 '荳原縣=荳原縣, 國原城, 南原城, 北原(京), 西原(京), 珍原縣, 黃原縣' 등은 모두 본래 백제나 고구려로부터 수복한 땅들에 있는 지명들이므로 이들을 제외하고 나면 신라의 지명으로서 '-原'의 지명어미를 지니는 것은 거의 찾아볼 수 없기 때문이다.[4] 삼국의 지형상 신라에만 이 지명어미가 없어야 이유를 찾기어려우므로 '-原'의 지명어미가 다른 표기로 나타날 가능성을 찾을 수 있다.

2) 『三國史記』 卷37에 熊川州 領縣으로 "西原[一云臂城, 一云子谷](현재의 청주시)"에서 '原=臂'의 대응관계를 찾을 수 있는데, '臂'는 중세국어에서 '불'의 訓을 지니므로(불爲臂「훈민정음해례」) 지명어미 '-原'이 신라에서 '＊-불'로 나타날 가능성을 찾을 수 있다.

2) 이용현, 「함안성산산성 출토 목간의 부, 본파, 노인 시론」, 2007, 신라사학회 제67차 학술발표회 발표문(2007년 12월 22일)
3) 권인한, 「고대 지명형태소 '本波/本彼'에 대하여」 『목간과 문자』 2, 2008.
4) 宋基中, 『古代國語 語彙 表記 漢字의 字別 用例 研究』, 2004, 756~758쪽, 서울대학교출판부.

중세국어에서 '볼'이 '原'의 뜻을 지니는 어휘로 드믈게 나타남도 참조. "夫人이 쏘 무로디 이어긔 갓가비사루미 지비 잇누니잇가 比丘 ㅣ 닐오디 오직 이 ㅂ래 子賢長者 ㅣ 지비 잇다 듣노이다" 『월인석보』 8: 94a

3) 이와 관련하여 지명어미 '-原'이 일본 지명들에서 '-hara'(또는 '-haru')로 나타남이 주목된다('-haru'는 方言으로 筑紫, 佐賀, 對馬, 大分, 鹿兒島 등 關西地域에 분포하므로 '-hara'보다 古形으로 판단된다). '-hara'의 매우 이른 시기 표기의 하나로 稻荷山鐵劍銘文(471년)의 裏面에 등장하는 '加差披余'(kasahiyo〈kasahayo〈*kasahara)는 稻荷山古墳群 근처에 있는 '笠原'과 관련시켜 이해하고 있다는 점에서5) 우리의 논의에 또하나의 실마리를 제공해준다고 할 수 있다. 여기서 주목되는 점은 '* -hara'(原)의 표기에 '本彼'의 「彼」와 동음관계에 있는 音借字 「披」를 쓰고 있다는 사실인데, 이는 字音의 면에서나 用字의 면에서나 한반도 특히, 신라와의 관련성을 보여주는 것으로 특기할 만한 존재다. 여기에 현대일본어의 /h/는 /* p/로 소급된다는 점을 想起한다면 2)에서 말한 '* -볼'과 '* -hara'(原)의 동일 기원 가능성을 말할 수 있지 않을까 한다.

2010년 本波·末那·阿那에 대해 지명으로 보지 않고, 어떤 물품의 발송 책임자로 본 가설이 나왔다.6) 여기에서는 本波=發源聚落·本原說을 비판적으로 검토하여 아니라고 보았고, 末那·阿那=지명·인명설의 검토를 통해 성립될 수가 없어서 本波와 末那·阿那의 성격을 어떤 물품의 발송 책임자로 보았다.

2011년 本波·阿那·末那·前那의 의미에 대한 견해가 나왔다.7) 本波·

5) 大野晋, 『シンポジウム 鐵劍の謎と古代日本』, 1979, 73, 77, 154쪽, 東京: 新潮社.
6) 이수훈, 「城山山城 木簡의 本波와 末那·阿那」 『역사와 세계』 38, 2010.
7) 이경섭, 「성산산성 출토 짐꼬리표[荷札] 목간의 地名 문제와 제작 단위」 『신라사학보』 23, 2011.

阿那·末那·前那를 해당 목간의 전체적인 기재내용과 서식으로부터 지명과 관계되는 용어임으로 확인하고서 그 의미를 규명하고자 하였다. 本波·阿那·末那·前那는 지명과 관계된 용어이기 하지만 지명 그 자체는 아니라고 보았다. 그리고 '那'가 땅, 들(평야) 등의 의미를 지니고 있고, 前那의 사례로부터 어떤 방향이나 위치의 지역(혹은 구역)를 표현하는 것임을 고구려·백제의 方位部에 견주어 밝힐 수 있었다. 곧 고구려는 內(中·黃), 北(後·黑), 東(左·上·靑), 南(前·赤), 西(右·下·白)部로, 백제는 上(東), 前(南), 中, 下(西), 後(北)部로 도성 내 행정구역인 5부가 존재하였다. 성산산성에 나오는 本波, 阿那, 末那, 前那, 未那 가운데에서 前那를 제외하고 대비가 되지 않는다.

2019년에 촌락의 재편과 자연취락이란 관점에서 本波, 阿那, 末那에 접근한 견해가 나왔다.[8] 本波, 阿那, 末那의 의미를 두고 크게 직명과 공간으로 나누어진다. 현재로서는 전자를 따를 수밖에 없다. 지금까지는 정확한 의미를 알 수 없지만, 성산산성 목간에는 촌이외에 本波, 阿那, 末那 등 이전에서 나오지 않는 자료가 나온다. 이러한 자연취락들은 행정체계상 촌의 하위단위로 파악된다. 지명+촌명 형식의 성산산성 목간을 통해 각종 자연취락을 뜻하는 용어들이 확인된다. 이러한 자연취락들은 행정체계상 村의 하위단위로 파악되었다. 다만 모든 자연취락이 목간에 기재된 것이 아니라 경제적, 사회적으로 우세한 것을 우선 대상으로 삼았으리라 추정된다. 당시 신라는 일부 자연취락의 성장을 유도하고 지원함으로써 촌락을 재편하고 촌락에 대한 지배체제를 강화하고자 했는데, 목간 속 자연취락은 그러한 정책의 흔적이라 할 수 있다. 한편 '지명+촌명' 형식의 성산산성 목간을 통해 중고기 村의 용례를 자연촌과 행정촌으로 나눌 수 있음을 확인하였다. 하지만 목간에 자연촌이 상위의 행정촌명을 생략한 채 단독으로 목간에 기록될 수 있었던 점에서 자연촌을 지방지배의 기층 단위로서 일정 역할을 수행하던 독자적

---

8) 홍기승, 「함안 성산산성 목간으로 본 6세기 신라 촌락사회와 지배방식」 『목간과 문자』 22, 2019.

인 단위로 보아야 한다. 그리고 이는 자연촌 역시 행정촌처럼 국가의 행정력에 의해 인위적으로 재편된 단위였음을 의미하기도하였다. 이처럼 자연촌은 행정촌과 마찬가지로 지방지배를 위해 국가가 인위적으로 설정한 행정단위로서의 성격을 가졌다고 하였다.

II. 伊伐支와 上彡者村이 주는 의미

먼저 伊伐支가 나오는 목간부터 제시하면 다음과 같다.

6번. 王松鳥多伊伐支乞負支 '王松鳥多 伊伐支의 乞負支가 낸 것이다.'
79번. 伊伐支△△波稗一 '伊伐支의 △△波가 낸 稗 一(石)이다.'
2006-25번. 王松鳥多伊伐支卜烋 '王松鳥多 伊伐支의 卜烋가 (낸 뭐이다.)'

여기에서 伊伐支는 『삼국사기』, 지리지에 隣豊縣 本高句麗伊伐支縣이라고 나와서 행정촌이 틀림없다. 따라서 王松鳥多는 군명이다. 이벌지의 예에서 추론하면 지명+지명+인명으로 된 목간은 앞의 지명은 군명, 뒤의 지명은 행정촌이다.

仇利伐+성촌명+인명의 예부터 들면 다음과 같다.

1번. 仇利伐/上彡者村(앞면) 乞利(뒷면)
3번. 仇利伐/上彡者村 波婁
34번. 仇利伐/上彡者村 波婁
2016-W62번. 仇利伐/上彡者村△△△△

위의 자료 가운데 3번과 34번은 쌍둥이 목간이다. 구리벌+상삼자촌+인명은 모두 4예로 모두 상삼자촌 출신분이다. 仇利伐은 함안 성산산성 목간 가운데 그 예가 가장 많아서 郡名이다. 上彡者村은 康州 咸安郡 領縣인 召彡縣이다.9) 구리벌은 함안군에서 바닷가인 마산시에10) 이르는 지역이다. 이곳이 옛 안라국의 중요한 수도 부분에 해당되는 것이다.11) 따라서 상삼자촌은 행정촌이고, 仇利伐은 郡名이다. 함안 성산산성 목간에서 지명+지명으로 된 것은 군명+행정으로 보아야 한다.

III. 奴(人) 목간이 가르쳐 주는 전제 조건

함안 성산산성 목간에 나오는 奴(人)을 검토하기 위해 奴(人)이 묵서된 목간을 제시하면 다음과 같다.

5번. 仇利伐 △德知一伐奴人 塩(負)
2006-10번. 仇利伐/△△△奴/△△支 (負)
2006-24번. 仇利伐 比夕須 奴 先能支 負
2007-8번. ~一伐奴人毛利支 負
2007-27번. 仇利伐 郝豆智 奴人/ △支 負
2007-31번. 仇利伐 仇陁知一伐奴人 毛利支 負

---

9) 주보돈, 「함안 성산산성 출토 목간의 기초적 검토」『한국고대사연구』 9, 2000, 56-57쪽에서 上彡者村의 召彡縣 비정에 비판하고 있다. 上의 음은 召의 음과 통하고(남산신성비 제2비에서 阿旦兮村과 阿大兮村, 沙刀城과 沙戶城에서 旦과 大가 통하고, 刀와 戶가 통하는 점에서 보아서 각각 동일 지명인 점에서 보면 上과 召는 통한다), 彡은 양자에서 동일하게 나온다. 이렇게 6번 목간과 2006-25번 목간에서 행정촌명은 伊伐支(영주시 부석면)로 『삼국사기』 지리지에 隣豊縣本高句麗伊伐支縣이라고 나오지만 郡名인 王松鳥多은 『삼국사기』 지리지에 나오지 않는다.
10) 2010년 7월 1일 창원시에 통합되기 이전의 마산시를 지칭한다.
11) 목간의 작성 연대인 540년경에는 『삼국사기』 지리지의 지명도 많은 차이가 있었을 것이다. 그래서 목간에 나오는 행정촌도 지리지에서 찾을 수 없다. 군으로 추정되는 물사벌성과 추문촌과 이진(지성)과 咼盖과 玉松鳥多도 찾을 수 없고, 목간의 13.1%가량(목간 전체인 229점에 대한 구리벌 목간의 비률로 볼 때)을 차지하는 郡인 仇利伐도 지명만으로는 그 위치가 불분명하다.

IV-591. 仇(利伐)△△智(奴)人 △△△ 負
2016-W89. 丘利伐/卜今智上干支 奴/△△巴支 負

仇利伐 목간에서 2007-27번 목간의 仇利伐 卻豆智奴人/ △支 負를[12] 仇利伐에 사는 卻豆智(奴人)와 △支가 납부한 짐(負)이다로[13] 해석하고 있으나, 仇利伐에 사는 卻豆智가 奴人이고, 짐꾼인 △支의 짐(負)이다로 해석된다. △支는 卻豆智 奴人의 짐꾼이다란 뜻이다. 물론 짐의 주인은 卻豆智奴人이다. 2007-31번 仇利伐 仇阤知一伐奴人 毛利支 負에서도 仇利伐에 사는 仇阤知 一伐인 동시에 奴人이고, (구타지의 짐꾼인) 毛利支의 짐(負)이다로 해석된다. 2007-31번 목간에서 짐(負)의 주인은 물론 仇阤知一伐奴人이다. 목간에 나오는 奴(人)의 신분에 대해 집중적으로 연구되어 왔다. 奴(人)이 기록된 목간은 仇利伐에서만 나오고 있다는 점이다. 구리벌 목간은 그 크기가 크고, 割書[두 줄로 쓰기]로 된 예도 있는 점,[14] 負가 끝에 많이 나오기도 하는 점,[15] 노(인)이 나오기도 하는 점, 本波·阿那·末那·前那 등의 本原, 어떤 방향이나 위치의 지역을 표시하는 땅 또는 들의 의미하는 예가 나오지 않는 점 등이 특징이다. 왜 구리벌 목간에만 奴(人)이 나올까? 고구려 옛 주민이라면 고구려의 옛 영토이었던 及伐城(영주시 부석면), 買谷村(안동시 도산면과 예안면)에서 노인이 나와야 하지 않을까? 그런데 급벌성과

---

12) 負는 여러 가설이 있어 왔으나 219번 목간의 方△日七村冠(앞면) 此負刀寧負盗人有(뒷면)에서 此負刀寧負盗人有를 이 짐은 도녕의 짐이고, 盗人이 있었다로 해석되어 짐[負]이 분명하다. 이 219번 목간이 발굴되기 이전에 이수훈, 「함안 성산산성 출토 목간의 稗石과 負」『지역과 역사』 15, 2004, 21~31쪽에서 이미 負자를 다른 곳으로 옮기려고, 챙기거나 꾸러 놓은 물건[荷物] 즉 짐[負]을 가리키는 것으로 정확하게 해석하였다. 이 부는 노인과 함께 구리벌 목간에서만 나오고 있다.
13) 이경섭, 앞의 논문, 2012, 216쪽.
14) 할서는 구리벌 목간이외의 다른 목간에서는 나온 바가 없다. 할서는 구리벌 목간에서만 나오는 특징이다.
15) 負도 구리벌 목간에서만 나오는 한 특징이다.

매곡촌에서는 나오지 않고, 구리벌에서만 나오고 있다.

이들을 私奴婢로 볼 경우에도 감문(성), 고타, 급벌성, 구벌, 수벌, 매곡촌, 이진(지성), 물사벌, 추문, 비사(벌)에는 노인이 없는 점이 문제이다. 이들 지역에는 사노비가 본래부터 또는 그 당시에도 없었다는 전제아래에서만 가능하다. 그럼에도 불구하고, 구리벌에서만 노인이 나와서, 구리벌에만 사노비가 존재했는지에 대한 의문이 생긴다. 노인이 사노비라면 목간에 나오는 지명의 어느 곳에서나 나와야 된다. 구리벌에서만 노인이 나오는 이유가 궁금하다. 구리벌만에서만 다른 지역에서는 없는 특산물을 생산하는 것으로 보인다. 구리벌의 특산물이 소금과 관련되는 것으로 5번 목간의 仇利伐△德知一伐奴人塩이 있다. 이는 구리벌의 위치가 소금이 생산되는 바닷가로 소금을 생산하는 곳임을 말해 준다. 5번 목간에서 仇利伐△德知一伐奴人塩에서 △德知一伐奴人이 직접 소금이란 짐(負)을[16) 담당할 수가 있느냐하는 것이 문제이다. 29번 古阤新村智利知一尺那△(앞면) 豆于利智稗石(뒷면)에서 智利知一尺이 피 1석의 일부를 다른 사람과 함께 내고 있고, 72번 목간 △一伐稗의 예에서 보면 一伐이란 외위를 가진 자도 稗를 부담하고 있다. 5번 목간에서 仇利伐△德知一伐奴人塩에서 다른 예에서와 같이[17) 아랫사람이 없어도 문제가 없다. 그리하여 仇利伐△德知一伐奴人에게는 짐꾼이나 아랫사람이 없어서[18) 직접 소나 말에 소금을 실고 구리벌의

---

16) 5번 목간에서 파실된 부분이 문제가 되어 인명의 일부로 보기도 하나(이경섭, 앞의 논문, 2011, 541쪽), 負자가 없어진 것으로 보인다.
17) 구리벌 목간에서 노(인)은 반드시 한 사람의 짐꾼을 동반하고 負자도 함께 한다.
18) 왜 직접 5번 목간에서 仇利伐△德知一伐奴人이 직접 소금을 실고서 구리벌에서 성산산성에까지 왔는지는 알 수가 없으나 짐꾼이 오는 도중에 갑자기 병이 나거나 죽어서 仇利伐△德知一伐奴人이 직접 소 또는 말에 소금을 실고서 왔던 길을 계속 왔을 것으로 추정된다. 이러한 추정이 옳다면 목간이 제작된 곳은 구리벌이 아닌 성산산성이 된다. 왜냐하면 짐꾼을 구리벌에서는 바꿀 수가 있지만, 성산산성에 오는 도중에서는 바꿀 수가 없기 때문이다. 그래서 짐꾼이 없이 왔기 때문에 仇利伐△德知一伐奴人(負)로 기록하지 않고, 仇利伐△德知一伐奴人塩(負)로 공진물까지 기재하였을지도 모르겠다.

바닷가에서 성산산성까지 왔을 것으로 추정된다. 그래서 짐꾼이 없이 직접 塩을 가지고 왔기 때문에 塩이라고 명기했을지도 모르겠다. 구리 벌 목간에서만 나오는 노(인)에 주목할 때, 소금과의 관련은 중요하다.

소금은 우리나라에서는 岩鹽, 鹽湖, 塩井 등이 없으므로 바다에서만 나온다. 구리벌에서 소금을 생산했다면, 그 생산 방식은 재래식으로 土版에 어느 정도 소금물을 증류시켜서 그 물을 솥에 넣어서 따리는 토염의 생산 방법일 것이다. 구리벌은 충북 옥천이나[19] 경북 북부 지역인 안동시 임하면이[20] 아닌 바닷가로 비정해야 된다. 노(인)은 소금을 생산하는 사람으로 외위도 받을 수 있는 계층의 公民으로 판단된다. 구리벌은 함안군에서 바닷가인 마산시에 이르는 지역이다. 노(인) 목간에서 노(인)은 모두 구리벌 소속이지,[21] 구리벌 아래의 행정촌 출신자는 단1예도 없다. 소금을 만드는 데에 있어서 개인이 생산하는 것이 아니라 국가의 감독하에 郡 단위에서[22] 생산되었음을 알 수 있다.

이렇게 소금 생산자인 奴(人)은 반드시 인명이나 관등명인 외위 뒤에 붙는다. 어느 경우도 지역 명칭 뒤에는 붙지 않는다. 이 점은 중요하다. 왜냐하면 성산산성 목간에서 반드시 인명의 뒤에는 인명계 용어가 나오고, 지명의 뒤에는 지명계 용어가 나오기 때문이다. 이러한 점을 지적한 연구 성과는 없었다. 本波·阿那·末那·前那·未那가 지명의 앞에 나오면 지명계통 용어고, 인명의 앞에 나오면 인명계통 용어이다.

---

19) 주보돈, 앞의 논문, 2000, 56쪽.

20) 이경섭, 앞의 논문, 2011, 541~543쪽에서 5번 목간의 仇利伐△德知一伐奴人 塩의 塩을 인명의 일부로 보고서 구리벌을 경북 안동시 임하면 일대로 보았다. 이렇게 되면 구리벌에서만 나오는 노인에 대한 해석이 불가능하다. 구리벌에서 나오는 노인을 해석하기 위해서는 塩을 소금으로 볼 수밖에 없다.

21) 소금은 국가의 전유물로서 중요한 경제 수단이었을 것이다. 소금의 중요성은 중국 前漢代의 『鹽鐵論』에서 소금과 철을 중요시하여 국가에서 전매한 데에서도 찾아볼 수가 있다.

22) 이경섭, 앞의 논문, 2011, 568쪽에서 仇利伐(안동시 임하면, 필자는 함안군에서 마산시에 이르는 지역으로 봄), 古阤(안동시), 仇伐(의성군 단촌면), 勿思伐城(충북), 鄒文(경북 북부인 의성군 금성면? 필자는 충북으로 봄), 甘文(김천시 개령면) 등을 郡(혹은 郡 단위)으로 보고 있다.

IV. 本波 목간의 검토

本波가 나오는 목간부터 제시하면 다음과 같다.

2. 甘文城下麥甘文本波王村(앞면) 文利村(知)利兮負(뒷면) '甘文城 下의 麥을 甘文의 本波인 王村文利村의 (知)利兮負가 (낸 것이다.)'

10. 甘文本波居村旦利村伊竹伊 '甘文의 本波인 居村旦利村의 伊竹伊가 낸 뭐이다.'

77. 湏伐本波居湏智 '湏伐 本波의 居湏智가 (낸 뭐이다.)'

2006-1. 甘文城下麥本波大村毛利只(앞면) 一石(뒷면) '甘文城 下의 麥을 本波인 大村의 毛利只가 낸 一石이다.'

2006-4. 夷津本波只那公末△稗 '夷津의 本波이며, 只那公末△가 낸 稗이다.'

2007-9. ~本(波)跛智(福)△古△~(앞면) ~支云稗石(뒷면) '~本(波)(本原)의 跛智(福)△古와 △~支云이 낸 稗 1石이다.'

2007-57. 古阤本波豆物烈智△(앞면) 勿大兮(뒷면) '古阤 本波이고, 豆物烈智△와 勿大兮가 (낸 뭐이다.)'

IV-595. 古阤一古利村本波(앞면) 阤ゝ支稗麥(뒷면) '古阤 一古利村의 本波이며, 阤ゝ支가 낸 稗와 麥이다.'

V-163. 古阤一古利村本波(앞면) 阤ゝ只稗麥(뒷면) '古阤 一古利村의 本波이며, 阤ゝ只가 낸 稗와 麥이다.'

V-165. 甘文下麥十五石甘文(앞면) 本波加本斯(稗)一石之(뒷면) '甘文(城) 下의 麥 十五石을 甘文의 本波의 加本斯와 (稗)一石之이 낸 것이다.' 또는 '甘文의 下麥 十五石을 甘文 本波의 加本斯(稗)一石之가 낸 것이다.'

2016-W94. 甘文城下麥十五石甘文本波(앞면) 伊次只去之(뒷면) '甘文城 下의 麥 十五石을 甘文의 本波의 伊次只去之가 낸 것이다.'

2번 목간은 지명+지명+本波+지명+인명으로 구성되어 있고, 10번 목간은 지명+本波+지명+인명으로 구성되어 있고, 77번 목간은 지명+本波+인명으로 구성되어 있고, 2006-1번 목간은 지명+本波+지명+인명+물품으로 구성되어 있고, 2006-4번 목간은 지명+本波+인명으로 구성되어 있고, 2007-9번 목간은 지명+本波+인명으로 구성되어 있고, 2007-57번 목간은 지명+本波+인명으로 구성되어 있고, Ⅳ-595번 목간은 지명+지명+本波+인명+물품으로 구성되어 있고, Ⅴ-163번 목간은 지명+지명+本波+인명+물품으로 구성되어 있고, Ⅴ-165번 목간은 지명+물품+지명+本波+인명으로 구성되어 있고, 2016-W94번 목간은 지명+물품+지명+本波+인명으로 각각 구성되어 있다.

이는 다시 ① 2번 목간은 지명+지명+本波+지명+인명으로 구성되어 있고, ② 10번 목간은 지명+本波+지명+인명으로 구성되어 있고, ③ 77번 목간은 지명+本波+인명으로 구성되어 있고, 2006-4번 목간은 지명+本波+인명으로 구성되어 있고, 2007-9번 목간은 지명+本波+인명으로 구성되어 있고, 2007-57번 목간은 지명+本波+인명으로 구성되어 있고, ④ 2006-1번 목간은 지명+本波+지명+인명+물품으로 구성되어 있고, ⑤ Ⅳ-595번 목간은 지명+지명+本波+인명+물품으로 구성되어 있고, Ⅴ-163번 목간은 지명+지명+本波+인명+물품으로 구성되어 있고, ⑥2016- W94번 목간은 지명+물품+지명+本波+인명으로 6가지 부류로 각각 구성되어 있다.

本波가 나온 지역은 2번 목간의 甘文城下麥甘文本波王村文利村, 10번 목간의 甘文本波居村旦利村, 77번 목간의 湏伐本波, 2006-1번 목간의 甘文城下麥本波大村, 2006-4번 목간의 夷津本波, 2007 -9번 목간의 ~本(波), 2007-57번 목간의 古阤本波, Ⅳ-595번 목간의 古阤一古利村本波, Ⅴ-163번 목간의 古阤一古利村本波, Ⅴ-165번 목간의 古阤一古利村本波,, 2016-W94번 목간의 甘文城下麥十五石甘文本波 등이다. 甘文 4예, 古阤 4예, 湏伐 1예, 夷津 1예, 모르는 곳 1예이다.

V. 阿那 목간의 검토

阿那가 나오는 목간부터 제시하면 다음과 같다.

28. 古阤伊骨利村阿那(衆)智卜利古支(앞면) 稗麥(뒷면) '古阤 伊骨利村의 阿那의 (衆)智卜利古支가 낸 稗와 麥이다.'

30. 夷津支阿那古刀羅只豆支(앞면) 稗(뒷면) '夷津支의 阿那의 古刀羅只豆支가 낸 稗이다.'

45. 夷津阿那休智稗 '夷津의 阿那의 休智가 낸 稗이다.'의 休智가 낸 稗이다.'

52. 仇伐阿那舌只稗石 '仇伐의 阿那의 舌只가 낸 稗 1石이다.'

2006-3. 阿利只村(阿)那△△(앞면) 古十△△刀△△(門)(뒷면) '阿利只村의 (阿)那의 △△古十△의 △刀△△(門)가 (낸 뭐이다.)'

2006-30. 古阤伊骨村阿那(앞면) 仇利稿支稗麥(뒷면) '古阤 伊骨村의 阿那의 仇利稿支가 낸 稗와 麥이다.'

2007-25. 古阤一古利村阿那弥伊△久(앞면) 稗石(뒷면) '古阤의 一古利村 阿那의 弥伊△久가 낸 稗 1石이다.'

2007-37. 仇伐阿那內欣買子(앞면) 一万買 稗石(뒷면) '仇伐 阿那의 內欣買子와 一万買가 낸 稗 1石이다.'

28번 목간은 지명+지명+阿那+인명+물품으로 구성되어 있고, 30번 목간은 지명+阿那+2006-3번 목간은 지명+阿那+지명+인명인명으로 구성되어 있고, 45번 목간은 지명+阿那+인명+물품으로 구성되어 있고, 52번 목간은 지명+阿那+인명+물품으로 구성되어 있고, 2006-3번 목간은 지명+阿那+지명+인명의 순서로 구성되어 있고, 2006-30번 목간은 지명+지명+阿那+인명+물품으로 구성되어 있고, 2007-25번 목간은 지명+지명+阿那+인명+물품으로 구성되어 있고, 2007-37번 목간은 지명+阿那+인명으로 각각 구성되어 있다.

이는 다시 ① 28번 목간은 지명+지명+阿那+인명+물품으로 구성되어 있고, 2006-30번 목간은 지명+지명+阿那+인명+물품으로 구성되어 있고, 2007-25번 목간은 지명+지명+阿那+인명+물품으로 구성되어 있고, ② 30번 목간은 지명+阿那+인명으로 구성되어 있고, 2007-37번 목간은 지명+阿那+인명으로 각각 구성되고, ③ 45번 목간은 지명+阿那+인명+물품으로 구성되어 있고, 52번 목간은 지명+阿那+인명+물품으로 구성되어 있고, ④ 2006-3번 목간은 지명+阿那+지명+인명의 순서로 각각 4가지 부류로 구성되어 있다.

阿那가 나오는 지역은 28번 목간의 古阤伊骨利村阿那, 30번 목간의 夷津支阿那, 45번 목간의 夷津阿那, 52번 목간의 仇伐阿那, 2006-3번 목간의 阿利只村(阿)那△△古十△, 2006-30번 목간의 古阤伊骨村阿那, 2007-25번 목간의 古阤一古利村阿那, 2007-37번 목간의 仇伐阿那 등이다. 古阤 3예, 夷津(支) 2예, 仇伐 2예, 阿利只村 1예이다.

VI. 末那목간의 검토

末那가 나오는 목간부터 제시하면 다음과 같다.

31. 古阤一古利村末那(앞면)　毛羅次尸智稗石(뒷면) '古阤　一古利村의　末那의　毛羅次尸智가　낸　稗 1石이다.'
2007-6. 仇伐末那沙刀(礼)奴(앞면)　弥次(分)稗石(뒷면) '仇伐　末那의　沙刀(礼)奴와　弥次(分)이　낸　稗 1石이다.'
2007-11. 古阤一古利村末那(앞면)　殆利夫稗(石)(뒷면) '古阤의　一古利村의　末那의　殆利夫가　낸　稗 1(石)이다.'
2007-14. 古阤一古利村末那仇△~(앞면)　稗石(뒷면) '古阤의　一古利村의　末那의　仇△~가　낸　稗 1石이다.'
2007-33. 古阤一古利村末那沙見(앞면)　日糸利稗石(뒷면) '古阤의　一古利村의　末那의　沙見日糸利가　낸　稗 1石이다.'

31번 목간은 지명+지명+末那+인명+물품으로 구성되었고, 2007-6번 목간은 지명+末那+인명+물품으로, 20 07-11번 목간은 지명+지명+末那+인명+물품으로 구성되어 있고, 2007-14번 목간은 지명+지명+末那+인명+물품으로 구성되어 있고, 2007-33번 지명+지명+末那+인명+물품으로 각각 구성되어 있다.

이는 다시 ① 31번 목간은 지명+지명+末那+인명+물품으로 구성되어 있고, 2007-11번 목간은 지명+지명+末那+인명+물품으로 구성되어 있고, 2007-14번 목간은 지명+지명+末那+인명+물품으로 구성되어 있고, 2007-33번 지명+지명+末那+인명+물품으로 각각 구성되어 있고, ② 2007-6번 목간은 지명+末那+인명+물품으로 구성되어 있다. 2가지 부류로 나눌 수 있다.

末那가 나오는 지역은 31번 목간의 古陁一古利村末那, 2007 -6번 목간의 仇伐末那, 2007-11번 목간의 古陁一古利村末那, 2007-14번 목간의 古陁一古利村末那, 2007-33번 목간의 古陁一古利村末那 등이다. 古陁가 4예, 仇伐 1예이다.

Ⅶ. 前那목간과 未那목간의 검토

2007-52. 鄒文前那牟只村(앞면) 伊△(習)(뒷면) '鄒文 (前)那의 牟只村의 伊△(習)이 (낸 뭐이다.)'

이를 '鄒文(村)의 前那牟只村의 伊△(習)이 (낸 뭐이다.)'로 해석하고 있다.[23] 鄒文의 前那의 伊△(習)이 (낸 뭐이다.)로 해석해야 될 것이다. 성산산성 270여 목간에서 那가 단독으로 나오는 예는 3자가 있으나 阿那, 末那, 前那, 未那식으로는 나오지 않기 때문이다.

---

23) 홍승우, 앞의 논문, 2019, 67쪽.

2016-W66. 丘伐未那早尸智居伐尺奴(앞면) (能)利智稗石(뒷면)'丘
伐의 未那의 早尸智居伐과 尺奴(能)利智가 낸 稗 1石이다.'또는
'丘伐의 未那의 早尸智와 居伐尺과 奴(能)利智가 낸 稗 1石이다.'

이 목간은 丘伐 未那에 사는 早尸智의 居伐尺의 奴 (能)利智가 등장
하는데 居伐尺의 외위로 추정되며, (能)利智는 그의 私奴라고 추정된다
고 하였다.[24] 사노는 주인과 함께 稗 1석을 낼 수가 없다. 居伐尺도
외위가 아닌 인명이다.

VIII. 고찰

2번 목간에는 甘文城下麥甘文夲波王村文利村라고 해서 지명+지명+
本波+지명을 되어 있고, 10번 목간에는 甘文夲波居村旦利村라고 해서
지명+本波+지명으로 되어 있고, 2006-1번 목간에는 甘文城下麥夲波大
村라고 해서 지명+本波+지명으로 되어 있고, 2006-3번 목간에는 阿
利只村(阿)那△△(앞면) 古十△땅이라고 해서 지명+阿那+지명으로 되어
있고, 2007-52번 목간에는 鄒文前那牟只村라고 해서 지명+前那+지명
으로 되어 있다. 그 외의 다른 목간에서는 지명+(지명)+本波/阿那/未
那/未那로 되어 있다.

지명[25]+(지명)+本波/阿那/末那/未那로 되어 있을 때에는 자연 취락
설이 성립되나 지명+(지명)+本波/阿那/前那에서는 행정촌 위에 本波/
阿那/前那 등이 오므로 자연 취락설은 성립될 수가 없다. 이들은 성격
을 알지 못하는 땅이나 들이름으로 행정촌 위에 오는 本波/阿那/前那
는 광의의 것이고, 지명+(지명)+本波/阿那/末那/未那는 협의의 땅이름
이다. 물론 本波는 本原의 뜻이고, 阿那, 末那, 前那, 未那가 땅이름이
나 들이름이지만 구체적인 것은 알 수 없다.[26]

---

24) 홍승우, 앞의 논문, 2019, 62쪽.
25) 자연취락설은 편의상 사용한 것이며, 이는 행정촌이다.

○ 맺음말

먼저 함안 성산산성의 목간에 나오는 本波, 阿那, 末那, 前那, 未那 등을 중심으로 선학들의 가설을 일별하였다.

다음으로 王松鳥多伊伐支의 伊伐支와 仇利伐/上彡者村의 上彡者村은 『삼국사기』에 나와서 모두 행정촌이므로 지명+지명으로 된 목간은 뒤의 것은 행정촌명, 앞의 것은 군명이 된다.

그 다음으로 노인은 구리벌 목간에서만 나오고, 다른 목간에서는 나오지 않는다. 이렇게 소금 생산자인 奴(人)은 반드시 인명이나 관등명인 외위 뒤에 붙는다. 어느 경우도 지역 명칭 뒤에는 붙지 않는다. 이점이 중요한데, 성산산성 목간에서 반드시 인명 뒤에는 인명계 용어가 나오고, 지명의 뒤에는 지명계 용어가 나오기 때문이다. 이러한 점을 지적한 연구 성과는 없었다. 本波·阿那·末那·前那·未那가 지명의 앞에 나오면 지명계통 용어이고, 인명의 앞에 나오면 인명계통 용어이다.

그 다음으로 本波가 나온 지역은 2번 목간의 甘文城下麥甘文本波王村文利村, 10번 목간의 甘文本波居村旦利村, 77번 목간의 湏伐本波, 2006-1번 목간의 甘文城下麥本波大村, 2006-4번 목간의 夷津本波, 2007-9번 목간의 ~本(波), 2007-57번 목간의 古阤本波, Ⅳ-595번 목간의 古阤一古利村本波, Ⅴ-163번 목간의 古阤一古利村本波, Ⅴ-165번 목간의 古阤一古利村本波, 2016-W94번 목간의 甘文城下麥十五石甘文本波 등이다. 甘文 4예, 古阤 4예, 湏伐 1예, 夷津 1예, 모르는 곳 1예이다.

그 다음으로 阿那가 나오는 지역은 28번 목간의 古阤伊骨利村阿那, 30번 목간의 夷津支阿那, 45번 목간의 夷津阿那, 52번 목간의 仇伐阿那, 2006-3번 목간의 阿利只村(阿)那△△(앞면) 古十△, 2006-30번 목간의 古阤伊骨村阿那, 2007-25번 목간의 古阤一古利村阿那,

---

26) 本波, 阿那, 末那, 前那, 未那 등이 구리벌 목간 등에서는 나오지 않는 바 그 이유가 궁금하다.

2007-37번 목간의 仇伐阿那 등이다. 古阤 3예, 夷津(支) 2예, 仇伐 2예, 阿利只村 1예이다.

그 다음으로 末那가 나오는 지역은 31번 목간의 古阤一古利村末那, 2007-6번 목간의 仇伐末那, 2007-11번 목간의 古阤一古利村末那, 2007-14번 목간의 古阤一古利村末那, 2007-33번 목간의 古阤一古利村末那 등이다. 古阤가 4예, 仇伐 1예이다.

그 다음으로 2007-52.鄒文前那牟只村(앞면) 伊△(䂬)(뒷면) '鄒文 (前)那의 牟只村의 伊△(䂬)이 (낸 뭐이다.)' 이를 '鄒文(村)의 前那牟只村의 伊△(䂬)이 (낸 뭐이다.)'로 해석하고 있다. 이는 잘못이다. 2016-W66. 丘伐末那早尸智居伐尺奴(앞면) (能)利智稗石(뒷면) '丘伐의 未那의 早尸智居伐과 尺奴(能)利智가 낸 稗 1石이다.' 또는 '丘伐의 未那의 早尸智와 居伐尺과 奴(能)利智가 낸 稗 1石이다.' 이 목간은 丘伐 末那에 사는 早尸智의 居伐尺의 奴 (能)利智가 등장하는데 居伐尺의 외위로 추정하며, (能)利智는 그의 私奴라고 추정된다고 한 가설도 있다.

마지막으로 2번 목간에는 甘文城下麥甘文夲波王村文利村라고 해서 지명+지명+本波+지명을 되어 있고, 10번 목간에는 甘文夲波居村旦利村라고 해서 지명+本波+지명으로 되어 있고, 2006-1번 목간에는 甘文城下麥夲波大村라고 해서 지명+本波+지명으로 되어 있고, 2006-3번 목간에는 阿利只村(阿)那△△(앞면) 古十△라고 해서 지명+阿那+지명으로 되어 있고, 2007-52번 목간에는 鄒文前那牟只村라고 해서 지명+前那+지명으로 되어 있다. 그 외의 다른 목간에서는 지명+(지명)+本波/阿那/未那/末那로 되어 있다. 지명+(지명)+本波/阿那/末那/未那로 되어 있을 때에는 자연 취락설이 성립되나 지명+(지명)+本波/阿那/前那에서는 행정촌 위에 本波/阿那/前那 등이 오므로 자연 취락설은 성립될 수가 없다. 이들은 성격을 알지 못하는 땅이나 들이름으로 행정촌 위에 오는 本波/阿那/前那는 광의의 것이고, 지명+(지명)+本波/阿那/末那/未那는 협의의 땅이름이다. 물론 本波는 本原의 뜻이고, 阿那, 末那, 前那, 未那가 땅이름이나 들이름이지만 구체적인 것은 알 수 없다.

제4장

백제 목간,
통일 신라 목간

제1절 부여 궁남지 출토 315호 목간

○ 머리말

지금까지 목간은 부여 관북리에서 10점, 부여 궁남지에서 3점, 부여 능사에서 153점,[1] 부여 쌍북리 102번지에서 2점, 부여 쌍북리 현내들 9점, 부여 쌍북리 280-5번지 3점, 부여 쌍북리 119센터 4점, 부여 쌍북리 뒷개 2점, 부여 쌍북리 328-2번지 3점, 부여 쌍북리 184-11번지 2점, 부여 쌍북리 201-4번지 2점, 부여 구아리 9점, 금산 백령산성 1점, 나주 복암리 13점 등이 각각 출토되었다. 전부 사비성 시대의 목간이 있을 뿐, 웅진성 시대나 한성 시대의 목간은 아직까지 발굴 조사된 바가 없다.

궁남지는 충청남도 부여군 부여읍 동남리에 속해 있는 유적이다.[2] 부여읍 남쪽에 넓게 형성된 개활지에 위치한다. 이 일대는 본래 상습적으로 침수가 일어나는 저습지였는데, 1965~1967년에 복원하여 현재와 같은 모습을 갖추었다. 『삼국사기』에는 634년(무왕 35) 대궐 남쪽에 못을 팠는데 20여 리 밖에서 물을 끌어 들이고 못 가운데 方丈仙山을 모방하여 섬을 쌓았다고 기록되어 있으며, 『삼국유사』에는 武王의 어머니가 京師의 남쪽 못 가에 살았는데 용과 관계하여 무왕을 낳았다는 전승이 실려 있다. 이러한 문헌 기록을 참조하여 1960년 대 후반에 진행된 복원 작업 이후 이 일대를 궁의 남쪽에 있는 못이라는

---

1) 국사편찬위원회 한국사데이터베이스에서는 29점만이 소개되어 있다. 글자가 있는 목간은 29점뿐으로 판단된다.
2) 이하의 머리말 부분은 기경량, 「궁남지 출토 목간의 새로운 판독과 이해」 『목간과 문자』, 2014을 참조하였다.

의미로 '宮南池'라 부르게 되었다. 현재 사적 제135호로 지정되어 있다. 궁남지 유적은 1990~1993년 국립부여박물관에 의해 3차에 걸쳐 조사가 이루어졌다. 1990년에는 궁남지 서편, 1991~1992년에는 궁남지 동북편을 조사하였으며, 1993년에는 궁남지 동남편을 조사하였다. 이 들 조사에서 백제시대 수로와 수전 경작층 등을 확인하였고, 각종 토기와 벽돌, 목제품 등이 출토되었다. 1995~2006년에는 국립부여문화재연구소에 의해 8차에 걸친 조사가 이루어졌다. 1995년에는 궁남지 내부를 조사하였는데, 저수조와 짚신, 사람 발자국 흔적을 비롯하여 西卩後巷명 목간(궁남지 315)이 출토되었다. 1997년에는 궁남지 서북편 일대를 조사하였고, 1998~2001년에는 궁남지 북편에 대한 조사가 이루어졌다. 특히 2001년 조사에서는 재차 목간이 출토되었고, 각종 목제품과 철도자·토기 등이 수습되었다. 2003~2006년에는 궁남지 남편 일대를 조사하였다. 1995년도에 발굴 조사된 궁남지 315 목간에 대해 검토해 보고자 한다.

그러기 위해서는 먼저 지금까지 나온 판독문을 검토하여 신 판독문을 제시하고, 다음으로 인명 표기를 고구려, 신라 금석문의 인명 표기와 비교해 검토하겠고, 그 다음으로 묵서명의 해석을 하겠으며, 마지막으로 묵서의 작성 연대를 살펴보고자 한다.

Ⅰ. 지금까지의 판독

지금까지 나온 백제 목간 가운데 가장 중요한 목간의 하나로 궁남지315호 목간을 들 수가 있다.

우선 판독을 검토해 보기로 하자.

앞면 제①행은 모두 15자로 9번째 글자를 卩자로 읽는 견해와3) 丁

---

3) 최맹식·김용민, 「부여궁남지 내부발굴 조사개보-백제목간 출토의의와 성과」, 『한국상고사학보』 20, 1995, 488쪽.
박현숙, 「궁남지출토백제목간과 왕도5부제」 『한국사연구』 92, 1996.

자로 읽는 견해가4) 있다. 여기에서는 卩자로 읽는다. 11번째 글자는
活로 읽거나5) 삼수(氵)가 없는 舌자로 본 견해가6) 있다. 여기에서는
活자로 읽는다. 12번째 글자는 모르는 글자로 보거나7) 干자로 보거
나8) 率자로 본 견해가9) 있다. 여기에서는 率자로 본다. 13번째 글자
를 前자로 읽는 견해가10) 있으나 모르는 글자로 본다. 14번째 글자는
後자로 읽는 견해와11) 畑자로 읽는 견해가12) 있다. 여기에서는 모르
는 글자로 본다. 15번째 글자는 丁자로 읽는 견해와13) 卩자로 읽는
견해가14) 있다. 여기에서는 丁자로 읽는다.

앞면 제②행은 모두 17자이다. 6번째 글자는 中자15) 또는 小자로

---

 4) 이용현, 『한국목간 기초연구』, 2006, 483쪽.
    윤선태, 앞의 책, 2007.
    박민경, 「백제 궁남지 목간에 대한 재검토」『목간과 문자』4, 2009, 63쪽.
    이경섭, 『신라 목간의 세계』, 2013, 307쪽.
    기경량, 앞의 논문, 2014, 120쪽.
 5) 최맹식·김용민, 앞의 논문, 1995, 488쪽.
    박현숙, 앞의 논문, 1996.
    기경량, 앞의 논문, 2014, 120쪽.
 6) 이용현, 앞의 책, 2006, 483쪽.
 7) 이용현, 앞의 책, 2006, 483쪽.
    윤선태, 앞의 책, 2007.
    박민경, 앞의 논문, 2009, 63쪽.
    이경섭, 앞의 책, 2013, 307쪽.
 8) 기경량, 앞의 논문, 2014, 120쪽.
 9) 최맹식·김용민, 앞의 논문, 1995, 488쪽.
10) 최맹식·김용민, 앞의 논문, 1995, 488쪽.
11) 최맹식·김용민, 앞의 논문, 1995, 488쪽.
12) 기경량, 앞의 논문, 2014, 120쪽.
13) 이용현, 앞의 책, 2006, 483쪽.
    윤선태, 앞의 책, 2007.
    박민경, 앞의 논문, 2009. 63쪽.
    이경섭, 앞의 책, 2013, 307쪽.
    기경량, 앞의 논문, 2014, 120쪽.
14) 최맹식·김용민, 앞의 논문, 1995, 488쪽.
15) 최맹식·김용민, 앞의 논문, 1995, 488쪽.
    박현숙, 앞의 논문, 1996.

읽어 왔다.16) 여기에서는 小자로 읽는다. 그 외는 모든 글자 판독에 전혀 다른 견해가 없다.

먼저 앞면과 뒷면을 보는 이유는 앞면에 나오는 巳達巳斯巴가 목간의 주인공이고, 앞면에는 글자가 있는 줄을 피해서 구멍이 뚫려 있고, 글자가 앞면에 많고, 뒷면은 없어도 될 내용이 적혀 있기 때문에 목간의 주인공이 나오는 巳達巳斯巴가 나오는 부분을 앞면으로 본다.

뒷면은 모두 제①행으로 5자뿐이다. 2번째 글자는 巴자로 읽는 견해와17) 田자로 읽는 견해와18) 十자로 읽는 견해와19) 모르는 글자로 본 견해가20) 각각 있다. 여기에서는 丁자로 읽는다. 4번째 글자는 巴자로 읽는다. 5번째 글자는 利자로 읽는 견해와21) 夷자로 읽는 견해가 있어 왔다.22) 여기에서는 夷자로 읽는다. 이상의 판독 결과를 제시하면 다음과 같다.

```
        1        5        10        15
앞면  西部後巷巳達巳斯部依活率△△丁
      歸人中口四 小口二 邁羅城法利源畓五形
```

16) 이용현, 앞의 책, 2006, 483쪽.
　　윤선태, 앞의 책, 2007.
　　박민경, 앞의 논문, 2009. 63쪽.
　　이경섭, 앞의 책, 2013, 307쪽.
　　기경량, 앞의 논문, 2014, 120쪽.
17) 최맹식·김용민, 앞의 논문, 1995, 488쪽.
　　박현숙, 앞의 논문, 1996.
　　이용현, 앞의 책, 2006, 483쪽.
18) 이경섭, 앞의 책, 2013, 307쪽.
19) 기경량, 앞의 논문, 2014, 120쪽.
20) 박민경, 앞의 논문, 2009. 63쪽.
21) 윤선태, 앞의 책, 2007.
22) 이용현, 앞의 책, 2006, 483쪽.
　　박민경, 앞의 논문, 2009. 63쪽.
　　이경섭, 앞의 책, 2013, 307쪽.
　　기경량, 앞의 논문, 2014, 120쪽.

뒷면 西(尸)丁尸夷

II. 인명 표기의 분석

삼국시대 금석문의 인명 표기가 가장 많이 알려진 신라의 예부터 살펴보기로 하자. 고신라 금석문의 인명 표기는 직명·출신지명·인명·관등명의 차례로 적힌다.[23] 이러한 인명 표기를 적는 순서를 보면 크게 다음과 같이 3가지로 나누어진다.

첫째로 남산신성비 제3비의 예와 같이 직명·출신지명·인명·관등명의 순서로 적되, 출신지명이 한 비의 구성원 전부가 동일하기 때문에 인명 표기 앞에 출신지명인 部名이 단 한번만 나오고 있다.[24]

〈표 1〉 남산신성비 제3비의 인명 분석표

職名	部名	人名	官等名
部監等	喙部	△△	大舍
위와 같음	위와 같음	仇生次	大舍
文尺	위와 같음	仇△	小舍
里作上人	위와 같음	只冬	大舍
위와 같음	위와 같음	文知	小舍
文尺	위와 같음	久匠	吉士
面石捉人	위와 같음	△△△	△
위와 같음	위와 같음	△△者△	大烏
△石捉人	위와 같음	△下次[25]	△
小石捉上人	위와 같음	利△	小烏

---

23) 김창호, 「신라 중고 금석문의 인명 표기(I)」 『대구사학』 22, 1983.
　　김창호, 「신라 중고 금석문의 인명 표기(II)」 『역사교육논집』 4, 1983.
24) 이 점에 대한 최초의 착안은 이문기, 「금석문 자료를 통하여 본 신라의 6부」 『역사교육논집』 2, 1981이다.

둘째로 창녕비의 예처럼 인명 표기는 직명·출신지명·인명·관등명의 순서로 기재하되 직명만이 동일한 경우에 한하여 생략된다.

〈 표 2 〉창녕비의 인명 분석표

직명	부명	인명	관등명
(大等)	~	~智	葛文王
위와 같음	~	~	~
위와 같음	(沙喙)	屈珎智	大一伐干
위와 같음	沙喙	△△智	一伐干
위와 같음	(喙)	(居)折(夫)智	一尺干
위와 같음	(喙)	(內禮夫)智	一尺干
위와 같음	喙	(比次)夫智	迊干
위와 같음	沙喙	另力智	迊干
위와 같음	喙	△里夫智	(大阿)干
위와 같음	沙喙	都設智	(阿)尺干
위와 같음	沙喙	△△智	一吉干
위와 같음	沙喙	忽利智	一(吉)干
위와 같음	喙	珎利△次公	沙尺干
위와 같음	喙	△△智	沙 尺
위와 같음	喙	△述智	沙尺干
위와 같음	喙	△△△智	沙尺干
위와 같음	喙	比叶△△智	沙尺干
위와 같음	本彼	夫△智	及尺干
위와 같음	喙	△△智	(及尺)干
위와 같음	沙喙	刀下智	及尺干
위와 같음	沙喙	△尸智	及尺干

---

25) △부분은 사람 인변(亻)에 망할 망(亡) 밑에 계집 녀(女)한 글자이다.

	위와 같음	喙	鳳安智	(及尺)干
	△大等	喙	居七夫智	一尺干
	위와 같음	喙	△未智	一尺干
	위와 같음	沙喙	吉力智	△△干
	△大等	喙	未得智	(一)尺干
	위와 같음	沙喙	乇聰智	及尺干
四方軍主	比子伐軍主	沙喙	登△△智	沙尺干
	漢城軍主	喙	竹夫智	沙尺干
	碑利城軍主	喙	福登智	沙尺干
	甘文軍主	沙喙	心麥夫智	及尺干
	上州行使大等	沙喙	宿欣智	及尺干
	위와 같음	喙	次叱智	奈末
	下州行使大等	沙喙	春夫智	大奈末
	위와 같음	喙	就舜智	大舍
	于抽悉支河西阿郡使大等	喙	比尸智	大奈末
	위와 같음	沙喙	湏兵夫智	奈末
	旨爲人	喙	德文兄	奈末
	比子伐停助人	喙	覓薩智	大奈末
	書人	沙喙	導智	奈舍(大舍)
	村主		奀聰智	述干
	위와 같음		麻叱智	述干

　셋째로 적성비의 예처럼 인명 표기는 직명·출신지명·인명·관등명의 순서로 기재된다. 그 가운데에서 먼저 직명은 동일한 경우에 생략되고, 다음으로 출신지명은 동일한 직명 안에서만 생략되고 있다. 고신라 금석문은 대부분 적성비와 같은 인명 표기 방식을 가지고 있다.

<표 3> 적성비의 인명 분석표

職名	部名	人名	官等名
大衆等	喙部	伊史夫智	伊干支
위와 같음	(沙喙部)	豆弥智	波珎干支
위와 같음	喙部	西夫叱智	大阿干支
위와 같음	위와 같음	(居柒)夫智	大阿干支
위와 같음	위와 같음	內礼夫智	大阿干支
高頭林城在軍主等	喙部	比次夫智	阿干支
위와 같음	沙喙部	武力智	(阿干支)
鄒文村幢主	沙喙部	導設智	及干支
勿思伐(城幢主)	喙部	助黑夫智	及干支

고구려 금석문의 인명 표기는 그 정확한 실체 파악이 어렵다. 광개토 태왕비(414년), 충주고구려비(449년 이후), 집안고구려비(491년이후)26) 가운데 충주고구려비의 인명 표기만이 알려져 있다. 충주고구려비의 인명 분석표를 제시하면 다음의 <표 4>와27) 같다.

<표 4> 충주고구려비의 인명 분석표

職名	部名	官等名	人名
		(寐錦)	忌
		(太子)	共
	前部	太使者	多于桓奴
	(위와 같음)	主簿	△德
新羅土內幢主	下部	拔位使者	補奴

---

26) 집안고구려비에 의하면 문자왕 이전의 20명 왕묘에 세워진 수묘비에는 인명 표기가 있다고 한다.

27) 김창호, 「중원고구려비의 재검토」『한국학보』47, 1987, 142쪽에서 전제하였다.

		(古鄒加)	共
古牟婁城守事	下部	大兄	耶△

위의 〈표 4〉에서 보면 신라 금석문의 인명 표기에서와 같이 인명이 집중적으로 나열되어 있지 않아서 그 규칙성을 찾기 어렵다. 〈표 4〉에 따르면 고구려 금석문의 인명 표기는 직명·부명·관등명·인명의 순서로 기재됨을 분명히 알 수가 있다. 전면에서 인명 표기가 계속해서 나열되어 있는 寐錦忌·太子共·前部太使者多于桓奴·主簿△德의[28] 경우에 있어서 寐錦忌나 太子共의 경우는 부명이 없어도 그들의 신분이 部를 초월한 존재로 쉽게 납득이 되지만, 主簿△德의 경우는 前部太使者多于桓奴와 함께 연이어 기록된 점에서 보면, 오히려 출신부명도 같은 것이 아닐까 추정된다. 이렇게 충주고구려비의 인명 표기들을 해석하고 나면, 그 인명 표기 자체는 신라 금석문의 인명 표기 방식 가운데 적성비식과 비슷함이 간파된다. 하지만 고구려와 신라의 금석문에 있어서 인명 표기에 관등명과 인명의 기재 순서에 차이가 있다. 곧 고구려의 경우는 관등명이 인명의 앞에 적히나 신라의 경우는 인명이 관등명의 앞에 적히어서 그 순서가 서로 바뀌어 있다.

이제 백제 금석문의 인명 표기에 검토할 차례가 되었다. 지금까지 백제 금석문에 있어서 백제 시대의 관등명이 포함된 인명 표기는 1998년까지만 해도[29] 단 한 예도 발견되지 않다.[30] 백제 당시에 만들어진 금석문은 아니지만 백제 멸망 직후인 673년에 백제 유민들에 의해 만들어진 것으로 간주되는 癸酉銘阿彌陀三尊佛碑像의 명문에 백제

---

28) 이 부분의 판독 문제점에 대해서는 김창호, 앞의 논문, 1987, 140쪽 참조.
29) 이 계유명아미타삼존불비상에 관한 논문은 1991년에 처음 발표되었다.
30) 지금은 임혜경, 「미륵사지 출토 백제 문자자료」 『목간과 문자』 13, 2014에만 해도 금제소형판에 中部德率支受施金壹兩의 中部(출신부명) 德率(관등명) 支受(인명), 청동합에 上部達率目近의 上部(출신부명) 達率(관등명) 目近(인명) 등이 있다. 또 나주 복암리의 軍那德率至安를 지명+관등명+인명으로 보고 있으나 軍那는 출신부명이 아니므로 관직명으로 보인다.

인의 인명 표기가 나오고 있으므로 관계 자료부터 제시하면〈표 5〉와
같다.

〈표 5〉癸酉銘阿彌陀三尊佛碑像의 인명 분석표31)

	人名	官等名	備 考
1	△△	弥△次	及伐車(及干 ?)
2	△△正	乃末	
3	牟氏毛	△△	乃末로 복원
4	身次	達率	백제 관등명
5	日△	△	大舍의 합자로 복원
6	眞武	大舍의 합자	
7	木△	大舍의 합자	
8	与次	乃末	
9	三久知	乃末	
10	豆兎	大舍의 합자	
11	△△	△	大舍의 합자로 복원
12	△△	△△	△師로 복원
13	△△	大舍의 합자	
14	夫△	大舍의 합자	
15	上△	△	大舍의 합자로 복원
16	△△	△	大舍의 합자로 복원
17	△△	△師	
18	△△	大舍의 합자	
19	△△	大舍의 합자	
20	△力	△	大舍의 합자로 복원

---

31) 비문의 읽는 순서에 따라서 1~7은 향좌측면, 8~27은 배면, 28~31은 향우측
면, 정면은 32·33의 순서로 기재되어 있다.

21	△久	大舍의 합자	
22	△惠	信師	
23	△夫	乃末	
24	林許	乃末	
25	惠明	法師	
26	△△	道師	
27	普△	△△	△師로 복원
28	△△	△	大舍의 합자로 복원
29	△△	大舍의 합자	
30	使三	大舍의 합자	
31	道作公		公이 관등명인지도 알 수 없음
32	△氏	△△	인명인지 여부 불확실
33	逃況	△△	인명인지 여부 불확실

〈표 5〉에서 향좌측면의 1~3의 인명을 제외한[32] 모든 사람들은 전부 백제계 유민들로 추정된다.〈표 5〉에 나오는 대부분의 사람들은 乃末·大舍 등의 신라 관등을 가지고 있지만, 유독 達率身次만은 백제 관등명을 가지고 있다. 그리고 인명 표기의 기재 방식도 인명+관등명의 신라식이 아니라 관등명+인명의 독특한 순서로 기재되어 있다. 이 자료에 따르면 백제 금석문의 인명 표기에서 관등명+인명의 기재 순서는 고구려 금석문의 인명 표기 순서인 관등명+인명의 인명 기재 순서와 꼭 같음을 알 수가 있다. 출신지명에 해당되는 부명의 문제는 673년 당시에 이미 신라에서는 금석문 자체의 인명 표기에서 부명이 사라진 시기이므로[33] 백제 금석문의 인명 표기를 직명+부명+관등명+

32) 향좌측면은 1~7번 인명으로 이 가운데 1~3명의 인명은 신라인일 가능성도 있다. 왜냐하면 1번의 弥(그칠 미의 훈과 급의 음은 음상사이다)△次는 及伐車와 동일한 관등이라면 673년 당시에 백제인으로서는 받을 수가 없는 신라 관등이기 때문이다.

인명의 순서로 기재되는 것으로 복원할 수가 있다.

신라 금석문에 있어서 6부인(왕경인)이 직명+부명+인명+경위명의 순서로 표기가 기록되는데 대해, 지방민은 직명+성촌명+인명+외위명의 순서로 기재된다. 이들 지방민의 인명 표기는 중성리비(441년), 냉수리비(443년), 봉평비(524년), 적성비(545년이나 그 직전), 창녕비(561년) 등 당대의 국왕과 고급 중앙 관료와 함께 기재되기도 하지만, 영천청제비 병진명(536년), 월지 출토비(536~540년경), 명활산성비(551년), 대구무술명오작비(578년), 남산신성비(10기:591년) 등에서와 같이 그 인명의 수에서 6부인을 능가하는 경우도 있다. 이들 지방민의 인명이 기록된 금석문들은 신라의 지방제도, 역역 체제, 외위 등의 해명에 중요한 실마리가 되어 왔다.

따라서 백제 금석문의 인명 표기는 고구려 금석문의 인명 표기와 함께 직명+부명+관등명+인명의 순서이고, 신라 금석문의 인명 표기는 직명+부명+인명+관등명의 순서이다. 丁과 관등명류도 인명의 앞에 와야 된다. 인명의 뒤에 오는 것은 신라식이다. 구리벌 목간으로 추정되는 35번 목간 內恩知奴人居助支 負를 內恩知의 奴人인 居助支가 負(짐)를 운반했다로 해석하고 있으나,[34] 居助支가 노인이 아니다. 內恩知가 奴人이다. 奴人은 一伐 등의 외위까지도 가질 수 있는 사람이고, 노인은 관등명류이므로 內恩知가 奴人이고, 짐꾼인 居助支의 負(짐)이다로 해석되어, 居助支는 內恩知 奴人의 짐꾼으로 해석해야 된다. 짐의 주인은 물론 內恩知 奴人이다. 또 적성비에서 子, 小子, 女, 小女가 모두 관등명류로 인명의 다음에 온다.[35] 궁남리315호 목간에서도 丁자가 丁을 나타내려고 하면 인명의 앞에 와야 된다. 그러한 예를 백제 금석문이나 목간에서는 찾을 수 없다.[36]

33) 김창호, 「이성산성 출토의 목간 연대 문제」 『한국상고사학보』 10, 1992 참조.
34) 전덕재, 「함안 성산산성 목간의 연구현황과 쟁점」 『한국목간학회 학술대회 자료집』, 2007, 78쪽.
35) 김창호, 『고신라 금석문의 연구』, 2007, 49쪽.
36) 궁남지315 목간의 뒷면을 西(ㄹ)丁部夷로 읽는다면 西(ㄹ)의 丁인 ㄹ夷가 되어

이렇게 丁자로 읽으면 두 명의 丁에게 歸人인 中口 四와 小口 二와 邁羅城의 法利源에 있는 畓 五形을 주었다고 해서 그 나누어진 숫자가 불분명하다.

III. 묵서명의 해석

먼저 이 목간의 앞면과 뒷면을 다시 한 번 제시하면 다음과 같다.

앞면 西卩後巷巳達巳斯丁依活率△△丁
　　　歸人中口四 小口二 邁羅城法利源畓五形
뒷면 西(卩)丁卩夷

邁羅城의 위치를 전북 옥구와 전남 장흥 회령으로 보거나37) 전북 옥구로 보기도 했고,38) 충남 보령으로 비정하기도 했고,39) 충남 진천에 비정하기도 했다.40) 邁羅城의 위치가 여러 가지설로 나누어져 있고, 목간의 주인공인 巳達巳斯卩가 西卩後巷소속이므로 전라도에까지 가서 논농사를 짓기보다는 왕경이나 왕경 근처에서 농사를 지은 것으로 판단된다. △△丁를 거느리고 활약한 데에 의거하여 巳達巳斯卩가 ~이하의 상을 받았다.

法利源은 虎岩山城 제2우물지에서 출토된 숟가락에 仍伐內力只乃末△△源란 명문이 있어서 源을 우물 이름으로 해석하고 있다. 법리원도 우물 이름으로 보인다. 논농사는 물이 많이 필요하다. 물이 나오는 샘이 있다면 논농사에 더할 것이 없이 좋을 것이다.

본 목간의 주인공인 巳達巳斯卩는 西卩後巷이라고 소속부와 巷까지

유일한 丁의 인명 표기가 나온 예가 된다.
37) 末松保和, 『新羅史の諸問題』, 1954, 112쪽.
38) 천관우, 『고조선사·삼한사의 연구』, 1989, 405~406쪽.
39) 이병도, 『한국고대사연구』, 1976, 265쪽.
40) 정인보, 『조선사연구』, 1935.

나온다. 이에 비해 歸人인 中口 四(人)과 歸人인 小口 二(人)은 소속부
나 소속항이나 인명도 없다. 中人 四(人)과 小人 二(人)은 △△丁를 거
느리고 활약한 데에 의거하여 巳達巳斯ㅏ가 받은 상으로 노예로 짐작
된다.

이제 목간의 전문을 해석할 차례가 되었다.

> 앞면: 西ㅏ 後巷의 巳達巳斯ㅏ가 △△丁를 거느리고 활약한 데에
> 의거하여 巳達巳斯ㅏ가 歸人인 中口 四(人), (歸人인) 小口
> 二(人)과 邁羅城의 法利源의 畓五形을 (상으로) 받았다.
> 뒷면: 西(ㅏ)의 丁인 ㅏ夷(인명)이다.[41]

IV. 작성 연대

먼저 이 목간의 巳達巳斯가 아니고, 巳達巳가 인명으로 보아서 『삼
국사기』, 백제본기, 성왕28년조(550년)의 春正月 王遣將軍達巳 領兵一萬
攻取高句麗道薩城의 기사에서 등장하는 達巳와 동일인이라고 보아서
550년에 주목하여 6세기 중후반으로 보았다.[42]

다음으로 백제 왕도6부제 연구에 기반으로 605년을 상한으로 잡아
7세기 초중반으로 잡았다.[43]

궁남지의 조성 연대는 『삼국사기』, 백제본기, 무왕35년(634년)조에
의하면 三月 穿池於宮南 引水二十餘里 四岸植以楊柳 水中築島嶼 擬方丈
仙山이라 하여 궁남지의 조성을 알리고 있다. 고로 목간의 조성을
634년으로 보면서 백제 멸망을 하한으로 보아서 대략 7세기 2/4분기
에서 7세기 3/4분기까지로 보았다.[44]

---

41) 백제의 천하관과는 아무런 관련이 없다.
42) 최맹식·김용민, 앞의 논문, 1995.
43) 박현숙, 앞의 논문, 1996.
44) 이용현, 앞의 책, 2006, 509쪽.

백제 궁남지는 634년에 만들어졌고, 백제 멸말기까지 있었으므로 그 시기는 백제 무왕35년 전후에서 백제 말망기까지로 볼 수가 있다.

○ 맺음말

먼저 앞면 제①행의 15자를 검토하여 9번째 글자는 卩자로 보았고, 15번째 글자를 丁자자로 보았다. 앞면 제②행의 17자를 검토하였다. 뒷면 제①행의 5자를 西(卩)丁部夷로 읽고서 인명 표기로 보았다.

다음으로 인명 표기를 살펴보았다. 고구려와 백제는 모두 직명+출신부명+관등명+인명의 순서이고, 신라는 직명+출신부명+인명+관등명의 순서로 기재된다. 앞면 제①행의 巳達巳斯卩依活率△△丁이 巳達巳斯丁依活△△△丁으로 판독되지 않고 있는 바, 丁이 사람[丁男]을 가리키려고 하면 丁巳達巳斯丁依活(率△△)이 되어야 한다.

그 다음으로 목간 전문을 해석하였다.

앞면: 西卩 後巷의 巳達巳斯卩가 △△丁를 거느리고 활약한 데에 의거하여 巳達巳斯卩가 歸人인 中口 四(人), (歸人인) 小口 二(人)과 邁羅城의 法利源의 畚五形을 (상으로) 받았다.

뒷면: 西(卩)의 丁인 卩夷(인명)이다.

마지막으로 목간의 제작 시기를 백제 궁남지는 634년에 만들어졌고, 궁남지가 백제 말기까지 있었으므로 그 시기는 백제 무왕35년(634년)서 백제 멸망기까지로 잡아서 634년에서 660년까지로 보고자 한다.

제2절 월지 출토 목간 몇 예

○ 머리말

월지에서 발굴 조사된 목간은 1975년으로 우리나라 최초의 것이다. 목간은 洗宅을 중심으로 文翰機構가 연구되었다.[1] 8세기 신라 전성기의 목간으로 天寶와 寶應 등의 중국 연호와 乙巳年, 更子年, 甲寅年, 甲辰年 등의 연간지로 증명이 가능하다. 월지에서는 8세기의 목간이 나오고, 월성해자에서는 고신라의 목간만 나오는 점은 주목된다. 월성 주위에서 후삼국기의 在城명 기와가 나오는 점도 주목된다. 통일 신라 때 왕궁이 월성이 아니고, 전랑지일 가능성도 있다.

왜냐하면 월성이나 월성에서 첨성대까지의 유적에서 단일 건물지로서 전랑지보다 큰 건물이 발견된 바 없기 때문이다. 또 월지 출토 목간에는 경위명이 전무하다. 인명은 존재하지만 경위명은 없다.[2] 文翰機構인 洗宅이 월지 185호 목간에 1번, 월지 191번 목간에 2번, 월지 209번 목간에 1번 모두 4번이 나오고 있으나 경위명은 없다. 洗宅 목간의 주인공도 경위를 갖지 않은 필경전문가로 보인다. 그러면 월지에 나오는 인명들은 경위명도 없어서 모두가 한자를 알고 있었다고 보기도 어렵다.

먼저 월지 출토 목간의 7예를 판독을 검토하여 제시하겠고, 다음으로 7예 목간의 해석을 하겠고, 마지막으로 월지 출토 목간의 의미를 검토해 보고자 한다.

---

1) 이기동, 「안압지에서 출토된 신라 목간에 대하여」『경북사학』1, 1979.
2) △△年二月八日△永造의 △永은 누가 보아도 인명이다.

Ⅰ. 자료의 제시

1) 182번 목간[3)

경주박물관 (제1면)寶應四年(제2면)榮(策?)事(제3면)壹貳△△△

고경희 (제1면)寶應四年(제2면)策事(제3면)壹貳

박방룡 (제1면)寶應四年(제2면)榮(策?)事(제3면)壹貳

윤선태 (제1면)寶應四年(제2면)榮事(제3면)(제4면)묵흔없음

이기동 (제1면)寶應四年(제2면)榮事(제3면)壹貳△△△

이용현 (제1면)寶應四年(제2면)策事(제3면)伍肆叁貳壹(제4면)△

김창호 (제1면)寶應四年(제2면)策事(제3면)壹貳△△△

2) 183번 목간

경주박물관 (앞면)△水△△△△△△入 (뒷면)五十五

윤선태 (1면)△猪水助史 第一瓷(行)一入 (2면)五△△△△~

이용현 (앞면)△△△△△△△△△ (뒷면)五十五

김창호 (앞면)△水△△△△△△入 (뒷면)五十五

3) 184번 목간

경주박물관 韓舍韓舍韓舍韓舍韓舍韓舍△十一月天寶舍韓韓~

고경희 (제1면)天寶十載(제2면)韓舍

박방룡 韓舍韓舍韓舍韓舍韓舍韓舍 △十一月天寶

　　　　韓舍韓舍 天寶十載

윤선태 (앞면)舍舍舍舍舍 天寶十載[寶]十一月

　　　　(뒷면)舍韓舍韓舍韓~

이기동 (제1면)天寶十載△十一月(제2면)韓舍

이용현 (앞면)天寶十載△十一月 韓舍文辶[코, 입, 눈의 그림]

　　　　(뒷면)舍舍舍舍舍 天寶十一載△△十△

　　　　韓舍韓舍韓舍韓舍 韓舍 天寶寶缶差△

---

3) 여기에서 목간의 번호는 국사편찬위원회 한국사데이터베이스에 의거하였다.

김창호 (앞면)天寶十載△十一月 韓舍文辶[코, 입, 눈의 그림]
(뒷면)舍舍舍舍舍 天寶十一載△△十△
韓舍韓舍韓舍韓舍 韓舍 天寶寶缶差△

4) 186번 목간

경주박물관 (앞면)△隅宮北門迷△△△者四當△△△△△△△
(뒷면)~

고경희 △△△△ △△ 小△△
△隅宮北文迷 四當△△△長(?)門 △義
△者 △△ △△ 金老石

박방룡 長(?)門△△△△義 小△△金老石
△隅宮北文迷 △△△者 四當△△△ △△△△

윤선태 (앞면)向△(파손) △元方在
隅宮北文迋 隅宮北門迋
才者在 馬叱下在
(뒷면)三毛在 小巴乞在
東門迋 開義門迋
金老在

이기동 △△ △△
△隅宮北文迷 四當△△
△者 △△

이성시 △△ △△
△隅宮北文廷 閭宮文廷
△△ △△
△△ 小邑友永
大門 開義門廷
△△ 金差△

이용현 △△ △△

　　　　△隅宮北文廷　閤宮文廷

　　　　△△　△△

　　　　△△　小邑友永

　　　　大門　開義門廷

　　　　△△　金差△

보고서 (앞면)△△△△△隅宮北門迷△△△者四當△△△△△△△

　　　　(뒷면)~

김창호 (앞면)向△(파손)　△元方右

　　　　隅宮北文逆　隅宮北門逆

　　　　才者左　馬叱下左

　　　　(뒷면)三毛左　小巴乞△

　　　　東門逆　開義門逆

　　　　金老右

5) 185호 목간

　보고서　△立迷急得附(?)高城墟(?)(武?)

　이기동　立(?)迷急得隤(?)高城△正(武?)

　고경희　△立迷急得(?)高城墟(?)　(武?)墨書

　이성시　△送急使牒高城甕走

　이용현　△送急使牒高城甕(혹은　繼)走

　박방룡　△立迷急得(借)高城△正

　　　　辛△△△△△△△

　윤선태　(앞)辛[丑]△△△△△△

　　　　(뒤)△迷急使牒高城[驢]一疋

　이용현2안　△送遣使牒高城甕走

　　　　　辛審院宅△△△一品(伸)上

　윤선태 2안　△送遣使條高城醯缶

　　　　　辛審洗宅△△瓮一品仲上

이용현 최종안 △遣急使牒高城甕(繼)走

△△　△△

김창호 ① △迷急使牒高城甕正(앞면)

② 辛審洗宅△△瓮一品仲上(뒷면)

191호 목간

보고서 (앞면)△寅(?)洗宅(?) (뒷면)△審寫(?)洗宅△

이기동 (앞면)寅(?)洗宅賣(?) (뒷면)寫(?)洗宅

고경희 (앞면)△寅(?)洗宅(?) (뒷면)△審(寫?)洗宅△

박방룡 (앞면)寅(?)洗宅賣(?) (뒷면)寫(?)洗宅

이용현 (앞면)△洗宅△ (뒷면)△洗宅△

이문기 賣洗宅處 (뒷면)△賣洗宅處

김창호 (앞면)△洗宅△ (뒷면)△洗宅△

209호 목간

보고서 (앞면)洗宅묘二興四像(?)一頭△△△△△木(等?)松(?)△

(뒷면)十一月七日典(其?)壹(臺?)思林

이기동 (앞면)洗宅 묘二興四像(?)一頭(이하 5자미상)木(等?)松(?)

(뒷면)十一月七日典(其?)壹(臺?)思林

고경희 (앞면)洗宅 묘二興四像(?)一頭(이하 5자미상)木(等?)宋(?)△

(뒷면)十一月七日典(其?)壹(臺?)思林

박방룡 (앞면)洗宅 묘二興四像(?)一頭(이하 5자미상)木(等?)松(?)△

(뒷면)△△十一月七日典(其?)壹(臺?)思林

이용현 (앞면)十一月卄七日 典臺 思林

(뒷면)洗宅△二興四十一頭△△△△△木△△△

이문기 (전면)洗宅白之 二興前△子頭身沐浴△△木松茵

(좌측면)△迎△入日△了

(후면)十一月卄七日典左 思林

김창호 (전면)洗宅白之 二興四像一頭身沐浴△△木松茵
(좌측면)△迎△入日△了
(후면)十一月卄七日典△ 思林

II. 목간의 분석

182번 목간을 다시 한 번 인용하면 다음과 같다.

(제1면)寶應四年(제2면)策事(제3면)壹貳△△△

여기에서 문제가 되는 것은 策事란 말이다. 이 책사의 책을 국가행정기관의 명령으로 보고 있다.[4] 책사란 원래 일본어로 첫째로 실업대책사업, 둘째로 법령에 의거하여 국가지방자치체가 실업자의 일의 확보하기 위하여 행하는 사업이라고[5] 한다. 213번 목간에도 (앞면)策事門恩思門△△金(뒷면)策事門△△△金이라고 策事가 두 번이나 나온다. 따라서 책사는 보통 명사일 가능성이 크다. 그 뜻은 중국의 유명한 지혜로운 꾀보인 제갈 량과 같은 책사를 가리킨다.

결국 이 명문은 '보응4년(765년)에 책사 1~2인이 ~했다.'로 해석된다.

183번 목간의 전문을 다시 한 번 인용하면 다음과 같다.

김창호(앞면)△水△△△△△△入(뒷면)五十五이다.

이를 (1면)△猪水助史 第一瓷(行)一入(2면)五△△△△~으로 판독해 묵서내용으로 볼 때, 돼지고기로 식해나 젓갈 종류의 발효음식을 담은 용기에 매달아두었던 부찰로 추정된다. 이 발효음식은 삭히는데 소요

---

4) 이용현, 『한국목간 기초연구』, 2006, 262쪽.
5) 인터넷 다음에서 策事항.

되는 기간 때문에 음식을 저장했던 날짜를 부찰에 기록해두었던 것으로 보인다고 한다.6) (1면)△猪水助史 第一瓷(行)一入(2면)五△△△△~으로 읽으면 瓷자 문제가 된다. 靑瓷는 9세기 제작설과 10세기 제작설이 있는데 9세기 제작설이 옳다고 하더라도 9세기의 청자를 독처럼 크게 제작했는지도 문제이지만 그 비싼 청자를 식해나 젓갈 담는 용기로 사용했는지도 문제이다. 212번 목간의 (앞면)更子年五月十六日(뒷면)辛番猪助史缶나 222번 목간의 三月卄一日獐助史缶△는 그 판독조차 믿을 수 없다. 바다 등의 어류를 제외하고 돼지 등 동물의 젓갈을 잠그었다는 증거가 필요하다. 188번 목간의 加火魚助史三△는 내용물이 젓갈일 가능성이 크다.

184번 목간의 전문을 다시 한 번 인용하면 다음과 같다.

(앞면)天寶十載△十一月 韓舍文氵[코, 입, 눈의 그림]
(뒷면)舍舍舍舍舍 天寶十一載△△十△
  韓舍韓舍韓舍韓舍 韓舍 天寶寶缶差△

이 명문의 韓舍는 大舍로도 쓰며 경위 12관등으로 보아 왔다.7) 그런데 월지 목간에는 경위가 나온 예가 韓舍를 제외하고 단 1예도 없는 점이 이상하다. 단 1예는 항상 불안하다. 그러면 이를 가늠할 수 있는 자료를 제시하면 다음과 같다.

〈 표 1 〉 경덕왕대 화엄경사경의 인명 표기

職名	出身地名	人名	官等名
紙作人	仇叱珎兮縣	黃珎知	奈麻
經筆師	武珎伊州	阿干	奈麻

6) 국사편찬위원회 한국사데이터베이스의 안압지 목간 183호의 해설 참조.
7) 이용현, 앞의 책, 2006, 261쪽.

위와 같음	위와 같음	異純	韓舍
위와 같음	위와 같음	今毛	大舍
위와 같음	위와 같음	義七	大舍
위와 같음	위와 같음	孝赤	沙弥
위와 같음	南原京	文英	沙弥
위와 같음	위와 같음	卽曉	大舍
위와 같음	高沙夫里郡	陽純	奈麻
위와 같음	위와 같음	仁年	大舍
위와 같음	위와 같음	屎烏	大舍
위와 같음	위와 같음	仁節	畬
經心匠	大京	能吉	奈麻
위와 같음	위와 같음	亏古	奈
佛菩薩像筆師	同京	義本	韓奈麻
위와 같음	위와 같음	丁得	奈麻
위와 같음	위와 같음	夫得	舍知
위와 같음	위와 같음	豆烏	舍
經題筆師	同京	同智	大舍

　여기에서 먼저 주목되는 것은 經筆師(직명) 武珎伊州(출신지명) 阿干
(인명) 奈麻(관등명)에서 경위 제6관등인 阿干을 인명으로 사용한 점이
다. 이 阿干의 예에 따를 때, 韓舍만으로 관등명으로만 단정하기 어렵
다. 더구나 韓舍(大舍)를 舍라고 하는 예는 없고, 舍知(小舍)를 舍라고
한 것이 〈표 1〉의 豆烏 舍의 예가 있을 뿐이다. 184번 목간에서 韓
舍가 6번, 舍가 5번 나오는데 이를 舍가 韓舍의 줄임말로 볼 수는 없
다.8) 舍를 경위 12관등으로 볼 수는 없다. 인명으로 보아야 韓舍가 6

---

8) 〈표 1〉에는 韓奈麻도 나와서 韓舍의 韓을 韓舍의 줄임 관등명으로 보기도
　어렵다.

번, 舍가 5번을 쉽게 이해할 수 있다. 왜냐하면 訥祇麻立干이 449년이후로 추정되는 충주고구려비에서 寐錦忌라고 적혀있기 때문이다. 訥祇王의 뒷자인 祇자를 따와서 寐錦忌가 되었다. 韓舍도 인명으로 뒷자를따서 舍자가 되지는 않는다. 舍자는 관등명으로는 小舍(舍知)를 가리킬뿐이고, 韓舍를 가리키지 않는다. 따라서 韓舍와 舍의 공존은 인명으로볼 수밖에 없고, 韓舍(12관등)과 舍(13관등)을 동일하다고 보기 어렵다. 따라서 월지 목간에서는 관등명이 출토된 예가 없다.

186번 목간을 다시 한 번 인용해 보도록 하자.

(앞면) 向△(파손) △元方右
　　　隅宮北文迨 隅宮北門迨
　　　才者左 馬叱下左
(뒷면) 三毛左 小巴乞△
　　　東門迨 開義門迨
　　　金老右

이를 다음과 같이 판독하였다.

(앞면) 向△(파손) △元方在
　　　隅宮北文迨 隅宮北門迨
　　　才者在 馬叱下在
(뒷면) 三毛在 小巴乞在
　　　東門迨 開義門迨
　　　金老在

판독의 특징은 門 다음에 迨가 오는 것과 다른 연구자의 판독에서는 없던 在가 나오는 점이다. 迨자 판독은 타당하나 在만이 초서로 해석하기는 어려워서 左右로 읽는 가설이 따른다.[9] 左右로 읽어도 문의 파수병설은 타당하기 때문이다.

185호 목간을 해석하면 '△迷가 急使牒을 高城의 壅正에게 내렸는데, 辛番(審)洗宅에 △△瓷 一品 곧 仲上(品)을 가져오라.'는 것이다. △△瓷은 △△가 들어있는 瓷[독]을 말하는 것이다. 곧 △△瓷을 1品(仲上品)을 가져 오라는 것이다.

191호 목간은 해석이 불가능하다.

209호 목간은 어느 정도 해석이 가능하다. '洗宅이 두 담당자에게 아룁니다. 어떤 동물의 네 마리 새끼의 머리와 몸을 물로 씻어서 소나무로 만든 목제 깔개 위에 놓아서 받아들인 날에 마쳤습니다. 11월 29일 典△ 思林'가 될 것이다. 여기에서 典△과 思林은 인명이다.

Ⅲ. 월지 출토 목간의 신분 계층

골품제는 骨品, 즉 개인의 血統의 높고 낮음에 따라 정치적인 출세는 물론, 혼인, 가옥의 규모, 의복의 빛깔, 우마차의 장식에 이르기까지 사회생활 전반에 걸쳐 여러 가지 특권과 제약이 가해졌다. 세습적인 성격이나 제도 자체의 엄격성으로 보아, 흔히 인도의 Caste制와 비교되고 있다.

신라 골품제는 성골, 진골, 6두품(득난), 5두품, 4두품이 있다. 낭혜화상비에 다음과 같은 구절이 나온다. 이에 대한 다양한 해석 방법이 제기되고 있으나10) 다음과 같이 해석한다.

父範淸, 族降眞骨一等 曰得難. 國有五品 曰聖而 曰眞骨, 曰得難, 言貴姓之難得. 文賦云 或求易而得難從言, 六頭品數多, 爲貴

---

9) 이문기, 「안압지 출토 목간으로 본 신라의 궁정업무-궁중잡역의 수행과 궁정경비 관련 목간을 중심으로-」『한국고대사연구』39, 2005, 194쪽.
10) 김창호, 「신라 무염화상비의 득난조 해석과 건비 연대」『신라문화』22, 2003 참조.

266　韓國 古代 木簡

猶一命至九 其四五品不足言.

　　낭혜화상의 아버지인 범청이 진골에서 족강 1등하여 득난이 되었다.11) 나라에 5품이12) 있었다. 성이(성골)라고 하고, 진골이라고 하고, 득난이라고 한다. (聖而·眞骨·得難의) 귀성은 어렵게 얻음을 말한다. 『文賦』에13) 이르기를 혹 쉬운 것을 찾되 어려운 것은 얻는다. 종래 말하기를 6두품의 數가 많아서 貴하게 되는 것은 一命(伊伐干)에서 九命(級伐干)까지이고,14) 그 4·5두품은 足히 말할 바가 못 된다.

　　골품제가 성골, 진골, 6두품, 5두품, 4두품까지만 있고, 1~3두품은 없다. 그래서 골품제의 형성 초기에는 3두품, 2두품, 1두품도 있다고 보았다. 그런데 중성리비(441년)와 냉수리비(443년)에서는 진골과 4두품에 해당되는 관등도 없어서 문제가 된다.15) 바꾸어 말하면 5세기 중엽까지는 3두품, 2두품, 1두품이 없었다는 이야기가 된다. 더구나 낭혜화상비 득난조에는 國有五品이라고 해서 五品을 성이, 진골, 득난(6두품), 5두품, 4두품만 언급하고 있을 뿐, 3두품·2두품·1두품에 대해서는 언급이 없다. 따라서 1두품·2두품·3두품은 본래부터 있다가 없어진 것이 아니고 본래부터 없었다고 사료된다.

　　골품제와 관등제와의 관계는 성골은 왕족으로 17관등을 초월하여 어느 관등에도 오르는 것이 가능하지만 아직까지 성골이 관등에 진출했다는 증거는 없다. 진골만이 할 수 있는 관등은 이벌찬(1관등), 이찬(2관등), 잡찬(3관등), 파진찬(4관등), 대아찬(5관등)까지이고, 진골과 6

---

11) 학계에서는 김헌창 난에 연루되어 득난으로 족강한 것으로 해석하고 있다.
12) 聖而, 眞骨, 六頭品(得難), 五頭品, 四頭品을 가리킨다.
13) 중국 西晉때 陸機가 글짓기에 대해 읊은 賦. 文은 古文을 가리킨다.
14) 이에 대해서는 김창호, 앞의 논문, 2003 참조.
15) 중성리비(441년), 냉수리비(443년)에는 軍主가 등장하지 않고, 봉평비(524년), 적성비(545년이나 그 직전), 창녕비(561년), 북한산비(561~568년), 마운령비(568년), 황초령비(568년)의 6세기 비에는 반드시 군주가 등장하고 있다. 그래서 냉수리비를 503년으로 보면, 군주의 유무가 21년밖에 차이가 없어서 문제가 된다.

두품이 할 수 있는 관등은 아찬(6관등), 일길찬(7관등), 사찬(8관등), 급벌찬(9관등)까지이고, 진골과 6두품과 5두품이 할 수 있는 관등은 대나마(10관등), 나마(11관등)이고, 진골과 6두품과 5두품과 4두품이 할 수 있는 관등은 대사(12관등), 사지(13관등), 길사(14관등), 대오(15관등), 소오(16관등), 조위(17관등)이다.

聖骨에 대해서는 실재설 보다는 추존설이 유력하였다.16) 聖骨은 성골이라고 표기하지 않고, 聖而라고 표기하고 있다. 그 뒤에 알려진 535년에 작성된 울주 천전리서석 을묘명에 乙卯年八月四日聖法興太王節이란 구절이 나온다. 이 聖을 聖而와 같은 것으로 본 가설이 있다.17) 그렇다면 성골의 실존설을 무시할 수 없게 되었다. 이러한 聖자는 7세기 전반에18) 조성된 선도산아미타삼존불상의 관세음보살상의19) 등에도 있다.20) 따라서 聖=聖而일 가능성이 있어서 성골이 실재했던 것으로 보아야 할 것이다. 성골은21) 『삼국유사』, 왕력에 따르면, 법흥왕, 진흥왕, 진지왕, 진평왕, 선덕여왕, 진덕여왕의 6왕이다.

중성리비(441년)와 냉수리비(443년)에서는 一伐干(1), 伊干(2), 迊干(3), 波珍干(3), 大阿干(4)에 해당되는 진골 관등과 大舍(12), 舍知(13), 吉士(14), 大鳥(15), 小鳥(16), 造位(17)에 해당되는 4두품 관등이 나오지 않고 있다. 진골과 4두품에 해당되는 관등명이 없어서인지 아니면 관등명은 있었는데 임용할만한 사람이 없어서인지 잘 알 수가 없다. 6두품과 5두품에 해당되는 관등명이 중성리비와 냉수리비에서는 모두

---

16) 武田幸男,「新羅の骨品體制社會」『歷史學硏究』299, 1965.
17) 이종욱,「신라 중고 시대의 성골」『진단학보』59, 1980.
18) 국립경주박물관,『신라와전』, 2000, 117쪽의 연화문숫막새 참조. 연판의 가운데에 줄을 넣어서 2분한 연화문숫막새의 편년은 7세기 전반이다.
19) 관세음보살상의 聖자가 성골을 가리킨다면 신라에서 성골 왕이 끝나는 654년이 선도산마애아미타삼존불상의 하한이다. 따라서 선도산삼존불상의 편년은 聖자에 의해 7세기 전반으로 볼 수가 있다.
20) 김창호,「경주 불상 2예에 대한 이설」『한국 고대 불교고고학의 연구』, 2007, 333쪽.
21) 성골에는 탁부와 사탁부의 지배자가 모두 성골이었는데, 사탁부인 왕비족 쪽에서 먼저 대가 끊어져 성골이 없어진 것으로 본다.

나오고 있는 것으로 보아서 전자를 취해 중성리비와 냉수리비 단계에서는 아직까지 진골이나 4두품에 해당되는 관등은 없었다고 본다.

신라 6부에는 왕족인 탁부, 왕비족인 사탁부, 제3세력인 본피부가22) 있고, 그 보다 세력이 약한 부로 모탁부, 한지부,23) 습비부가24)

---

22) 본피부의 위치는 새로 설정해야 된다. 고신라 금석문에서 인명표기가 10여명이 나와서 탁부와 사탁부의 다음을 차지하고 있다. 그래서 탁부와 사탁부의 무덤이 있던 곳은 황오리, 황남동, 로서리, 로동리 등의 읍남고분군이고, 본피부의 무덤은 건천 모량리에 있는 적석목곽묘라고 생각된다. 종래에는 모량리라는 지명과 모량부가 왕비족으로 보아서 모량부의 무덤으로 보아 왔다. 모량리는 왕비족도 아니라서 모량리의 무덤의 주인공이 될 수가 없고 본피부의 무덤으로 판단된다.

23) 다경기와요에서는 漢只명 또는 漢명 기와가 나온 것으로 추정되고 있다. 망성리 기와요지에서 나온 習部명 등의 기와 명문과 함께 월지와 동궁의 기와로 사용되었는데 그 숫자는 각 부의 전체 기와가 1/100 정도밖에 되지 못한다. 그래서 그 사용처가 100장 또는 200장의 기와를 나타내는데 사용했을 것이다.

24) 습비부는 망성리 가와 요지에서 680년경에 습비명 등 기와를 생산했고, 679년에는 儀鳳四年皆土란 기와를 생산했다. 儀鳳四年皆土명기와는 儀鳳四年皆土(679년)명기와의 皆土의 土를 全土나 國土의 의미로 보아서 率土皆我國家로 의미로 해석하거나, 679년을 실질적인 신라의 통일 연대로 보거나, 年月日이 모두 음양오행의 土인 때를 가리키는 것으로 보거나, 儀鳳四年皆土를 納音五行(年土·月土·日土인 때)으로 보거나, 모두 아울렀으니 우리 땅이 되었다로 皆土를 해석하고 나서 儀鳳四年皆土는 백제를 포함하는 땅을 모두 아울렀다는 의식의 표현이라고 보고 있으나, 儀鳳四年皆土는 679년에는 다 (기와의) 흙이다로도 해석된다. 그래서 다경 와요지 등에서 출토된 기와의 중요성을 통일신라에서는 부각시키고 있다. 다경 와요지(한지부)와 망성리 요지(습부)야말로 신라의 대규모 본격적인 기와 생산에 획을 그었다. 그러한 자신감을 儀鳳四年皆土라고 기와에 박자로 찍어서 생산한 것으로 판단된다. 儀鳳四年皆土은 기와에 있어서 신라인의 자긍심을 나타내는 것이다. 이를 率土皆我國家 등의 정치적으로나 納音五行 등으로 풀이하는 것은 문제가 있는 듯하다. 기와 명문은 기와 내에서 풀어야 되기 때문이다. 이 기와는 신식단판으로 된 확실한 기와로 유명하다. 儀鳳四年皆土를 해석하는 다른 방법은 儀鳳四年(679년)에 皆土를 제외총감독으로 보아서 皆土를 인명으로 보는 방법이다. 이렇게 인명으로 보는 해석 방법이 보다 타당성이 있는 듯하다. 왜냐하면 삼국시대나 통일신라시대에 있어서 연간지나 연호 뒤에 오는 기와 명문에서 단어에 인명이 포함되지 않는 예가 없기 때문이다. 곧 儀鳳四年皆土의 皆土가 어떤 방법으로 해도 해석이 되지 않아서 인명으로 보면 완벽하게 해석이 가능하다. 儀鳳四年皆土은 제외총감독의 인명을 기록

있었다. 종래 학계에서는 중고 왕실하면 탁부를 왕족, 모탁부를 왕비

하여 제와의 책임을 지게 한 기와이다. 망성리기와요에서 習部명기와와 儀鳳四年皆土명기와가 나오는 것으로 알려졌는데 그 기와의 생산량이 너무 많아서 망성리기와요 이외에 儀鳳四年皆土명기와를 생산하는 다른 窯가 있었지 않나 추측하는 바이다. 그래서 나정에서 나온 左書를 포함하여 5가지의 拍子가 있는 것으로 보아 더욱 그러하다.

또 습비부의 기와 요지는 망성리이므로 전 신라에서 가장 유명한 와요지이다. 월지와 동궁에 납부한 습부 기와도 있다. 탁부, 사탁부, 본피부, 모탁부의 기와 요지가 없는 것은 이상하다. 이들 4부의 기와 요지도 발견될 것이다. 망성리와요지에서 習명, 習部명, 習府명, 井마크가 儀鳳四年皆土명기와와는 공반하지 않았다. 곧 儀鳳四年皆土명기와에는 習명, 習部명, 習府명, 井마크가 함께 새기지 않고 있다. 儀鳳四年皆土명기와는 탁부나 사탁부가 감당할 수 있고, 습비부만으로는 감당할 수도 없을 것이다. 儀鳳四年皆土명기와는 왕족인 탁부나 왕비족인 사탁부가 생산한 것으로 해석해야 될 것이다. 신라 기와는 도입 초에 암막새처럼 생긴 기와가 瓦形寶器나 瓦形儀器로 나온다. 이는 기와의 중요성을 탁부나 사탁부에서도 충분히 감지하고 있었다. 그렇게 중요하고 통치의 수단으로 지방이나 중앙 귀족 등에 기와의 분여를 할 수 있는 탁부와 사탁부가 기와를 만들지 않았다는 것은 이해할 수가 없다. 기와집은 왕궁, 궁궐, 사원, 귀족집, 지방 관아 등 권위를 나타내는 건물에 사용된다. 이러한 권위를 나타내는 건물의 축조야말로 왕족과 왕비족의 전유물이다. 따라서 탁부와 사탁부도 기와를 만들었다고 판단된다. 특히 儀鳳四年皆土명기와는 습비부의 전유물이 아니라고 판단된다. 습비부를 儀鳳四年皆土명기와를 생산한 것으로 본 것은 잘못이고, 탁부와 사탁부에서 만들었을 것이다. 儀鳳四年皆土명기와에는 습비부를 나타내주는 習部명이나 習府명이나 井의 마크가 없다. 문무대왕이 죽기 2년전에 만들어진 儀鳳四年皆土명기와는 당대 최고의 기와로 내남면 망성리기와 가마터, 사천왕사지, 인왕동절터, 국립경주박물관 부지, 월지, 월성 및 해자, 첨성대, 나원리 절터, 칠불암, 선덕여고 부지, 동천동 택지 유적, 나정 등 경주 분지 전역에서 출토되고 있어서 679년에만 儀鳳四年皆土명기와를 만들었다고 볼 수가 없다. 기와는 와범만 있으면 후대에도 얼마든지 조와가 가능하다. 景辰年五月廿日法得書에서 연월일 다음에 인명(法得)이 옴을 밝혀주는 자료이다. 法得은 製瓦 제작자나 감독자로 판단된다. 이 기와는 신라 기와의 원통 기와의 원향이 백제임을 밝혀주는 자료이다. 이 자료에 따르면 656년(景辰年=丙辰年)에 확실한 장판 기와가 있어서 신라에서 고식 단판은 6세기 전반에서 7세기 전반, 신식 단판은 7세기 후반, 중판은 7세기 후반~8세기, 9~10세기 장판이고, 경주에서 중판은 7세기 후반에서 9·10세기까지이기 때문에 문제가 생긴다. 왜냐하면 656년은 경주에서 완벽한 고식단판 기와의 시대이고, 656년은 경주 이외의 지역에서는 단판 기와의 시기이기 때문이다.

족으로 보아 왔다. 이는 잘못된 것으로 고신라 국가 차원의 금석문에 나오는 인명표기의 숫자에 모탁부는 단 1명도 없다. 따라서 고신라의 중고 시대 왕비족은 모탁부가 아닌 사탁부이다. 최근에는 왕족을 탁부와 사탁부로 보기도 하나 이는 잘못된 것으로 왕족은 탁부밖에 없고, 왕비족도 사탁부밖에 없다.

신라의 신분 제도 때문에 더 이상 올라갈 수 없는 예인 重官等制가 금석문에 나오는 예로는 重阿湌金志誠(719년, 감산사미륵보살조상기)와 重阿湌金志全(720년, 감산사아미타여래조상기)가 유명하다. 重阿湌金志誠과 重阿湌金志全은 동일인이다. 6두품으로 6관등인 阿湌에서 더 이상 올라가지 못하고 重阿湌이 되어 중관등에 머물렀다.25) 또 창녕비의 大等沙喙屈珍智大一伐干이 있다. 제1관등인 一伐干에서 중관등인 大一伐干이 받았다. 창녕비에 나오는 大等沙喙屈珍智大一伐干에 대해서는 더 이상 아는 것이 없다. 그가 沙喙部 출신이라서 그런지 喙部 출신인 異斯夫와 喙部 출신인 居柒夫와는 달리 문헌에 등장하지도 않고, 열전에도 없다. 또 竅興寺鐘銘(856년)에 上村主三重沙干堯王이란 인명표기가 있으나 사간에도 중관등제가 실시되었으나 그 상세한 것은 알 수 없다.

신라에 있어서 골품제와 6부와의 관계는 다음과 같다. 왕족인 탁부와 왕비족인 사탁부에는 성골이 있고, 탁부와 사탁부에는 진골도 있다. 탁부, 사탁부, 본피부에는 6두품이 있고, 탁부, 사탁부, 본피부, 모탁부, 한지부, 습비부에는 5두품이 있고, 탁부, 사탁부, 본피부, 모탁부, 한지부, 습비부에는 4두품이 있고, 탁부, 사탁부, 본피부, 모탁부, 한지부, 습비부에는 평민이 있고, 탁부, 사탁부, 본피부, 모탁부, 한지부, 습비부에는 노예가 각각 있었다. 금석문에 나오는 관등명과 낭혜

---

25) 六頭品이란 용어는 754~755년 사이에 만들어진 신라화엄경사경 六頭品 父吉得阿湌이라고 나온다. 經題筆師同京同智大舍가 그의 아들로 보이는데 그도 바로 6두품이다. 신라화엄경사경에서는 만드는 데에는 직접 참여하지 않고 6두품이라고만 명기하고 있어서, 6두품은 吉得阿湌의 부자뿐으로 판단된다. 그래서 6두품이라고 별도로 써서 아버지임을 밝히고 있다.

화상비 득난조에 의거할 때 탁부와 사탁부는 부족장이 성골, 진골, 본 피부는 그 부족장이 6두품, 모탁부, 습비부, 한지부는 그 부족장은 5 두품으로 6두품도 아니라고 판단된다. 혹자는 망성리요지를 습비부의 근거지로, 다경요지를 한지부의 근거지로 각각 보고 있으나 어디까지 나 작업장으로서 요지일 뿐이지 습비부와 한지부의 위치와는 관계가 없다. 습비부와 한지부도 경주 분지에서 활약했다고 판단된다. 경주 분지의 북천, 남천, 서천보다 살기 좋은 곳은 없을 것이고, 월성이란 토성도 방어에 중요한 몫을 하여서 6부인들이 살기에 안성맞춤이었 다.26)

　신라사에서 가장 큰 변화의 선을 긋는 시기는 530년경이다. 이때에 는 太王制가 채택되어 사용되기 시작했고, 고비용의 적석목곽묘 대신 에 저비용의 횡혈식석실분을 사용했다.27) 그래서 이때를 제1차 고대 국가 완성기라 부른다. 제2차 고대국가 완성기는 영남 지방에 기와가 보급되는 7세기 전반이다. 530년경을 기점으로 제의 중심의 제정일치 사회가 정치는 太王이, 제사는 제사장이 맡은 제정분리의 사회가 되었 다.28) 이렇게 태왕제의 채택과 횡혈식석실분을 사용한 최초의 임금인 법흥왕 때부터를 성골 시대라 부르는 것은 우연의 일치가 아닐 것이 다. 법흥왕릉에 대해 알아보자. 태종무열왕릉의 뒤에 4왕릉이 있는데, 위에서부터 아래로 각각 제1호에서 제4호까지로 부르고 있다. 1호묘 가 법흥왕 부부무덤, 2호묘가 立宗葛文王과 只召太后의 무덤,29) 3호묘

---

26) 신라의 수도였던 경주에는 남천, 서천, 북천이 있어서 물에서부터 농사를 짓거 나 식수로부터 자유롭고, 반월성이 있어서 수비에 용이하고, 황남동·황오리·노 동동·노서동·인왕동 등에 걸쳐서 소재한 읍남고분군이 있어서 3박자를 두루 갖추고 있었다. 이를 두루 갖춘 곳으로는 대구의 달성 공원, 신천 지류, 내당· 비산동 고분군이 있다.
27) 대가야 등 가야 세력이 금석문 자료로 보면 고대국가의 문턱에 들어섰으나 고 비용의 수혈식석곽묘를 계속 사용했기 때문에 완벽한 고대국가가 되는데 실패 하고, 신라의 경쟁에서 실패해 점령을 당했다.
28) 김창호, 「한국 신석기시대 토착 신앙 문제」 『한국신석기연구』 12, 2006.
29) 이 두 사람의 왕릉설은 지금까지 한 번도 제기된 바 없이 지금까지 나온 4왕릉

가 진흥왕 부부무덤, 4호묘가 진지왕 부부무덤으로 판단된다.

월지 출토 목간에는 인명은 나오고 있지만 관등명이 없듯이 延嘉七年金銅如來立像(479년) 등 고구려 7기의 불상조상기에는 인명은 나오나 관등명이 없다. 이를 해석하면 관등명을 가진 사람이 없어서 기록할 수 없을 것이다. 이 점은 월지 출토 목간에서 관등명이 없는 것과 꼭 같다. 7기의 불상 조상기에서 인명표기에 관등명이 없이 인명표기만 기재되는 이유가 궁금하다. 불교를 도입한 계층이 모두 평민일 수는 없다. 연가7년명금동여래입상에 僧演徒卌人共造[30] 곧 승연의 무리인 40인이 함께 만들었다라고 되어 있기 때문이다.

이러한 신분 제도인 골품제 아래에서의 신분제는 그 구분이 엄격했다. 가옥의 크기나 기와의 사용까지도 제한을 두고 있다. 골품에 따라 관제의 등용에 제한되는 것은 당연한 이치였다. 그런데 8세기 3/4분기의 월지 목간에는 관등을 가진 목간이 단 1점도 없다. 文翰 기구의

에 관한 중요한 학설은 다음과 같다. 1호분은 진흥왕릉(김정희), 법흥왕릉(강인구), 진지왕릉(이근직), 진흥왕비릉(김용성), 법흥왕릉(최민희), 2호분은 진지왕릉설(김정희), 진흥왕릉설(강인구), 진흥왕릉설(이근직), 진지왕릉설(김용성), 진흥왕릉설(최민희) 등이 제기되었다. 3호분은 문성왕릉(김정희), 진지왕릉(강인구), 법흥왕비인 보도부인(이근직), 진흥왕릉설(김용성), 진흥왕비인 사도부인설(최민희), 4호분은 헌안왕릉(김정희), 문흥왕릉(강인구), 법흥왕릉(이근직), 법흥왕릉(김용성), 진지왕릉(최민희) 등이 나와 있다. 입종갈문왕의 비가 문헌에서는 只召太后이므로 立宗葛文王은 왕으로 추존되었을 가능성도 있으나 문헌에는 그러한 사실이 나오지 않고 있다.

30) 승려인 僧演의 무리 40인이면, 전부를 평민으로 보기가 어렵지만 어떻게 된 연유인지 관등명을 가진 인명은 나오지 않고 있다. 또 四十을 卌으로 쓰는 것은 광개토태왕비(414년) 1예, 백제 쌍북리 구구단 목간에서 5예, 695년의 신라 둔전문서에서 卌의 예가 두 번 있고, 영천청제비 정원14년비(798년) 1예과 함께 10예가 있다. 卌을 四十으로 표기한 예는 없다. 그래서 합천대가야비의 辛亥年△月五日而△村四十干支의 四十干支를 471년 또는 531년의 대가야 왕경과 지방의 干支(족장)으로 해석하는 것은 문제가 있다. 대가야비는 四十을 卌으로 쓰지 않는 유일한 예가 되기 때문이다. 따라서 辛亥年△月五日而△村四干支로 판독해 4명의 왕경의 干支가 모인 것으로 풀이하고, 국왕도 干支로 불리었다고 해석해야 될 것이다.

洗宅 관청이 나옴에도 불구하고 관등을 가진 자는 단 1명도 없다. 이 점은 월지 목간 연구자에 의해 간과되어 왔다. 8세기 3/4분기는 신라 전성 시기로 관등 체제가 무너진 사회는 아니었고, 전성을 구가해서 안정된 시기였다. 특히 洗宅이 3목간 4개의 예가 있는 데에도 불구하고 인명도 있어도 관등명이 없다. 월지 목간은 총 46점 가운데 글자가 있는 35점이 있는 데에도 관등이 없다. 인명이 나오지 않는 것도 아닌 데에도 불구하고 관등명이 없다. 그 까닭이 궁금하다. 지금까지 東宮유적과 月池유적을 세자의 궁궐과 관련되어 연구되어 왔음에도 불구하고 인명에 관등이 없는 예에 대해서는 고려하지 않았다.

인명 표기에 있어서 관등명이 없으면 거기에 나오는 인명이 적어도 4두품도 아닌 평민이나 노예로 보아야 한다. 당시 진골, 6두품, 5두품, 4두품은 실재하고 있던 시기였으므로 이들이 목간에 등장했다면 신분을 나타내는 관등명도 등장했을 것이다. 월지 목간에는 그러한 예가 없다. 그저 인명의 등장이 고작이다. 이렇게 관등명이 없는 인명을 평민이나 노예로 보면 월지 목간에는 평민이나 노예만이 등장한 것으로 해석된다. 평민이나 노예만이 등장하는 이유가 궁금하다. 신라 화랑도처럼[31] 골품제의 완충제 역할을 한 것으로 볼 수가 있을 것이다.

○ 맺음말

먼저 월지 목간 7예를 선학들의 판독을 서로 대비하여 그 판독문을 제시하였다.

다음으로 7예의 월지 목간을 전문을 가능한 한 해석하였다. 특히 184번 목간에 나오는 韓舍를 관등명이 아닌 인명으로 본 것은 조그마한 수확이다.

---

31) 이기동, 『신라 골품제사회와 화랑도』, 일조각, 1984.

다음으로 洗宅을 비롯한 월지 목간 35점에는 관등명이 없다. 그 이유가 궁금하다. 관등명이 나오지 않는 이유를 그 신분이 평민이나 노예이기 때문으로 골품제에 있어서 평민과 노예의 궁정 생활은 완충지대 역할을 한 것으로 보인다.

제3절 월지 출토 185호 목간의 해석

○ 머리말

월지에서 발굴 조사된 목간은 1975년으로 우리나라 최초의 것이다. 목간은 洗宅을 중심으로 文翰機構가 연구되었다.[1] 8세기 신라 전성기의 목간으로 天寶와 寶應 등의 중국 연호와 乙巳年, 庚子年, 甲寅年, 甲辰年 등의 연간지로 증명이 가능하다. 월지에서는 8세기의 목간이 나오고, 월성해자에서는 고신라의 목간만 나오는 점은 주목된다. 월성 주위에서 후삼국기의 在城명 기와가 나오는 점도 주목된다. 통일 신라 때 왕궁이 월성이 아니고, 전랑지일 가능성도 있다. 왜냐하면 월성이나 월성에서 첨성대까지의 유적에서 단일 건물지로서 전랑지보다 큰 건물이 발견된 바 없기 때문이다.

월성 목간은 최초의 보고된 이래 그 내용이 전혀 달리 해석한 것으로 월지 출토 185호 목간을 들 수 있다. 자유로운 연구야말로 월지 목간 연구의 기초가 될 것이다.

그러나 목간의 판독에서 지나친 추독은 목간의 정확한 연구에서 도리어 멀게 만든다. 목간의 연구에서 중요한 기초 작업은 판독의 정확성이다. 그 다음이 정확한 해석이다. 판독과 해석을 중시하게 185호 목간을 분석하였다.

여기에서는 먼저 월지 185호 목간의 20자 가운데 문제시되어 온 글자를 중심으로 판독하겠고, 다음으로 목간의 연대를 살펴보겠고, 그 다음으로 목간의 인명을 분석하겠고, 마지막으로 목간을 해석하겠다.

---

1) 이기동, 「안압지에서 출토된 신라 목간에 대하여」『경북사학』 1, 1979.

Ⅰ. 목간의 판독

월지 출토 185호 목간의 판독에 대해서는 다양한 가설이 나와 있다. 우선 그 판독에 관한 견해부터 일별해 보기로 하자.

1) 보고서 △立迷急得附(?)高城墟(?)(武?)

2) 이기동 立(?)迷急得隋(?)高城△正(武?)

3) 고경희 △立迷急得(?)高城墟(?) (武?)墨書

4) 이성시 △送急使牒高城壅走

5) 이용현 △送急使牒高城壅(혹은 繼)走

6) 박방룡 △立迷急得(借)高城△正

   辛△△△△△△△

7) 윤선태 (앞)辛[丑]△△△△△△ (뒤)△迷急使牒高城[驢]一疋

8) 이용현2안 △送遣使牒高城壅走

   辛審院宅△△△一品(伸)上

9) 윤선태 2안 △送遣使條高城醯缶

   辛審洗宅△△瓮一品仲上

9) 이용현 최종안 △遣急使牒高城壅(繼)走

   △△ △△

9) 김창호 ① △迷急使牒高城壅正(앞면)

   ② 辛審洗宅△△瓮一品仲上(뒷면)

제①행 1번째 글자는 파실되어 읽을 수 없다. 제①행 2번째 글자는
迷자[2] 또는 送자로[3] 遣자로[4] 읽고 있으나 자형 자체는 迷자이므로

---

2) 문화공보부 문화재관리국, 『안압지』, 1978.
   이기동, 「안압지에서 출토된 신라목간에 대하여」, 『경북사학』 1, 1979.
   고경희, 「신라월지출토재명유물에 대한 명문연구」, 동아대학교 석사논문, 1993.
   박방룡, 『문자로 본 신라』, 2002.
   윤선태, 「신라의 문서행정과 목간-牒式문서를 중심으로-」, 『강좌 한국고대사』, 2002.
3) 이성시, 「韓國出土の木簡について」, 『木簡研究』 19, 1997.

迷자로 읽는다. 제①행 4번째 글자는 得자5) 또는 使자로6) 읽고 있으나 문의로 볼 때 使자가 옳다. 제①행 5번째 글자는 附자7) 또는 隋자8) 또는 條자9) 또는 牒자로10) 읽고 있으나 牒자가 옳다. 제①행 8번째 글자는 墟자11) 또는 甕자12) 醢자13) 또는 驢자로14) 읽고 있으나 자획에 따라 甕자로 읽는다. 제①행 9번째 글자는 乏자15) 또는 缶자16) 또는 走자로17) 읽고 있으나 자형은 乏자이므로 乏자로 읽는

_____

　　이용현,「統一新羅の傳達體系と北海通」『朝鮮學報』171, 1999.
　　국사편찬위원회 한국사데이터베이스에 실린 윤선태의 견해.
4) 이용현, 앞의 논문, 1999. 이러한 판독은 너무나도 의욕적인 판독이다.
5) 문화공보부 문화재관리국, 앞의 책, 1978.
　　이기동, 앞의 논문, 1979.
　　고경희, 앞의 논문, 1993.
　　박방룡, 앞의 논문, 2002에서는 得(借)으로 보고 있다.
6) 이성시, 앞의 논문, 1997.
　　이용현, 앞의 논문, 1999.
　　윤선태, 앞의 논문, 2002.
7) 문화공보부 문화재관리국, 앞의 책, 1978.
　　고경희, 앞의 논문, 1993.
8) 이기동, 앞의 논문, 1979.
9) 박방룡, 앞의 책, 2002.
10) 이성시, 앞의 논문, 1997.
　　 이용현, 앞의 논문, 1999.
　　 윤선태, 앞의 논문, 2002.
11) 문화공보부 문화재관리국, 앞의 책, 1978.
　　 고경희, 앞의 논문, 1993.
12) 이성시, 앞의 논문, 1997.
　　 이용현, 앞의 논문, 1999.
13) 국사편찬위원회 한국사데이터베이스에 실린 윤선태의 견해.
14) 윤선태, 앞의 논문, 2002.
15) 문화공보부 문화재관리국, 앞의 책, 1978.
　　 이기동, 앞의 논문, 1997.
　　 고경희, 앞의 논문, 1993.
　　 박방룡, 앞의 책, 2002.
16) 국사편찬위원회 한국사데이터베이스에 실린 윤선태의 견해.
17) 이성시, 앞의 논문, 1997.
　　 이용현, 앞의 논문, 1999.

다.[18]

　제②행 7번 글자는 瓮자로 읽고[19] 있어서 瓮자가 타당하다. 제②행 8번째 글자는 驢자[20] 또는 醯자[21] 또는 瓮자로 읽고[22] 있어서 瓮자설에 따른다. 제②행 10번째 글자는 伸자로 읽고 있으나[23] 仲자이다.[24]

II. 묵서의 연대

　월지 목간의 연대에 대해서는 선학들의 연구가 있다.[25] 월지 목간에 나오는 연간지는 天寶十載(751년), 寶應四年(765년), 更子年, 甲辰年, 乙巳年, 甲寅年 등과 天寶와 寶應이 들어가 있는 목간과 월지 조성 과정을 검토하여 이들 목간이 경덕왕10년(751년)부터 혜공왕9년(774년)의 23년 사이라고 보았다.

　묵서의 뒷면에는 洗宅이[26] 나온다. 辛審洗宅은 龍王의 文翰機構를 의미한다. 세택이라고 불리던 시기는 759년(경덕왕18년 정월)이전, 그리고 776년(혜공왕12년 정월)에서 9세기 중엽(855년 ~872년) 사이의 두 차례라고 보았다.[27]

---

18) 이 正자는 월지 5호 목간에도 나와서 走자나 缶자로 볼 수 없고, 正자가 틀림없다.
19) 윤선태의 제2안.
20) 윤선태, 앞의 논문, 2002.
21) 윤선태의 제2안.
22) 윤선태의 제2안.
23) 이용현, 앞의 논문, 1999.
24) 윤선태, 앞의 논문, 2002.
25) 이기동, 앞의 논문, 1997.
　　이용현, 『한국목간 기초연구』, 2006, 284~285쪽.
26) 洗宅은 東宮의 侍從 및 祕書·文筆을 담당하는 文翰機構이다.
27) 이용현, 앞의 책, 2006, 238쪽에서 월지 7호 목간의 乙巳年正月十九日△日宋(?)을 己巳年正月十九日仲日△(앞면) 熟(瓜)十八△로 읽고 있다. 왜냐하면 乙巳年으로 읽으면 765년이 되고, 己巳年으로 읽으면 789년이 되기 때문이다. 乙巳年으로 글자가 있는 그대로 판독해도 연대 설정에 문제가 없다.

월지 출토 목간 중에서 연호 또는 연간지가 있는 6점은 751년(경덕왕10년)에서 774년(혜공왕9년)사이의 것이다. 세택이 나온 연대 설정과 대비하면 서로 겹치는 8세기 3/4분기로 볼 수가 있다.

Ⅲ. 목간의 인명

목간의 인명을 조사하기 위해 월지 출토 185호 목간의 전문을 다시 한 번 제시하면 다음과 같다.

△迷急使牒高城甕正(앞면)
辛審洗宅△△瓮一品仲上(뒷면)

△迷와 甕正는 해석이 되지 않으므로 인명으로 보인다. 8세기 3/4분기의 인명을 살펴보기 위해 관계 자료를 제시하면 다음과 같다.

『삼국유사』, 탑상4, 분황사약사조는 신라 경덕왕14년(755년)의 기록이다.[28] 여기에 나오는 匠人本彼部强古乃末의 경우는 전형적인 고신라 인명 표기와 마찬가지로 직명+부명+인명+관등의 순서를 지키고 있다. 이는 아마도 금석문에서 그대로 전사된 고식의 잔재로 보인다.

경덕왕대 화엄경사경은 문두의 天寶十三載甲午八月一日初乙未載二月十四日이란 구절로 보면 경덕왕13년(754년)에서 경덕왕14년(755년) 사이에 만들어진 것을 알 수 있다.[29] 우선 이 사경의 인명 표기를 알기 쉽게 도시하면 〈표 3〉과 같다.

---

28) 이재호역주, 『삼국유사』 2, 1969, 69쪽.
29) 문명대, 「신라화엄경사경과 그 변상도의 연구-사경 변상도 연구(1)-」 『한국학보』 14, 1979, 32쪽.

<表 3> 경덕왕대 화엄경사경의 인명 표기

職名	出身地名	人名	官等名
紙作人	仇叱珎兮縣	黃珎知	奈麻
經筆師	武珎伊州	阿干	奈麻
위와 같음	위와 같음	異純	韓舍
위와 같음	위와 같음	今毛	大舍
위와 같음	위와 같음	義七	大舍
위와 같음	위와 같음	孝赤	沙弥
위와 같음	南原京	文英	沙弥
위와 같음	위와 같음	卽曉	奢
위와 같음	高沙夫里郡	陽純	奈麻
위와 같음	위와 같음	仁年	大舍
위와 같음	위와 같음	屎烏	大舍
위와 같음	위와 같음	仁節	奢
經心匠	大京	能吉	奈麻
위와 같음	위와 같음	亐古	奈
佛菩薩像筆師	同京	義本	韓奈麻
위와 같음	위와 같음	丁得	奈麻
위와 같음	위와 같음	夫得	舍知
위와 같음	위와 같음	豆烏	舍
經題筆師	同京	同智	大舍

위의 인명 표기에서 보면 성이 없이 이름만 두자로 되어 있다. 같은 8세기 3/4분기에 있어서 인명이 모두 두 글자이다. 이 목간에 나와서 해석이 안되는 △迷와 甕正은 인명으로 보인다.[30]

다음 高城은 신라 동북 변경 지대에 있는데,[31] 지금의 강원도 고성

---

30) 월지 목간 50점에서 관등이 나오는 것은 없다.

이다. 신라 수도였던 大京[경주]에서 냉수리가 발견된 흥해 냉수리를 거쳐서 영해를 거쳐 울진을 거쳐서 삼척을 거쳐서 강릉을 거쳐서 고성에 도달하는 동해로이다.

IV. 목간의 해석

이제 묵서 전체를 해석할 차례가 되었다. 다시 한 번 목간의 전문을 제시하면 다음과 같다.

△迷急使牒高城甕正(앞면)
辛審洗宅△△瓮一品仲上(뒷면)

△迷가 急使牒을 高城의 甕正에게 내렸는데, 辛審洗宅에 △△瓮 一品 곧 仲上(品)을 가져오라는 것이다. 그러면 이 목간이 北海通과 관련된다는 가설은[32] 설득력이 있는 것이다.

○ 맺음말

먼저 묵서의 전문을 다음과 같이 판독하였다.

△迷急使牒高城甕正(앞면)
辛審洗宅△△瓮一品仲上(뒷면)

---

31) 高城은 『삼국사기』, 지리지에 따르면 고구려의 達忽이고, 신라 진흥왕29년(568년)에 州治가 설치되었다. 군주가 파견된 州의 이름은 모르지만 황초령비와 마운령비에 나오는 △△軍主로 판단된다. 여기에 達忽軍主로 복원될 가능성도 있다.
32) 이용현, 앞의 책, 2006.

다음으로 목간의 연대는 天寶十載(751년), 寶應四年(765년), 更子年, 甲辰年, 乙巳年, 甲寅年 등 연대에 의해 8세기 3/4분기로 볼 수가 있다.

그 다음으로 목간에 나오는 △迷와 雍正이 해석이 어렵고, 그래서 744~745년 사이에 만들어진 신라화엄경사경의 인명 등과 비교해 인명으로 보았다.

마지막으로 목간을 다음과 같이 해석하였다. '△迷가 急使牒을 高城의 雍正에게 내렸는데, 辛審洗宅에 △△瓮 一品 곧 仲上(品)을 가져오라.'는 것이다. △△瓮은 △△가 들어있는 瓮[독]을 말하는 것이다. 곧 △△瓮을 1品(仲上品)을 가져 오라는 것이다.

제4절 경주 황남동 376번지
출토 목간의 재검토

○ 머리말

고대 서사 문화로 당시의 생활상을 알 수 있는 자료인 목간은 고려 시대의 것까지 있다. 한국 고대의 목간은 인명표기가 주류를 이루고 있다. 용왕신과 관련된 제사 목간 유물, 궁정의 생활을 엿볼 수 있는 월지 목간 유물 특히 이곳에서는 관등을 지닌 사람이 한 사람도 없어서 이상하다. 목간은 당시 고대인의 실생활과 직결되는 유물이다. 그래서 중요하다. 한국 고대의 목간 연구는 아직 초보적인 단계에 있다고 하여도 과언이 아니다.

목간은 금석문, 고문서 등과 함께 대표적인 1차 사료이다. 금석문은 국왕과 고급관료가 출현하는데 대해 목간에는 인명을 가진 관등이 없는 일반 백성이 등장한다. 신라사에서 及伐尺이란 경위가 함안 성산산성 목간에서 등장하는 것은 뜻밖의 수확이다. 함안 성산산성 목간에서는 上干支, 上干, 一伐, 一尺, 阿尺의 외위명이 나왔으나 그 수는 미미하다. 270여 점의 목간에서 인명 표기 가운데 13명이 외위를 가지고 있다. 함안 성산산성 목간 등 목간은 인명 표기가 주류를 이루고 있다. 인명 표기에 대한 정확한 이해만이 목간의 풀이를 완벽하게 할 수 있다.

목간 자료는 고구려를 제외하고 백제와 신라에서 출토되고 있다. 고구려의 목간도 출토될 것으로 기대된다. 지금까지 목간은 함안 성산산성 목간이 그 수나 내용에서 가장 풍부하다. 그래서 1992~2016년까지 연차적으로 많은 목간 자료가 나왔다. 당분간은 성산산성 같은 목간의 보고가 발굴될 가능성은 없다. 함안 성산산성 목간에서는 문서목간(4면목간)이 적어서 연간지나 연호가 적힌 목간은 발굴되지 않고 있다.

목간에 인명이 없이 사회경제사와 관련된 목간이 있다. 경주 황남동 376의 유적에서 출토된 목간은 바로 인명표기가 없이 유리·철·청동기와 관련될 가능성이 있는 것이다. 그래서 언급한 논문 1편과 전론이 2편이나 나왔다. 그래서 초기의 X선 사진과 실측도를 너무 신봉하고, 2004년의 X선 사진은 무시하였다.

여기에서는 지금까지 연구 성과를 판독과 해석을 중심으로 살펴보겠다. 다음으로 발굴 개요를 간단히 살펴보겠다. 그 다음으로 목간의 판독안과 해석문을 제시하겠다. 마지막으로 목간이 나타내는 의미인 내용을 조사하겠다.

Ⅰ. 지금까지의 연구

먼저 이 목간의 발굴자는[1] 다음과 같이 판독하였다.

(앞면)五月卄六日椋食△內之 下椋有~
(뒷면)仲椋有食卄三~

1997년에 한국의 목간 자료들과 함께 소개되었다.[2] 여기에서는 다음과 같이 판독하였다.

---

1) 동국대학교 경주캠퍼스 박물관, 「황남동376유적」, 현장설명회 자료, 1994. 그 뒤에 부산광역시립박물관, 『문자로 본 고대』, 1997. 및 동국대학교 경주캠퍼스박물관, 『개교 20주년 기념도록』, 1998 등도 이 목간에 대해 언급하고 있다.
2) 李成市, 「韓國のに木簡ついて」 『木簡研究』 19, 1997.

(앞면)五月卄六日椋食△內之 下椋有~

(뒷면)仲椋食有卄二~

이는 뒷면 판독을 잘못해 이두로는 해석이 되지 않는다. 그 개요에
서는 다음과 같이 언급하고 있다. 출토지가 月城 서방에 있고, 황남고
분군의 남쪽, 財買井(추정 金庾信宅)의 북쪽에 위치하고, 출토된 유리,
銅을 생산하는 도가니, 石錐(5점), 砥石, 鐵釜 등의 유물에서 이곳은
유리, 銅工房址라고 추정되고 있다. 木簡에는 下椋, 仲椋이라는 倉庫
관련 字句가 보이는 데에서 工房址는 국가 또는 官에 소속되는 시설로
이곳에서 제작되는 유리, 동제품은 신라의 관청 또는 국가에 공급되었
을 가능성을 시사하고 있다.

2001년에 경주 황남동376 목간에 대한 상세한 연구 성과가 나왔다.[3]
판독문부터 살펴보면 다음과 같다.

목간1 五月卄六日椋食△內?△ 下椋有

仲椋有食卄三?石

목간2 石? 又米

목간1은 다음과 같이 해석했다.

5월 26일 곡물을 ~했다. 하경의 (곡물은 몇 석).

중경의 곡물은 23석.

같은 해에 경주 황남동376 목간에 대한 상세한 연구 성과가 또
나왔다.[4] 판독문부터 제시하면 다음과 같다.

목간1 五月卄六日椋食△內之? 下椋有

仲椋有食卄三石

---

3) 김창석, 「황남동376 유적 출토 목간의 내용과 용도」『신라연구』 19, 2001.
4) 이용현, 「황남동376 유적 출토 목간의 내용과 용도」『신라연구』 19, 2001.

목간2 石? 又米

여기에서는 목간에 대한 해석이 없다. 목간2 石? 又米를 목간 1의 앞면 아래 부분에 복원하고 있으나 米가 목간 1에는 나오지 않아서 따르기 어렵다. 곧 椋食留 下椋有食~(앞면)

仲椋有食卄二石(뒷면)에서 전부 食(식사, 밥)으로 표기되었을 뿐, 米, 麥 등 곡식의 표기는 없어서 그렇다.

II. 발굴 개요

경주 황남동376유적은 동국대학교 경주캠퍼스 박물관에 의해 발굴 조사되었다. 1994년 3월부터 6월말까지 발굴했다. 月城의 중심부로부터 약 500m 지점에 위치하며, 황남동 고분군, 교동 고분군, 전 財買井, 鷄林 등이 인근에 있다.

현장 설명회 자료에 의해 관련 유구와 유물에 대한 개요를 제시하면 다음과 같다. 유적은 2.5m의 두터운 퇴적층으로, 제1층에서 제4층에 이르기까지 네 개의 층위로 형성되어 있다. 그 중에서 2층에 대부분의 유구와 유물이 포함되어 있다. 수혈 유구 5기와 적심이 형성되어 있으며 木簡, 활석제 인장, 석추, 빗, 유리 곡옥, 유리 도가니, 골각기, 각종 목기, 인화문토기, 기와, 식물 씨앗, 동물 뼈 등이 출토되었다. 3층에서는 철·구리 도가니, 黑釉陶 등 각종 토기, 동식물 遺存體 등이 출토되었다.

목간은 2층에 형성된 1호 수혈에서 출토되었다. 1호 수혈은 圓形에 가까운 유구로 크기는 250×280×60cm이다. 내부는 여러 번 반복되는 유기물층으로 채워져 있으며, 바닥에 깔린 토기·瓦片들은 인위적으로 폐기한 흔적이 보인다. 이밖에 활석제 인장, 석추, 짚신, 빗, 골각기 등이 노출되었다. 1호 수혈의 시기는 8세기 전후에 해당된다.

한편 2층에 형성된 6, 7호 수혈에는 爐址 4개가 발굴되었고, 내부에서 유리 덩어리, 슬래그가 부착된 자갈, 토기편이 출토되었다.

유리 도가니와 철·구리 도가니, 이들의 슬래그, 印章, 石錘 등은 이 유적의 성격을 시사해 준다.

1호 수혈 유구를 창고 유적이라고, 본데5) 대해 그렇지 않다고 본 견해로 나누어지고 있다.6) 1호 수혈 유구에서 椋(고상 가옥)의 목간이 나왔으므로 椋(고상 가옥)일 개연성이 클 것이다. 상세한 것은 뒤에서 언급하겠다.

Ⅲ. 목간의 판독과 해석

목간의 판독문부터 제시하면 다음과 같다.7)

목간1 五月卄六日椋食留፧ 下椋有~(앞면)

　　　仲椋有食卄二石 (뒷면)

　목간2 石 又米

목간1은 5월26일에 창고의 식사를 남겨두다. 하경에 있는 식사 ~을 (남겨두다.)

중경에 있는 식사 22석을 (남겨두다.)로 해석 된다.

이 목간은 모두 식사의 양에 대한 목간이다. 식사를 모두 고상 창고에 넣고 있다.

Ⅳ. 椋

椋은 창고로 이에 관한 최초로 나오는 것은 京에는 고구려의 桴京

5) 동국대학교 경주캠퍼스 박물관, 「황남동 376유적」, 현장설명회자료, 1994.
6) 김창석, 앞의 논문, 2001, 44쪽.
7) 판독은 국립창원문화재연구소, 『韓國의 古代木簡』, 2004, 292쪽 및 293쪽의 X선 사진. 甾는 留의 속자인 甾와 비슷하다. 초서체와는 똑같다.

에서와 같이 창고라는 뜻이 있다. 부경(桴京) 고구려시대의 창고를 지칭하는 용어로 3세기 후반에 저술된 중국의 역사책인 『삼국지(三國志)』 위서(魏書) 동이전(東夷傳)에는 "나라에 큰 창고가 없으며, 집집마다 각기 조그만 창고를 가지고 있는데, 이를 이름하여 桴京이라 한다"고 되어 있다. 357년 안악3호분에 그려진 京屋, 408년 덕흥리 고분 묵서명에 나오는 食一椋의 기록과 고상창고, 팔청리 벽화 고분(5세기 전반)나 마선구 1호 고분(5세기 초)에 그려진 고상창고의 모습을 통해서도 고구려의 京 또는 椋의 불린 창고 시설을 확인할 수 있다.

椋은 원래 喬木의 일종인 나무의 이름이다.[8] 고구려에서 椋을 창고의 의미로 사용한 유래는 불분명하지만, 이것이 목재를 연결하여 만든 창고이고, 京에서 전용되었다고 본다. 椋의 입구(口) 부분을 가로왈(曰)로 보기한 것은 京과 椋이 통용된 것이 아닌가 생각된다.

백제에도 중앙 관서에 內·外椋部가 설치된 것으로 보아지고, 창고 시설의 일종인 京이 존재한다.[9] 신라와 가야의 토기에도 고상식 가옥이 발견된다.[10] 통일 신라 시대에 있어서도 문자 자료가 나와서 한국 고대에 있어서 고상창고가 서로 공유했음을 알 수 있다.

椋자가 나오는 자료로 토기 밑에 椋司가 있다. 이는 고상가옥 관청을 의미하며, 그 시기는 월지 목간에서 天寶十載(751년), 寶應四年(765)의 연호와, 更子年, 甲辰年, 乙巳年, 甲寅年의 연간지 비정 연대 등으로 고려할 때, 월지 목간의 연대가 8세기 3/4분기이므로 椋司명 그릇의 제작 시기도 이에 준하여 볼 수가 있다. 椋司라는 관청이 존재한 것은 훨씬 이전일 것이다. 椋司라는 관청은 『삼국사기』 직관지에는 나오지 않는 관청이다.

광주 무진고성의 명문와에는 椋이 한 기와에 4번씩이나 나오고,[11]

---

8) 諸橋轍次, 『大漢和辭典』六, 413쪽.
9) 稻葉岩吉, 『釋椋』, 1936에 따르면 『周書』와 『北史』에 內椋部와 外椋部가 있었다고 한다.
10) 김원룡, 「신라가형토기고·한국고대에 있어서의 남방적 요소」 『김재원박사화갑기념논총』, 1969.

京이12) 한 번 나오고, 官城椋이 한 번씩 나온다.13) 官城椋이 나오는 명문와는 9세기 후반으로 추정된다. 椋이 한 기와에 4번씩이나 나오는 기와도 같은 시기로 추정된다. 京자명 기와는 서울을 뜻하는 것이 아니고 椋을 뜻하므로 그 시기를 瑞鳥文숫막새·鬼面文암막새가 후백제 시대로 편년되어 후백제의 것으로 볼 수도 있다. 통일신라와 고려에서는 京을 고상 창고의 의미로 사용한 예는 없다.

V. 목간의 내용

목간의 내용을 살펴보기 위해 다시 한 번 전문을 제시하고 해석해 보자.

목간1 五月卄六日椋食留ᵗ 下椋有~(앞면)
　　　仲椋有食卄二石 (뒷면)
목간2 石 又米

목간1은 5월26일에 창고의 식사를 남겨두다. 하경에 있는 식사 ~을 (남겨두다.)
중경에 있는 식사 22석을 (남겨두다.)

고상 창고에 보관하는 내용물은 쌀이나 보리가 아닌 곡식으로 조리한 밥으로 보인다. 그래서 米, 麥, 豆, 粟 등으로 표기하지 않고 있다. 곡식으로 만든 밥은 유리·청동기 등을 만드는 사람들에게 공급했을 것이다. 중요한 관의 유리·철·청동기를 생산하는 곳이므로 경비하는 병사들도 있었을 것이다. 이들도 밥을 먹었을 것이다. 9세기 후반으로 추

---

11) 이용현, 앞의 논문, 33쪽.
12) 吉井秀夫「武珍古城出土文字瓦の再檢討」『吾吾の考古學』, 2008, 585쪽, 圖1의 3.
13) 吉井秀夫, 앞의 논문, 2008, 圖2의 19.

정되는 무진고성에서 官城椋이 나오는 것으로 보면, 官城이 문헌에 나오는 것이 아니기 때문에 그 중요성은 떨어진다. 官城椋의 官城은 무진고성에 소속된 성으로 기와를 만들어준 곳으로 보인다. 왕경에서 유리·철·청동기를 생산하는 곳은 경에 있어서 중요하다고 판단된다. 그래서 이들은 관에서 만든 것으로 판단된다.

목간은 한가운데에 반달형의 홈이 있어서 원래부터 목간으로 하기 위해 만든 것은 아니고, 그렇다고 원래의 만든 목적을 잘 알 수가 없다. 급한 이유로 목간으로 전용해 사용한 것으로 글자를 새긴 것으로 보인다. 날짜가 나오고, 椋食, 下椋有(食), 仲椋有食의 내용이 나온다. 이는 중요한 내용으로 임시목간에 기록하고 있다.

임시 목간으로 글자를 쓴 것을 보면 위급한 사정이 있었을 것이다. 목간을 작성하지 않고 그냥 둘 경우에 나중에 허위 사실을 적어 넣을 위조문서가 생길 가능성이 생길 수 있다.

첫째로 상경이 중경, 하경과 용도가 달랐을 경우이다. 아니면 椋食이 상경일 가능성도 있다.

둘째로 식사의 납부를 기록한 것이므로 창고별로 수납을 적어 가는데, 상경은 빠진 것으로 볼 수 있다.

상경이 경인지 아니면 따로 있는지 하는 문제는 중요하다. 경식류류란 용어로 보면 상경이 경인지는 거의 분명하다. 경식이라고 나와서 하경과 중경과 같은 식사를 보관하고 있기 때문이다. 椋食, 下椋有(食), 仲椋有食은 모두 곡식이 아니라 식사를 의미하므로 椋食이 下椋有(食), 仲椋有食과 마찬가지로 식사를 의미한다. 椋食, 下椋有(食), 仲椋有食에서 椋食이 下椋有(食), 仲椋有食과 대등한 입장이고, 椋食도 下椋有(食), 仲椋有食과 같은 경이므로 상경이 될 수밖에 없다. 그렇지 않으면 椋食의 椋을 고상가옥 창고로 보지 않아야 되고, 椋食을 보관하는 곳으로 보지 않아야 된다. 그리기에는 모두에 五月卄六日椋食留ʔ이라고 나와서 더욱 그러하다. 椋食이 상경을 가리킬 가능성이 크다.

○ 맺음말

　먼저 지금까지 연구 성과에서 나온 판독문 4개를 제시하고, 해석
문 1개밖에 없어서 아쉽다.

　다음으로 발굴 개요에서는 유적은 2.5m의 두터운 퇴적층으로, 제1
층에서 제4층에 이르기까지 네 개의 층위로 형성되어 있다. 그 중에서
2층에 대부분의 유구와 유물이 포함되어 있다. 수혈 유구 5기와 적심
이 형성되어 있으며 木簡, 활석제 인장, 석추, 빗, 유리 곡옥, 유리 도
가니, 골각기, 각종 목기, 인화문토기, 기와, 식물 씨앗, 동물 뼈 등이
출토되었다. 3층에서는 철·구리 도가니, 黑釉陶 등 각종 토기, 동식물
遺存體 등이 출토되었다.

　목간은 2층에 형성된 1호 수혈에서 출토되었다. 1호 수혈은 圓形
에 가까운 유구로 크기는 250×280×60cm이다. 내부는 여러 번 반
복되는 유기물층으로 채워져 있으며, 바닥에 깔린 토기·瓦片들은 인위
적으로 폐기한 흔적이 보인다. 이밖에 활석제 인장, 석추, 짚신, 빗,
골각기 등이 노출되었다. 1호 수혈의 시기는 8세기 전후에 해당된다.

　그 다음으로 목간의 판독문부터 제시하면 다음과 같다.

　목간1　五月卄六日椋食留ᄼ下椋有~(앞면)
　　　　　仲椋有食卄二石(뒷면)
　목간2　石 又米

　목간1은 5월 26일에 창고의 식사를 남겨두다. 하경에 있는 식
사 ~을 (남겨두다.)
　중경에 있는 식사 22석을 (남겨두다.)로 해석된다.

　그 다음으로 고상가옥인 椋은 고구려, 백제, 신라, 통일신라에 모두
있었다. 통일신라에서는 본 목간의 3예, 무진고성의 5예, 월지의 椋司
등이 있다.

마지막으로 고상 창고에 보관하는 내용물은 쌀이나 보리가 아닌 곡식으로 조리한 밥으로 보인다. 그래서 米, 麥, 豆, 粟 등으로 표기하지 않고 있다. 곡식으로 만든 밥은 유리·청동기 등을 만드는 사람들에게 공급했을 것이다. 중요한 관의 유리·철·청동기를 생산하는 곳이므로 경비하는 병사들도 있었을 것이다. 이들도 밥을 먹었을 것이다.

보론

신라 둔전문서의
작성 연대와 그 성격

보론: 신라 둔전문서의 작성 연대와 그 성격

○ 머리말

한국 고대사 연구에 있어서 일본 東京大學派의 연구 방법론을 취하는 경우가[1] 종종 있는 듯하다. 이 방법은 먼저 5세기, 6세기 등의 시대상을 설정해 두고서 금석문이나 고문서 등을 그 틀에 맞추어서 해석하는 것이다. 한국 고대사에 있어서 1145년경에 편찬된 『삼국사기』는 신라사의 上代, 中代, 下代 등은 이른바 고등 사료 비판이 다소 필요한 곳도 있다. 이러한 한계성에도 불구하고 『삼국사기』를 근거로 당시의 금석문, 고문서, 목간, 고고 자료, 미술사 자료 등을 해석하는 모습을 왕왕 볼 수가 있다.[2] 이는 실로 고대사 복원에 문제를 만들고 있으며, 앞으로의 나아갈 길을 가로막고 있다. 아마도 신라의 둔전 문서의[3]

---

1) 이에 관한 대표적인 학자로는 그 밑바탕을 마련한 경제사가 加藤 繁, 요절한 前田直典, 前田의 唐末古代說을 입증하기에 노력한 西嶋定生, 周藤吉之 등의 동양사가가 있으며, 전후 일본고대사 연구에 획을 그은 石母田正 등이 있고, 한국사 연구자로는 旗田 巍, 武田幸男 등이 있다.

2) 왕흥사 목탑 사리공에서 출토된 청동사리합 명문에 丁酉年이란 연간지가 나와 577년이란 절대 연대를 갖게 되었다. 왕흥사 목탑은 『삼국사기』 권27, 백제본기 5에 무왕 즉위1년(600년)~무왕 35년(634년) 사이에 건립된 것이 되어 있어서 문헌을 믿을 수 없게 한다.

3) 둔전문서란 용어는 문서의 1戶당 1.5마리의 말을 기르고 있어서 그냥 촌락으로 볼 수가 없고, 둔전으로 보아야하기 때문에 그렇게 부른다. 논농사나 밭농사를 짓는데 있어서 말을 사용한 예는 없고, 전부 소를 사용한다, 말은 마차를 끄는데 사용될 뿐이다. 곧 말은 농촌에서 농사를 짓는데 별로 도움이 되지 못한다. 또 B촌(薩下知村)의 余子와 法私가 나와서 이를 法幢軍團과 관련지우고 있다.

연구도 이 범주에 들어갈 가능성이 있을 것이다.

여기에서는 둔전 문서의 작성 연대와 그 성격을 살펴보기 위해서 먼저 둔전 문서의 개략적인 연구사를 살펴보겠으며, 그 다음으로 둔전 문서의 작성 연대에 대해 소견을 밝히겠으며, 마지막으로 둔전 문서의 성격에 대해 언급해 보고자 한다.

Ⅰ. 지금까지의 연구

신라 둔전문서는 1933년 10월에 일본의 正倉院에 소장된 華嚴經論 第七帙을 발견할 때 우연히 발견되었다.[4] 經帙은 두루마리 경전을 여러 권 함께 말아 묶은 포장지와 같은 역할을 하는 것으로 경전의 보관이나 운반의 편리를 위해 제작된 것이다. 이 화엄경론 제7질은 布芯 양쪽에 楮紙 2片을 붙이고, 또 다른 楮紙로 주연을 돌린 장방형의 종이 경질인데, 이 포심 양쪽에 붙인 저지 2편이 바로 둔전 문서를 재이용한 것이다. 곧 이 經帙은 문서의 기록면을 포심에 붙이고, 기록이 없는 문서 뒷면의 백지가 경질의 겉면이 되게 만든 것이다.[5]

둔전문서 2편에는 각각 乙未年炤見賜란 구절이 나온다. 이는 '乙未年에 烟을 조사하셨다.'로 해석되기 때문에[6] 현존 촌락 문서는 乙未年에 처음 작성되었을 가능성이 높으며, 추기는 이 보다 3년 뒤에 작성된 것이다. 이 을미년에 대해서는 景德王14년(755년)이라는 견해가 제기되었다.[7] 이 가설의 성립 여부를 살펴보기 위해 755년 전후의 금석문에서 연대 표기 부분을 적기하면 다음과 같다.

---

4) 野村忠夫, 「正倉院から發見された民政文書のについて」『史學雜誌』 62-4, 1953.
5) 윤선태, 「신라촌락문서의 기재방식과 용도」『한국고대중세고문서연구(하)』, 2000, 165쪽.
6) 윤선태, 앞의 논문, 2000, 174쪽.
7) 旗田 巍, 『朝鮮中世史研究』, 1972, 422~424쪽.

天寶四載乙酉(无盡寺鍾銘, 745년)

丙戌載六月卄日(울주 천전리서석 丙戌載銘, 746년)

天寶十載(안압지 출토 목간, 751년)

天寶十三載甲午八月一日初乙未年二月十四日一部周了成內之(신
라 화엄사경, 754~755년)

丙申載五月十一日(울주 천전리서석 丙申載銘, 756년)

二塔天寶十七載戊戌中立在之(갈항사석탑기, 758년)[8]

위의 명문 자료에서 보면, 745년에서 758년까지 당대 자료는 전부
年자 대신에 載자를 섰음을 알 수 있다. 중국의 칙령에 따르면,[9] 天寶
3년(경덕왕3년, 744년)부터 至德3년(경덕왕17년, 757년) 2월까지는 年
자대신에 載자를 사용했음을 알 수 있다.

乙未年을 憲德王7년(815년)으로 본 가설이 제기되었으나[10] 여기에
서도 신라둔전문서에 나오는 烟受有田(畓)을 聖德王21년(722년)의 丁田
과 관련시키고 있으나[11] 후술하는 바와 같이 둔전 문서에서 가장 중요
한 烟受有田(畓)의 해석은 정곡을 벗어난 가설이며, 『삼국사기』 관련
부분의 이해 자체가 상황 판단에 따른 것이다.

乙未年을 憲康王元年(875년)으로 본 가설이 있으나[12] 이는 둔전 문서
자체의 인구 변화에 대한 해석 부분에 문제가 있는 듯하다.

둔전문서를 중국·일본의 고문서와 관련하여 대비시키고, 화엄경론이
60화엄경이란 판정아래 孝昭王4년(695년)설이 제기되었다.[13] 이 가설

---

8) 葛城末治, 『朝鮮金石攷』, 1974, 223쪽에 따르면 天寶는 당 현종의 연호로 唐 玄宗
天寶3년(744년)에 年을 載로 고쳐 쓰게 되었는데, 肅宗 乾元元年(758년)에 다시
年으로 환원하여서 天寶十七載를 사용할 수 없다. 곧 당 숙종의 乾元元年의 개원
을 알지 못하고 썼다.

9) 『舊唐書』 권9, 玄宗本紀 下, 正月 丙辰朔條 및 肅宗本紀, 至德三載 二月條.

10) 武田幸男, 「新羅の村落支配」 『朝鮮學報』 81, 1977, 243~270쪽.

11) 이는 후술할 烟受有田(畓)의 이두 풀이에서 보면 너무도 안이한 해석이다.

12) 金鍾璿, 「일본 정창원소장 신라장적의 작성 연도와 그 역사적 배경」 『아시아문화』
5, 1989.

자체는 신라 둔전문서의 연대 비정에 종지부를 찍은 가설로 학계에서 널리 받아드려지고 있다.

大日本古文書 연구와 불교 전적의 업적에 근거해 景德王14년(755년)설이 다시 제기되고 있으나14) 755년설은 전술한 바와 같이 성립될 수가 없다.

II. 둔전 문서의 작성 연대

지금까지는 둔전 문서의 성격이나 용도에 대한 정확한 이해없이 乙未年에만 매달려 왔다. 그래서 695년설, 755년설, 815년설, 875년설 등은 마치 가설의 전시장 같은 느낌을 받게 하고 있다. 여기에서 신라 둔전 문서의 내용에 가운데 가장 중요한 성격은 남녀별, 연령별 인구 수가 기록된 것이며, 烟戶를 9등급으로 나누고 있으며, 소와 말의 증감이 정확히 기록되는 사실에 우선 주목하고자 한다. 둔전문서는 기재 내용 가운데 핵심부분의 앞에 든 것과 각종 토지 이외에는 수조권을 행사하고, 요역과 군사 동원에 관계될 수 있는 내용은 없다. 수조권, 요역, 군역과 직결되는 둔전 문서는 특급 기밀문서로 쉽게 알 수가 있다. 통일신라 최고의 기밀문서 가운데 하나인 둔전문서는 반드시 보관 기간과 폐기 기간을 설정할 필요가 있다. 이 점은 둔전 문서 연구가에 의해서 간과된 것이다.15)

둔전문서의 최초 작성은 후술하는 바와 같이 695년일 가능성이 가장 크다고 판단된다. 695년에 작성된 둔전문서에는 이른바 추기가 붙

---

13) 윤선태, 「정창원 소장 '신라촌락문서'의 작성 연대」, 『진단학보』 80, 1995.

14) 福士慈稔, 「〈大日本古文書〉에 보이는 신라불교의 두 세 가지 문제」, 2001년 4월 7일 충남대 박물관에서 실시한 한국고대사학회 발표 요지.

15) 꼭 필자와 같은 관점은 아니지만 이인철은 20년 정도의 문서보존기간과 10년 정도의 화엄경론의 제작 기간 등의 고려가 필요하다고 하였다(김수태, 「신라 촌락장적의 연구 쟁점」, 『신라의 장적』-제2회 한국고대사학회 하계세미나 발표 요지-, 2000, 7쪽 참조).

어 있어서 698년에 신라의 수도였던 경주에 도착하게 되고, 다른 둔전문서의 도착 시기인 701년까지 유용한 자료였다. 그 뒤에도 몇 년은 더 유용했을 것이다.

조선시대의 『세종실록지리지』가 조선후기까지 활자화되지 못하고 있다가 일제강점기 때에 비로소 활자화되었음은 주지의 사실이다. 마찬가지로 둔전문서도 적어도 50년 이상의 보관과 폐기 시기가 있었을 것으로 추정되나 이에 대한 증거는 없다. 중국의 돈황 문서 등에서 국가 문서를 재활용한 예가 있으나 신라 둔전 문서와 같이 중요한 문서는 아닐 것으로 판단된다. 그러면 적어도 701년까지 유용했던 둔전문서는 50년 정도의 본존 기간과 폐기 기간을 둔다면 751년 이후에나 겨우 화엄경론의 經帙로 재활용되었다.

이 경우에는 755년설은 전술한 바와 같이 존재할 수 없는 가설이고, 815년도 815년+6년+50년을 더하면 871년 이후에야 재활용할 수 있고, 東大寺 正倉院 입고 과정을 염두에 둘 때 성립되기 어렵다. 875년설은 875년+6년+50년을 더하면 931년이 되어 이때에는 후삼국시대라 서원경 근처가 신라의 영토가 아니라서 815년설은 성립될 수 없다.

일본학계의 높은 학문 수준에서 보면 묵시적인 어떤 의도가 있었을 것으로 짐작된다. 이러한 관점에서 보면 현재 한국학계에서 일본의 이론에 국내 자료를 갖다 붙이는 이른바 모자이크식 방법이 다소 사용되고 있는 점은 유감이다.

따라서 현재까지의 자료로 볼 때 둔전문서의 작성 시기는 695년 이외에는16) 대안이 없다고 사료된다.17)

---

16) 둔전문서의 이두 朩(等)의 문제는 이 이두의 글자가 초서임을 강조하고 싶다. 또 766년 영태2년납석제호의 명문에 나오기 있기 때문에 둔전문서의 작성 시기를 695년으로 보는데 아무런 장애가 없다.
17) 윤선태, 앞의 논문, 2000, 176~177쪽에 나오는 壹月의 표기에 대한 착상은 둔전문서의 연대 결정에 있어서 아무도 착안하지 못한 것으로 높이 평가하고 싶다.

Ⅲ. 둔전 문서의 성격

지금까지 둔전문서는 중국 수당대에 완성된 균전제로 보거나[18] 烟受有畓(田)을 丁田으로 보거나[19] 內省의 재정원으로 할당된 이들 촌락들을 일반적인 군현제 시스템에 기초로 하여 내성에 의해 지배된 것으로 본 견해[20] 등이 있다. 이러한 견해들의 잘잘못을 살펴보기 위해 둔전문서에 나타난 관계 통계표부터 살펴보기로 하자. 먼저 A·B·C·D촌의 남녀별, 연령별 인구수의 통계부터 제시하면 다음의 〈표 1〉같다.[21]

〈표 1〉4개 촌의 남녀별·연령별 인구수

	A	B	C	D	計	%	
丁	29	32	17	17	95	21.3	
助子	7	6	2	8	23	5.2	
追子	12	2	8	8	30	6.8	
小子	15	5	10	11	41	9.3	男
除公	1	0	0	0	1	0.2	
老公	0	2	0	2	4	0.9	
丁女	40	47	16	36	139	31.6	
助女子	11	4	4	5	24	5.5	
追女子	9	14	4	10	37	8.4	女
所女子	16	10	7	9	42	9.5	
除母	1	1	0	0	2	0.5	
老母	1	2	1	0	4	0.9	
計	142	125	69	106	442	100.0	

---

18) 한국 학계와 일본 학계에서 각각 주장되고 있다.
19) 武田幸男, 앞의 논문, 1977.
20) 윤선태, 앞의 논문, 2000, 209쪽.
21) 旗田巍, 1972, 앞의 책, 437쪽의 第4表.

이 〈표 1〉에서 보면 丁男과 丁女의 수는 모두 각각의 인구수의 50%를 넘고 있다. 남자:여자의 인구비가 43.7:56.4로 여자의 인구수가 더 많은 점이 주목된다. 남자가 여자에 비해 12.7%나 적은 사회임을 유의해야 할 것이다.[22]

다음으로 4촌의 인구수 증감에 대해 설펴보기 위해 이를 도시하면 다음의 〈표 2〉와[23] 같다.

〈표 2〉4개 村의 戶口數 增減表

村	현재 호구 수			3年間減
	古有	3年間 增	計	
A	戶 10	0	10	1
	口 127	15	142	23
B	戶 14	1	15	1
	口 112	13	125	3(?)
C	戶 7	1	8	0
	口 57	12	69	10
D	戶 10	0	10	2
	口 95	11	106	48(?)

이 〈표 2〉에서 보면 695년의 인구수는 A촌이 127명인데 15명이 증가되어 142명이 되었고, B촌은 695년에 112명에서 13명이 증가하여 125명이 되고, C촌은 695년에 57명에서 12명이 증가하여 69명이 되었고, D촌은 695년에 95명에서 11명이 증가하여 106명이나 되었

---

22) 〈표 1〉에서 보면 除公, 老母, 老公, 除母, 老母 등의 숫자가 적고, 남녀별 성비는 결국 丁男과 丁女에서 비롯된 차이일 뿐이다. 이는 695년보다 29~35년 전에 겪은 통일 전쟁으로 인한 남자가 많이 죽었기 때문이다.
23) 旗田巍, 1972, 앞의 책, 438쪽의 第5表.

다. 인구의 증가분만 보더라도 393명에서 51명이나 증가했고, 3년간 인구수가 감소한 것은 A촌 23명, B촌 3(?)명, C촌 10명, D촌 48(?)명이나 되었다. 증가분과 감소분을 합치면 135명의 증감이 있었는데, 393명에 135명의 증감은 34.35%나 되어 인구 변동률이 대단히 높다는 사실을 알 수 있다. 그다음으로 토지의 종류와 소유관계를 살펴보기 위해 이를 도식하면 다음의 〈표 3〉과 같다.

〈표 3〉4개 촌의 논밭의 종류와 결수

		烟受有	烟受有畓(田)以外	計
A	畓	結(94), 負(2), 束(4)	結(4), 內視令畓 結(4)	結(102), 負(2), 束(4)
	田	結(62), 負(10?)		結(62), 負(10?)
	麻田		結(1), 負(9)	
B	畓	結(59), 負(98), 束(2)	官謨畓 結(3), 負(66), 束(7)	結(63), 負(64), 束(2)
	田	結(119), 負(5), 束(8)		結(119), 負(5), 束(8)
	麻田		?	?
C	畓	結(68), 負(67)	官謨畓 結(3)	結(71), 負(67)
	田	結(58), 負(7), 束(1)		結(58), 負(7), 束(1)
	麻田		結(1), 負(0?)	
D	畓	結(25), 負(99)	官謨畓 結(3), 負(20)	結(29), 負(19)
	田	結(76), 負(19)	官謨田 結(1)	結(77), 負(19)
	麻田		結(1), 負(8)	

〈표 3〉에서 보면, 둔전문서의 주축이 되는 烟受有田(畓)임을 쉽게 알 수 있다. 이 연수유전(답)이 둔전문서의 토지 해결에 중요한 열쇠를 쥐고 있는 듯하다. 보통 균전제로 보는 가설은 이미 제출되고 있다.[24]

---

24) 국내에서는 이희관, 「통일신라 토지제도 연구—신라촌락장전에 대한 검토를 중심으로-」, 서강대학교 박사학위논문, 1994이 있다.

중국에서 균전제는 밭이 주류를 이루는 북중국에서 나온 제도이므로 논과 밭의 비율이 거의 반반인 우리나라에서의 연수유전(답)와 관련되기는 어려울 것이다. 烟受有田(畓)은 중국에도 없고, 일본에도 없는 고유한 신라 토지제도로 사료된다. 만약에 均田制나 職田制 등과 관련이 있다면 중국식으로 간단히 丁田, 職田, 均田식으로 표기했을 것으로 판단되기 때문이다.

그렇지 않다면 烟受有田(畓)으로 표기해도 되며, 烟田(畓)이라고 해도 될 것이다. 굳이 烟受有田(畓)이라고 해서 有자가 들어간 까닭이 궁금하다. 烟受有田(畓)에 있어서 이를 한문식으로 해석하면 '烟이 받는 田(畓)이 있다.'가 되어 고유명사가 될 수가 없다. 이를 이두식으로 해석하면 '烟이 받을 수 있는 田(畓)'이 되어 고유명사가 될 수가 있다. 이렇게 해석하면 논밭을 받을 수 있는 烟이 어느 정도 제한되어 있음을 암시하고 있으며, 烟受有田(畓)은 일반 丁男에게 나누어주는 丁田이 아니라는 암시가 될 수 있다.25) 烟受有田(畓)은 중국이나 일본에는 없는 고유한 신라의 용어로 판단된다. 695년 당시는 신라에 있어서 통일전쟁이 끝난 지 불과 20년도 안된 시기로 군사적인 긴장관계가 계속되고 있는 시기가 분명하다. 이 시기의 둔전문서의 촌을 특수촌이란 가설이 있다.26)

특수한 촌이라면 그 촌의 성격이 어떤지가 궁금하다. 둔전문서에서 가장 중요시된 부분은 남녀별·연령별 인구수 증감과 소와 말의 수 증감으로 판단된다. 잣나무 등의 증감도 표시되지만 이는 수취의 대상이 아님은 이미 밝혀진 바 있다.27)

---

25) 후술하는 바와 같이 烟受有田(畓)은 屯田과 관련될 가능성이 있으며, 둔전문서 자체에 法私란 용어도 695년의 군사조직인 승려로 구성된 법당군단과 관련이 있으며, 計烟三余分三, 計烟四余分二, 計烟一余分五 등의 계산도 6분의 얼마로 계산되는 어려운 수학 계산도 단순히 촌주라고 보기 어렵다. 모든 자연촌의 촌주가 분모가 들어가는 수학을 하는 점은 591년의 남산신성비에서 행정촌의 촌주가 감독하에 文尺 등이 작성한 것보다 너무도 높은 수준이다.

26) 윤선태, 앞의 논문, 2000, 201~202쪽.

인구 변동이 34%나 되고, 여자가 많으며, 烟受有田(畓)이 주축이 되는 지역은 어떤 성격의 특수촌일까? 주지하는 바와 같이 695년에는 이미 적석목곽묘나 수혈식석곽묘가 완전히 횡혈식석실분으로 변화한 시기이다. 신라 횡혈식석실분은 종래의 고신라적인 고분 전통의 계승 없이 군사적인 필요 등에 의해 종래의 재지적인 고분과는 상관없이 새롭게 축조되는 경우가 있다. 충주 루암리, 상주 청리, 창녕 계성리 등이 대표적인 예이다. 이들 3지역은 사민정책의 하나인 둔전적인 성격의 인구이동이라고 판단되며, 그 무덤도 신라인의 이동에 의해 축조된 것으로 보인다.

상주의 音里火停이나 중원경에 주둔하여 남겨진 루암리고분군, 창녕의 재지세력에 교동고분에 뒤이은 계성리고분군은 고고학적으로 볼 때 달리 해석 방법이 없다. 이러한 고고학적인 증거는 앞으로 신라의 국경 지대나 530년경 전후에 새로 편입된 신라 영토내의 주요 거점이 많을 것으로 사료된다. 695년의 서원경 근처도 군사적 거점으로 보인다. 둔전문서에 나타난 4개의 촌이 군사적인 거점이라면, 앞에서 살펴본 인구비에서 여자가 많은 점, 3년 동안의 인구 이동이 34%나 된 점 등의 이해가 가능할 것이다. 결국 둔전문서의 대부분을 차지하고 있는 烟受有田(畓)은 둔전적 성격으로 해석해야 될 것이다.

둔전문서라는 가장 중요한 근거는 A촌은 말 25마리, 소 22마리, B촌은 말 18마리, 소 12마리, C촌은 말 10마리, 소 8마리, D촌은 말 8마리, 소 11마리를 각각 소유하고 있었다. A촌은 10戶, B촌은 14戶, C촌은 7戶, D촌은 10호이다. 말이 평균 1戶당 약1.5마리나 되고, 소가 1戶당 약1.3마리나 된다.[28] 말과 소의 소유가 이토록 많은 까닭이 궁금하다. 말은 군사적으로 이 시기에는 輕裝騎兵임으로[29] 싸움에 중

---

27) 위은숙,「장적문서를 통해서 본 신라통일기 농가의 부업경영」,『부산사학』19, 1995, 127쪽.
28) 말이 평균 1호당 약 1.5마리, 소가 1호당 약 1.3마리라는 것은 1960년대 농촌에서 말을 소유한 농가는 없고, 소도 1호당 0.5마리밖에 되지 않았다.
29) 重裝騎兵이 兵農一致를 기초로 한 府兵制의 전국 보급과 함께 중요한 전환을

요한 역할을 한다. 소도 수레를 끌거나 짐을 지거나 고기로서 군인의
먹이에 중요한 역할을 한다. 이 말과 소의 비중은 4개의 촌이 둔전
임을 말해주고 있다.

○ 맺음말

첫째로 지금까지 발표된 둔전문서는 乙未年이란 연간지를 695년,
755년, 815년, 875년 등의 대표적인 견해들을 비판적으로 소개하였
다.

둘째로 둔전문서의 작성 연대를 검토하였다. 여기에서는 둔전문서의
주된 내용이 남녀별·연령별 인구수 증감과 소와 말의 증감과 토지 등
의 기록이 요역, 군역, 수취체계에 관련된 신라의 특급 기밀 문서이므
로 적어도 50년의 보관과 폐기 기간이 필요하다는 전제아래 695년에
최초로 작성된 둔전문서는 698년에 이른바 추기가 기록되어 당시의
수도였던 경주에 도착하였고, 다음 문서가 도착할 때인 701년까지는
실용적인 문서였다. 그 후에는 몇 년간은 담당자에 의해 보관되어 실
제로 사용되었을 것으로 추측되지만 여기에서는 이를 무시하고, 50년
간의 보관과 폐기 기간만을 설정하였다. 695년 최초 작성된 둔전문서
는 751년(701년+50년)이 되어서야 겨우 이면지 활용으로 화엄경론의
경질로 사용되었다. 화엄경론의 경질 안쪽에 숨겨진 채로 일본의 정창
원에 들어간 때는 아마도 8세기 후반 경으로 짐작된다. 이 때 審詳의
소장 불서목록에 추가로 들어간 것으로[30] 판단된다.

셋째로 둔전문서의 성격에 대해서는 둔전문서의 토지 가운데에서

맞는 시기는 뒷날에 唐太宗이 된 李世民이 이끌던 농민군이 隋의 중장기병을
물리쳤을 때부터이다. 7세기 전반 한반도도 경장기병이 새로이 등장했다고 사
료된다. 상세한 것은 김창호, 『고신라 금석문의 연구』, 2007, 79~80쪽 참조.
30) 福土慈稔, 앞의 논문, 2001, 11쪽에서 768년경에 審詳 內徑의 『華嚴經論』 49
권이 편입되었을 가능성이 크다고 하였다.

거의 대부분을 차지하고 있는 烟受有田(畓)을 丁田으로 해석하거나 중국 당나라식 均田制 등으로 보아 왔다. 균전제의 경우는 논이 차지하는 비중도 50%나 되어 성립되기 어려우며, 丁田도 烟田(畓) 등으로 불리지 않고, 烟受有田(畓)의 有자가 들어간 까닭이 선뜻 이해가 되지 않는다. 烟受有田(畓)에 있어서 이를 한문식으로 해석하면 '연이 받을 있는 전(답)이 있다'가 되어 고유명사가 될 수가 없다. 이를 이두식으로 해석하면 '연이 받을 수 있는 전(답)'이 되어 고유명사가 될 수가 있으며, 논밭을 받을 수 있는 연이 어느 정도 제한되어 있었음을 암시하고 있다. 烟受有田(畓)은 중국이나 일본에는 없는 고유한 신라의 용어로 판단된다.

3년 사이에 있어서 둔전문서에는 인구의 증감(이동률)이 높고, 소와 말의 증감이 정확히 기록되어 있으며, 신라에서는 530년경부터 신라인이나 피정복민에 대한 사민에 따른 屯田이 실시되어 그 증거로 고분자료가 있다. 충주 루암리 고분군, 상주 청리 고분군, 창녕 계성리 고분군 등이 대표적인 예이다. 둔전의 결정적인 근거는 4개 촌의 戶당 말 보유수가 1.5마리나 되는 점이다. 1.5마리의 말 보유는 둔전이 아니고서는 있을 수가 없다.

책을 마치며

목간은 금석문과 함께 대표적인 1차 사료이다. 금석문은 국왕과 고급관료가 출현하는데 대해 목간에는 인명을 가진 관등이 없는 일반 백성이 등장한다. 신라사에서 及伐尺이란 경위가 함안 성산산성 목간에서 등장하는 것은 뜻밖의 수확이다. 함안 성산산성 목간에서는 上干支, 一伐, 一尺, 阿尺의 외위명이 나왔으나 그 수는 미미하다. 270여 인명 표기 가운데 13명이 고작이다. 함안 성산산성 목간 등 목간은 인명 표기가 주류를 이루고 있다. 인명 표기에 대한 정확한 이해만이 목간의 풀이를 완벽하게 할 수 있다.

목간 자료는 고구려를 제외하고 백제와 신라에서 출토되고 있다. 고구려의 목간도 출토될 것으로 기대된다. 지금까지 목간은 함안 성산산성 목간이 그 수나 내용에서 가장 풍부하다. 그래서 1992~2016년까지 연차적으로 많은 목간 자료가 나왔다. 당분간은 성산산성 같은 목간의 보고가 발굴될 가능성은 없어 보인다. 함안 성산산성 목간에서는 문서 목간(4면 목간)이 적어서 연간지나 연호가 발굴되지 않고 있다. 함안 성산산성의 목간 공부는 이경섭 교수의 도움으로 비롯되었다. 필요한 논문을 어렵게도 보내주어 목간 공부가 시작되었고, 그 뒤에는 목간의 연구에 관한 책을 사서 공부하게 되었다. 이수훈 교수는 자신의 모든 논문을 보내주어 큰 도움이 되었다.

목간은 함안 성산산성의 제1차분 24점밖에 실견한 바가 없다. 대개는 국사편찬위원회 한국사데이터베이스에 의존해 논문을 썼다. 나주 복암리 목간의 경우 한국데이터베이스가 잘못되었으나 함안 성산산성

등은 목간의 판독을 믿을 수 있도록 여러 가지 판독문을 소개하고 있다. 한국의 목간 연구는 지나치게 외국의 성과에 의존하고 있는 듯하다. 우리나라 고대 목간은 중국이나 일본과는 차이가 있다. 이러한 차이야말로 한국 고대 서사문화의 특징일 것이다.

한국 목간은 1975년이래로 경주 월지 출토 61점을 비롯하여 다양한 습지 유적에서 현재까지 모두 680여 점이나 출토되었다. 목간이 출토되는 유적은 신라는 왕경인 경주를 비롯하여 함안 성산산성(330여점 출토) 등 지방 관아 유적도 있고, 백제의 목간 출토 유적은 웅진성 시대에는 없고, 사비성 시대의 부여가 주류이고, 지방 관아 유적으로는 나주 복암리, 금산 백령산성 정도이다.

목간의 출토는 해를 더할수록 늘어나고 있다. 이처럼 늘어나는 목간을 X선 사진 공개 등으로 연구 성과를 공유해야 할 것이다. 지금 국사편찬위회 한국사데이터베이스에 X선 사진을 이미지로 보는 난이 있으나 고장이 나서 이용할 수가 없다.

국내에서는 목간에 대한 전론으로 이용현, 『한국목간 기초연구』, 2006. 윤선태,『목간이 들려주는 백제 이야기』, 2007. 이경섭,『신라 목간의 세계』, 2013 등 3권이나 나왔고, 일본에서는 橋本 繁,『韓國古代木簡の研究』, 2014 한 권이 나왔다. 앞으로 목간에 관한 자료가 출토됨에 따라 연구하는 학자도 늘어날 것이고, 관련 연구 성과도 나올 것이다. 그래서 단행본의 발간도 늘어날 것이다. 목간에 관심을 가졌던 한 사람으로서 단행본이나 논문이 나오는 것을 간절히 바라고 있다.

지금까지 발표된 논문들의 발표 지면과 그 전거를 제시하면 다음과 같다.

제1장 왕경의 목간
제1절 월성해자 목간 新1호의 제작 시기(신고)
제2절 월성해자 출토 목간 몇 예(신고)

제2장 지방 관아 목간의 기초적 검토

제1절 함안 성산산성 목간의 신고찰〈 문화사학 〉49, 2018

제2절 성산산성 목간(1)〈고신라 금석문과 목간〉, 2018

제3절 성산산성 목간(2)〈고신라 금석문과 목간〉, 2018

제4절 함안 성산산성 목간의 성촌명(신고)

제3장 지방 관아 목간의 성격

제1절 함안 성산산성의 城下麥 목간(신고)

제2절 함안 성산산성 목간의 성격(신고)

제3절 함안 성산산성 목간으로 본 신라의 지방 통치 체제(신고)

제4절 이성산성 목간의 작성 연대〈한국상고사학보〉10, 1992

제5절 성산산성 목간의 本波·阿那·末那 등에 대하여(신고)

제4장 백제 목간, 통일 신라 목간 및 고문서

제1절 부여 궁남지 출토 315호 목간(신고)

제2절 월지 출토 목간 몇 예(신고)

제3절 월지 출토 185호 목간의 해석(신고)

제4절 경주 황성동 376번지 출토 목간의 재검토

보론 신라 둔전문서의 작성 연대와 그 성격〈사학연구〉62, 2001.